农耕星火

许永杰◎著

故宫出版社

图书在版编目（CIP）数据

农耕星火 / 许永杰著 . — 北京：故宫出版社，2020.1
ISBN 978-7-5134-1289-6

Ⅰ . ① 农… Ⅱ . ① 许… Ⅲ . ① 考古学—中国—文集
Ⅳ . ① K870.4-53

中国版本图书馆 CIP 数据核字（2020）第 022190 号

农耕星火

出 版 人：王亚民

著　　者：许永杰

封面题字：陈　雍

责任编辑：梅　婷

装帧设计：王　梓　于朝娟

出版发行：故宫出版社

　　　　　地址：北京市东城区景山前街4号　邮编：100009
　　　　　电话：010-85007808　010-85007816　传真：010-65129479
　　　　　邮箱：ggcb@culturefc.cn

制版印刷：保定市中画美凯印刷有限公司

开　　本：787毫米×1092毫米　1/16

印　　张：18.5

版　　次：2020年1月第1版
　　　　　2020年1月第1次印刷

印　　数：1～3000册

书　　号：ISBN 978-7-5134-1289-6

定　　价：76.00元

超百万年的文化根系，上万年的文明起步，五千年的古国，两千年的中华一统实体。

　　灿烂的中华文明具有自己的个性、风格和特征，迫切需要找到自己的渊源和更早的考古证据。

　　中华大地文明火花，真如满天星斗，星星之火已成燎原之势。

　　　　　　　　　　——苏秉琦《中国文明起源新探》

目 录

第一章

动植物驯化

在几次大冰期的漫长时代里，人类对外在自然界的态度基本没有什么变化。虽说他们从自然界获取的方法已经大为改进，并学会了识别他所获得的各种东西，但是他们对自己从自然界获取的一切颇感知足。只是到冰期结束不久之后，人类对其所处客观环境的态度，才发生了对整个种群具有革命性结果的剧变。

改变人类经济的第一次革命，是人类控制了他们自身的食物供给。人类开始有选择地去种植、栽培可以供人食用的草、根茎和树木，并加以改良。人类还成功地驯化了一些野生动物，尽其所能地为它们提供饲料，进行保护，做自己所能想到的一切。由此得到的回报是，这些动物被人类牢牢控制了。

——戈登·柴尔德《人类创造了自身》

花厅殉狗

以人殉葬，以前人们认为是发生在商代晚期发达的奴隶社会的事情；以狗殉葬，人们也以为是商代晚期的事情。江苏新沂花厅墓地的发掘告诉人们，殉人和殉狗都发生在史前时期。

花厅墓地的 16 号墓葬，就是一座既殉人又殉狗的墓葬[1]。该墓是一座大型矩尺形墓葬，墓坑长 5.5 米，宽约 2 米；因陈放墓主人的墓坑中间不见人骨，《花厅》报告认为墓主人可能是因战事客死他乡而尸骨未还的部族英雄。随葬的 48 件陶器、玉石器、骨器散见于墓内各处。墓坑下方西侧有一 17 岁

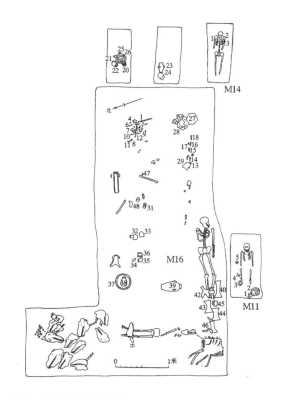

图一　花厅 M16 平面图

青年男子，紧贴青年男子的墓外侧葬一 17 岁的青年女子。紧邻墓上端有并列的 3 个小墓，内葬幼童。墓坑下端陈放狗 1 具、猪头及猪蹄 10 多个（图一）。

1　南京博物院：《花厅——新石器时代墓地发掘报告》，文物出版社，2003 年。

图二 大汶口狗形陶鬶

图三 刘林 M25

　　花厅墓地是一处长江流域的良渚文化与黄淮流域的大汶口文化共处的墓地，分为南北两个墓区，两文化的陶器不但共见于同一墓地，还共见于同一墓区和同一墓葬，但是以人、狗、猪殉葬的墓葬却都位于北墓区。随葬猪和狗是大汶口文化的显著特征，在山东泰安大汶口遗址就曾出土一件憨态可掬的狗形陶鬶（图二）。同属于苏北的邳县刘林墓地，有 8 座墓葬殉狗，狗都侧卧在墓主腿部附近。其中 25 号墓葬，墓主为仰身直肢葬，在两手间各有骨勾 1 件，腰间有穿孔石斧和骨枪头各 1 件，在骨枪头下、骶骨上有 1 件穿孔龟甲，左臂旁有 1 件骨匕，左股旁有陶罐、陶鼎、骨栖各 1 件，两股骨间有 1 件陶杯。在胫骨旁侧卧着一具狗骨（图三）。与刘林墓地毗邻的大墩子墓地，有 9 座墓葬殉狗。其中 44 号墓葬，墓主为男性，30 岁。身躯高大（1.85 米），骨骼粗壮。随葬器物达 53 件之多。除罐形鼎、圈足杯、钵形鼎、罐、瓿、缸、三足高柄杯、彩陶盆、骨栖等生活用具外，还有骨刮削器、骨鱼镖、穿孔石斧、穿孔石铲等生产工具或武器。墓主腹部两侧各有一副用于卜筮的龟甲，龟甲内盛有骨筹，另外还有与宗教礼仪活动相关的骨柄獐牙勾形器、獐牙勾和骨扳指随葬。一具狗骨架卧在墓主左腿外侧的彩陶盆和陶缸之上（图四）。该墓所出的彩陶盆就是大汶口文化著名的八角星纹彩陶盆（图五）。

　　以狗殉葬最早见于距今 8000 年前的河南舞

图五 大墩子 M44 出土彩陶盆

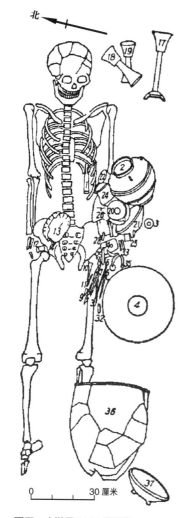

图四 大墩子 M44 平面图

阳贾湖遗址[1]。贾湖遗址的墓地发现有6个葬狗坑，单独挖坑葬狗是全墓地举行祭祀活动的遗留，狗是作为全墓地的共同殉葬。在中国古代以狗殉葬最盛行的时期是商代。商代早期的河北藁城台西遗址，共发掘 112 座墓葬，其中墓底有腰坑殉狗的墓 34 座，约占发掘墓葬总数的三分之一[2]。商代晚期的殷墟西区939座墓葬中，有339 座有狗殉葬，占墓葬总数的三分之一强，其中不少墓中殉狗还在两只以上[3]。

狗是人类最早驯化的动物。狼向狗的演化最早的材料是比利时境内戈耶洞穴遗址出土的个体，发生于距今 31700 年，其证据便为其吻部明显短于狼类[4]。在中国最早的材料是距今

---

1 河南省文物考古研究所：《舞阳贾湖》，科学出版社，1999 年。

2 河北省博物馆等：《藁城台西商代遗址》，文物出版社，1977 年。

3 中国社会科学院考古研究所安阳工作队：《1969 ～ 1977 年殷墟西区墓葬发掘报告》，《考古学报》1979 年第 1 期。

4 Mietje Germonpré, Mikhail V. Sablin, Rhiannon E. Stevens, Robert E. M. Hedges, Michael Hofreiter, Mathias Stiller, Viviane R. Després, Fossil Dogs and Wolves from Palaeolithic Sites in Belgium, the Ukraine and Russia: Osteometry, Ancient DNA and Stable Isotopes, *Journal of Archaeological Science*, 2009(36): 473-490.

约 10000 年的河北徐水南庄头遗址，该遗址出土了多块犬科动物的骨骼，其中一块左下颌的齿列长度为 79.4 毫米，这个尺寸比 90 毫米左右的狼要小，而贾湖遗址所出狗的下颌齿列平均为 72.68 毫米。从狼到南庄头狗，再到贾湖狗，齿列长度逐步变短的趋势，符合狗的进化过程。

狗在人类的生活中扮演着重要的角色，周代的犬分为三类，孔颖达疏《礼记·少仪》讲："犬有三种：一曰守犬，守御宅舍者也；二曰田犬，田猎所用也；三曰食犬，充君子庖厨庶羞用也。"史前和商代墓葬中的殉狗则应是参与战事的"军犬"，这在上文的举例中可以看出。花厅 16 号墓葬的主人可能是战死他乡的军事首领，刘林 25 号墓葬的墓主是一位以武器、工具和法器随葬的集军权和神权于一身的部族首领，大墩子 44 号墓葬的墓主更是一位身躯高大、手戴扳指，以武器、工具和法器随葬的部族英雄；而且这三座墓的殉狗都位于墓主的脚下或腿旁，再现了死者生前与狗的关系。商代晚期著名的女将军妇好的墓葬中，竟有 6 条狗殉葬[1]，是更具说服力的例子。

关于狗与人有着无数的话题，限于本文的体量实难一一叙及。

1　中国社会科学院考古研究所：《殷墟妇好墓》，文物出版社，1980 年。

河姆渡猪纹盆

汉末经学大师郑玄注《周礼》,将马、牛、羊、豕、犬、鸡列为人们日常生活中的六畜。考古发现与研究表明,六畜中的猪（豕）是中国独自驯化的,距今6500 年以前的前仰韶时代和新石器时代早期,在中国的南方和北方,猪已经是比较普遍饲养的家畜了。

著名的浙江余姚河姆渡遗址第一期遗存中出土 1 件线刻猪纹陶盆[1]。该陶盆为夹炭黑陶,平面呈长方形,圆角,侈口,器表打磨光滑。长边两侧各刻一猪纹,长嘴,竖耳,短尾,粗鬃,背微上弓,腹略下垂,形象逼真。高11.7 厘米, 口边长 21.7 厘米, 宽 17.5厘米,底边长 15 厘米,宽 13.5 厘米（图

图一　河姆渡猪纹陶盆

图二　河姆渡陶塑猪

一）。该遗址的同一时期遗存中还发现 1 件陶塑猪,高 4.5 厘米, 长 6.3 厘米, 形态与猪纹盆上的猪十分相近, 也作长嘴、弓背、垂腹状, 只是显得更胖些, 表现出吃得好,养得胖（图二）。另外,在遗址的同一时期遗存中还发现猪头骨（图三）。《河姆渡》发掘报告认为, 尽管陶盆上的刻划猪纹和泥塑陶猪尚保留长嘴等野猪

1　浙江省文物考古研究所 :《河姆渡——新石器时代遗址考古发掘报告》,文物出版社,2003 年。

图三 河姆渡猪头骨

图四 半坡文化猪面纹彩陶瓶

的形态，但整体上与家猪已很接近，遗址内猪的死亡年龄都比较年轻，应属非正常死亡，因此可以相信，在距今约 7000 年的河姆渡一期文化的先民们已经驯化并饲养了猪。

长江下游年代略早于河姆渡遗址的浙江萧山跨湖桥遗址[1]（距今 8200 ~ 7000 年），是目前所知我国南方地区最早出现家猪的遗址，在遗址内发现有家猪的下颌骨等骨骼。

在北方，内蒙古敖汉旗兴隆洼遗址距今约 8000 ~ 7400 年的第二期遗存 118 号墓葬中[2]，随葬一雌一雄两头猪；距今约 8000 年的敖汉旗兴隆沟遗址的 5 号房址一侧，出有摆放在一起的 12 个猪头骨；距今约 8000 年河北武安磁山遗址 5 号灰坑的底部，有两头猪、一只狗与炭化的小米埋在一起。2008 年，罗运兵等主要依据贾湖遗址第七次发掘材料，运用新的科技考古方法，列举了七条证据，说明河南舞阳贾湖遗址为我国最早的家猪起源地，约距今 9000 年[3]。这一科研成果表明，中国与中东的土耳其 Cayonu 遗址几乎在同一时期驯化了家猪，也就证实了中国的家猪驯化是独立起源的。

猪作为史前时期人们的主要肉食的同时，也进入了人们的文化和精神生活，仅以陶器为表现形式的艺术品就有半坡文化的猪面纹彩陶瓶（图四）、江苏新沂花厅猪形陶罐、汉代的陶猪圈（图五）等。

---

1 浙江省文物考古研究所：《跨湖桥》，文物出版社，2004 年。

2 中国社会科学院考古研究所内蒙古工作队：《内蒙古敖汉旗兴隆洼遗址发掘简报》，《考古》1985 年第 10 期；中国社会科学院考古研究所内蒙古工作队：《内蒙古敖汉旗兴隆洼聚落遗址 1992 年发掘简报》，《考古》1997 年第 1 期。

3 罗运兵、张居中：《河南舞阳县贾湖遗址出土猪骨的再研究》，《考古》2008 年第 1 期。

野猪之所以被驯化成家猪，主要因为其具有杂食性、易圈养、早熟出肉多和粪多的特点。中国是以农业立国的国家，猪的出肉和多粪是与农业紧密相关的。猪的驯化、饲养和选育技术是古代中国最伟大的发明创造之一，也是古代中国对人类文明做出的贡献。根据最新统计，目前全世界家猪品种有 300 多个，中国占有三分之一，是世界上家猪品种最多的国家。

图五　东汉陶猪圈

磁山"家鸡"

20 世纪 70 年代后期磁山遗址鸟类骨骼的发现，是一件在世界范围内具有影响的考古事件。鉴定该骨骼的老一代动物考古学家周本雄的结论是：磁山遗址有较多的鸟骨发现，除了属于豆雁（*Anser fabalis L.*）的一只前掌骨和一锁骨外，其余的均属于家鸡（*Gallus gallus domesticus L.*）的骨骼，主要是较完整的跗跖骨，此外

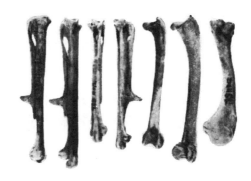

图一 磁山"家鸡"骨骼

还有锁骨、肱骨、股骨和尺骨、桡骨等。磁山"家鸡"的跗跖骨除一根无距的代表雌鸡以外，其余全部为雄鸡[1]（图一）。

20 世纪 80 年代，中英两国学者联名，在英国的《考古科学杂志》上发表论文，指出在河北武安磁山遗址发现了距今 8000 年左右的家鸡[2]。这一结论得到国际动物考古学界的基本认可。磁山遗址出土的"家鸡"被认为是目前世界上已知最早的家鸡，并被写进欧美动物考古学的教科书。

进入 21 世纪，家鸡起源于中国华北地区的观点，受到来自本土新一代动物考古学家袁靖的挑战[3]。2009 年，河南淅川申明铺遗址出土的一件西汉青铜鼎内发

1　周本雄：《河北武安磁山遗址的动物骨骸》，《考古学报》1981 年第 3 期。

2　Barbara West, Ben-Xiong Zhou, Did Chickens Go North? New Evidence for Domestication, *Journal of Archaeological Science*, 1988 (15)：515-533.

3　袁靖、吕鹏、李志鹏等：《中国古代家鸡起源的再研究》，《南方文物》2015 年第 3 期。

现鸡骨 125 块，属于一个完整的雌性个体（图二）。袁靖团队基于这一材料，并结合新发展出的环颈雉与鸡的判别方法，通过观测喙骨、肱骨、股骨、跗跖骨的形态学特征来确定鸡是否被驯化。他们逐一检视了东周以前我国境内出土的 38 批"家鸡"的材料，发现除磁山遗址的鸟类骨骼鉴定为家鸡有具体说明外，其余的材料竟然都没有交代证据。当年周本雄给出的磁山"家鸡"三点证据是：鸡的跗跖骨形态和红原鸡很相似；鸡骨与红原鸡骨长度最为接近；雄性鸡占据绝大多数是有人工干预的因素。因为仅此三点证据，而缺乏骨骼的形态学特征，所以是不足为凭的。他们认为，中国境内能够肯定的家鸡驯养发生在商代晚期。

图二　申明铺遗址出土青铜鼎内的雌性家鸡

图三　甲骨文中的雉和鸡

证据来自 1978 年发掘的安阳小屯一号灰坑出土的一件不完整的鸡头骨。该头骨枕髁小、枕骨下窝深而大、眼神经外支管孔和迷走神经孔相当发育，根据这些骨骼的形态特征可以认定为家鸡[1]。他们还列举了来自商代晚期甲骨文的证据，即在甲骨文中既有野生的雉，也有驯化的鸡（图三）。商代以后，鸡大量见于诸文献。

　　20 世纪 80 年代末开始的湖北天门邓家湾新石器时代遗址的发掘，获得数以千计的陶塑，其中不乏鸟类形象，发掘者认为是驯化的家鸡[2]（图四）。有研究者根据陶塑短喙、粗颈、小羽、短尾等特征，判断其为家鸡[3]。在邓家湾出土的陶塑中，

1　侯连海：《记安阳殷墟早期的鸟类》，《考古》1989 年第 10 期。
2　湖北省文物考古研究所、北京大学考古学系、湖北省荆州博物馆石家河考古队：《邓家湾：天门石家河考古报告之二》，文物出版社，2003 年。
3　武仙竹：《邓家湾遗址陶塑动物的动物考古学研究》，《江汉考古》2001 年第 4 期。

图四　邓家湾陶塑"家鸡"

图五　红原鸡和家鸡

图六　广汉三星堆出土铜鸡

有可以肯定的家畜，如猪和狗，也有可以肯定的野生动物，如象、猴，还有不好肯定驯化与否的动物，如羊和鸡。之所以难以判定，除史前艺术达到的模拟动物的象形程度外，还有野生动物与驯化动物在外形和神态上的相似程度。以我们今天的眼光来看，准确地掌握家鸡与其祖先红原鸡的体貌差别，也不是很容易的事情，要求史前匠人准确塑造出家鸡和红原鸡（图五），是强求于古人。因此，邓家湾出土的石家河文化的陶塑鸟类，是否为家鸡也就没有得到新一代动物考古学家的认可。

　　鸡被家养后，夜间为防野兽袭扰，有两种栖息方式，一是栖息于树上，一是栖息于鸡舍内。《诗经·王风》有"鸡栖于桀，日之夕矣"和"鸡栖于埘，日之夕矣"之句[1]，讲的是鸡栖息于树桩上，天晚了；鸡栖息于鸡舍内，天晚了。鸡为禽类，家养前是栖息于树上的，家养后开始栖息于鸡舍，周代鸡的饲养在晚间有树上和鸡舍两种形式，反映出鸡的驯化过程。鸡的两种夜间栖息方式，在出土文物中都有发现，商周时期有立于杖首的鸡（图六），汉代则多见栖息于鸡舍的鸡（图七），虽然汉代鸡夜间多栖息于鸡舍，但是仍有鸡

1　对于"桀"和"埘"，《尔雅·释宫》载："鸡栖于弋，为榤；凿垣而栖，为埘。""弋"，《辞海》第六版的解释是小木桩。

栖息于树上的方式[1]。当然，今天也偶尔可以见到鸡上树。

图七　长沙出土东汉陶鸡埘

鸡自被家养后，便成为人类餐饮、宴飨、祭祀桌案上的不可或缺的美食、祭品，这种两足的扁毛畜生[2]竟然与另五种四足圆毛的畜生齐名，被视为"六畜"之一[3]。六畜在东周时期是指马、牛、羊、猪、狗和鸡。《尔雅·释畜》载："马八足为駥，牛七尺为犉，羊六尺为羬，彘五尺为豟，狗四尺为獒。鸡三尺为鶤，六畜。"东汉郑玄注《周礼》"六扰，马、牛、羊、豕、犬、鸡"，西晋杜预注《左传》六畜为"马、牛、羊、鸡、犬、豕"，延续了这一说法，也都把鸡与马、牛、羊、猪、狗认作是六畜。

关于鸡的话题也还有许多，诸如公鸡打鸣、母鸡下蛋、十二生肖等，这里就不再一一讲述了。

1　刘向《列仙传》载："祝鸡翁者，洛人也。居尸乡北山下，养鸡百余年，鸡有千余头，皆立名字。暮栖树上，昼则散之。欲引，呼名即依呼而至。"尽管有神秘色彩，但也出自生活。
2　陈雍在《六畜与畜生》(《今晚报》2015年3月11日)一文中认为，以"畜生"骂人是西汉以后的事情。
3　《尔雅·释鸟》载："二足而羽谓之禽，四足而毛谓之兽。"

磁山谷子

粟，北方俗称"谷子""小米"，由野生狗尾草驯化而来，是旱作农业的典型作物。我国是世界上粟的种植面积最大，也是最早栽培粟的国家，主要栽种区域为黄河流域。

河北省武安县磁山遗址是世界上发现最早的粟的地点之一，距今超过 7000 年。发掘报告将遗址分为早晚两期[1]，第一期的 186 个灰坑中有 62 个可见腐朽的粮食堆积，第二期的 282 个灰坑中有 18 个可见腐朽的粮食堆积。据参与发掘的佟伟华介绍[2]，这些粮食堆积出土时略潮湿，呈淡淡的绿灰色，大部分成粉末状，质地疏松，粉灰中可见形态饱满的外壳，与现代粟粒基本无区别。经中国社会科学院考古研究所运用灰象法对粮食标本进行鉴定，发现了粟的痕迹，确认磁山遗址灰坑内的腐朽粮食为粟的堆积。

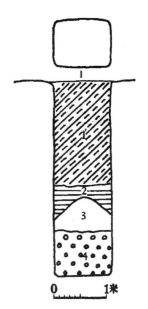

图一　磁山 346 号灰坑剖面图
1. 灰土　2. 黄土
3. 空隙　4. 粮食堆积

与黄河流域同时期甚至年代更晚的考古学文化遗址所见粟的遗存相比，磁山遗址粟的出土量相当可观。这些储粮的灰坑开口平面多为长方形，个别为椭圆形，坑壁多为直壁，坑底为平底。以长方形坑为例，一般长 1～1.5 米，宽 0.5～0.8 米，深则 1～5 米不等（图一）。其中堆积的粟一

1　河北省文物管理处、邯郸市文物保管所：《河北武安磁山遗址》，《考古学报》1981 年第 3 期。

2　佟伟华：《磁山遗址的原始农业遗存及其相关的问题》，《农业考古》1984 年第 1 期。

图二　石磨盘与石磨棒

图三　陶盂和支脚

般有 0.5 ～ 0.6 米厚，最厚的可达 2.9 米。由于粟在腐朽过程中下沉，最初的堆积应更高。佟伟华根据腐朽粮食与新鲜粮食的密度之比，假定各灰坑内现存粮食堆积高度与原堆积高度之比相同，推算出磁山遗址目前所清理的储粮灰坑内，粟的存储量可达 100 多立方米，折合重量可达 50 吨！

在磁山遗址中，与种植和加工谷物相关的配套农用工具种类齐全，有用于耕作的石斧、石铲，用于收割的石刀、石镰，用于加工的石磨盘、石磨棒（图二），用于装盛的陶钵、陶盂和支脚（图三），等等。而这些用具成组共出的情形更是耐人寻味。如石磨盘与石磨棒的组合：多为平置，磨棒置于磨盘附近或直接置于磨盘上；少数竖置，磨盘与磨棒一头栽入土中。又如陶盂和支脚的组合：有的陶盂置于支脚上，有的支脚又装入陶盂内。结合上述大量储粮灰坑的发现，发掘报告认为磁山遗址可能是一处粮食加工场所。

研究者卜工认为，磁山遗址不同于一般的聚落址 [1]，主要原因在于遗迹主体为灰坑，而与人类日常生活相关的房址、墓葬、灶坑等则数目寥寥。更加奇特的是，部分灰坑粮食堆积的底部发现有猪骨架或狗骨架，朽烂的动物尸体显然是不能与粮食一起储存的。另外，灰坑内粮食堆积上部的黄硬土并非自然形成，而是有意

---

[1]　卜工：《磁山祭祀遗址及相关问题》，《文物》1987 年第 11 期。

填入，甚至经过了踩踏或夯打。而这些储粮灰坑内成组出土的陶器以及组合出土的石器、陶器，也是有意为之。这些现象共同指向了存在祭祀行为的可能性。《尔雅·释天》中记载的"祭天曰燔柴，祭地曰瘗埋"，明确指出了挖坑埋入贡献是一种祭祀土地的礼仪。磁山遗址的大量储粮灰坑和组合出土物，很有可能正是这种"瘗埋"行为的反映。因而，磁山遗址应为一处祭地祀年的场所，而非普通的定居生活聚落和粮食储存地。以粟作为粮食贡献祭祀土地，则反映出磁山文化所处时代，原始先民的自然崇拜意识已发展到了一定的程度。

磁山遗址粟遗存的发现并不是偶然现象，较磁山遗址纬度更高的内蒙古敖汉旗兴隆沟遗址也有粟和黍类遗存以及加工工具石磨盘和石磨棒的发现[1]。

粟，古称"稷"，《说文》称其为"五谷之长"。古代以"稷"象征谷神，乃是原始先民自然崇拜的延续。代表土地神的"社"常与"稷"合称，用以指代国家，这不仅反映出土地崇拜与五谷崇拜关系紧密，更显示出两者在以农业立国的古代中国中的重要地位。《周礼·考工记》记载的"国中九经九纬，经涂九轨，左祖右社，面朝后市，市朝一夫"的国都营建制度，就是以"左祖右社"作为礼制建筑的核心。其中，"社"即为"社稷"，是祭祀土地神和谷神的礼制建筑，其与祖庙并列，享受着古礼中最高级别的供奉。

1　中国社会科学院考古研究所内蒙古第一工作队：《内蒙古赤峰市兴隆沟聚落遗址 2002 ～ 2003 年的发掘》，《考古》2004 年第 7 期。

河姆渡稻子

作为农业大国，中国水稻的总产量、总储备量与总消费量世界第一，水稻的单产也位居世界前列。我国的水稻栽培具有悠久的历史，但是最早的水稻出现在什么时候，水稻的驯化过程是怎样的，早期的水稻是什么样子？考古学给出了解答。

图一　河姆渡第 4A 层的稻谷堆积

20 世纪 70 年代，我国的稻作农业有两大突破：一是自然科学界，袁隆平团队的"杂交水稻"促进了水稻的大量增产，是现代农业人对稻作农业作出的杰出贡献。二是社会科学界，浙江余姚河姆渡遗址的考古发掘，发现了远古农业人对稻作农业的重大贡献——距今 7000 年之遥的稻米遗存，将稻米起源的研究重心从南亚转移到中国。

河姆渡的稻谷是在遗址的早期堆积第 4A 层中发现的，第 4A 层属于该遗址的第一期，即河姆渡文化，碳十四测定的年代是距今约 7000 年[1]。在第 4A 层中，稻秆、稻根、稻叶、稻谷和碎木屑等有机质与细泥土混杂在一起，堆积的厚度达 20 ～ 100 厘米，局部堆积中还有秕谷稻壳层层叠压的现象。这些水稻遗存，出土时颜色鲜黄、外形完好，甚至可以看到颖壳上的隆脉和稃毛，有的稻秆上还连着稻叶和稻穗（图一）。

1　浙江省文物考古研究所：《河姆渡——新石器时代遗址考古发掘报告》，文物出版社，2003 年。

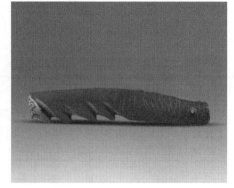

图二 骨耜　　　　　　　　图三 骨镰　　　　　　　图四 木杵

其数量之多，保存之好，为同期遗址所罕见。另外，在一些灰烬堆积中也发现了炭化的谷粒；在不少陶釜内底留有烧焦的"锅巴"；在夹炭陶的陶胎中，也可见到谷壳留下的形状；在 1 件敛口陶钵上，还装饰有稻穗和猪的刻划图案。这些情形仅靠肉眼观察、靠经验分辨，就能令人感受到一派生机盎然的水乡稻作农业景象。

　　浙江农业大学、云南省农业科学院等机构的相关专家，通过测量谷粒长宽比的方法对河姆渡稻谷进行鉴定，确定其属于人工栽培稻，后又通过误差率较小的植物硅酸体检测的方法[1]，最终认定其稻谷是以粳稻为主的栽培稻群体，少量籼稻与中间型。其中所分粳稻与籼稻，是指河姆渡稻谷体现出似粳或似籼的特征，并不能与现代的粳、籼稻完全等同[2]。中国科学院植物研究所通过孢粉分析，判断遗址附近有河姆渡先民垦种的大片稻田，后为中日合作的稻田遗迹调查所证实。此外，河姆渡遗址出土了成套的农用工具，如用于翻耕土地的骨耜，用于收割的锯齿状骨器工具，用于加工谷物的木杵等（图二～图四），有力地说明了河姆渡先民的耕作方式已经比较发达。这些考古遗存，难道不恰好印证了华夏儿女心中那个"因天之时，分地之利，制耒耜，教民农作"（《白虎通・号》）的神农的美好传说？

1　郑云飞等：《河姆渡遗址稻的硅酸体分析》，《浙江农业大学学报》1994 年第 1 期。
2　俞为洁、徐耀良：《河姆渡文化植物遗存的研究》，《东南文化》2000 年第 7 期。

20 世纪八九十年代以来，比河姆渡文化更早的古稻遗存层出不穷，见于河南舞阳贾湖、湖南澧县彭头山、江西万年仙人洞（图五）、浙江萧山跨湖桥等遗址。这些距今八九千年，甚至万年以上的遗存，成为稻作起源研究的重要证据。在 1992 年的中日合作研究中，研究者在河姆渡遗址105 粒炭化稻谷中，又发现了 4粒普通野生稻炭化谷粒，暗示了河姆渡遗址附近可能还生长有野生稻，也可能暗示了河姆渡文化的稻作农业，还处于原始的栽培状态。因此，河姆渡遗址的稻作遗存，仍然具有研究稻作农业起源的重要意义。

图五　江西万年仙人洞脚下的当代稻谷

图六　水乡河姆渡

距今大约 1 万年以来，随着经济的广谱化，人类逐步摆脱了游荡觅食的生计方式，在漫长的年岁里，凭借着勤劳的双手和智慧的大脑，驯化出金贵可口的稻米，尽享居有定所的生活（图六）。想必那种"稻花香里说丰年"的情景，在数千年的历史长河中，都是人们年复一年的期待。

喇家面条

2002 年，青海民和喇家遗址的发掘又有一项在世界范围引起震动的发现。在 20 号房址的地面上有一反扣的篮纹红陶碗，这件看似平常的器物中蜷缩缠绕着的线团状物体，后经检测证明是史前人类的精制食品——面条（图一）。喇家遗址属于新石器时代晚期齐家文化，距今约 4000 年。这碗面条出土时色泽犹新，为米黄色，粗细均匀，直径约 3 毫米，长约 500 毫米（图二）。其间夹杂着动物的小碎骨，与今天西北地区流行的臊子面颇为类似（图三），看来古人也讲究舌尖上的体验，不是"吃素的"。科技考古人员将面条的检测结果在英国《自然》杂志上发表后，引起了西方媒体的广泛报道。

图一　喇家 20 号房址出土红陶碗及碗内面条

图二　青海民和喇家遗址出土面条

今日中国北方的面条，原料多为小麦粉。小麦虽然在距今 5000 ～ 4000 年前的龙山时代已由中亚传入中国，但喇家的这碗面条却不是小麦粉制作的，其材质为粟与穄（亦称糜）混合而成。

中国 4000 年前喇家面条的发现，直接挑战了既往关于意大利为面条起源国的观点。这碗面条的发现还意味着史前时期小米的食用方式并不完全为粒食，它也存在被加工为粉

图三　今日岐山臊子面

面制品的方式。粟类被加工成面粉的工具为**磨盘与磨棒**，使用磨盘与磨棒加工谷物可追溯至距今8000年的前仰韶时代。中国的黄河流域及其北方，是粟的发源地，其驯化的时间也是发生在前仰韶时代。目前虽没有发现证明，但在理论上却存在着8000年的面条史的可能。

小麦粉与水混合后，富有弹性与延展性，做成面条后以其独有的劲道而为食客喜好。小麦在中国北方广泛种植后，在面条这一食物中，便取代了粟类食材。在中国古代文献中，面条最初是称为"饼"的。东汉时期崔寔在《四民月令》中称其为"水溲饼"，可见那时的面食已与汤水相伴而成味。魏晋时，面条亦唤作"汤饼"，事见《世说新语》。唐《初学记》卷二六引晋范汪《祠制》曰："孟秋下雀瑞，孟冬祭下水引。"可见南北朝时期又称"水引"，亦有"水引饼"或"水引面"之称谓。南齐高帝萧道成便对"水引饼"推崇备至。另《太平御览》引《荆楚岁时记》曰："六月伏日，并作汤饼，名为辟恶。"彼时食面之势可谓蔚然成风。北魏贾思勰在《齐民要术》中记载有面条的制作方法。唐代的敦煌文书《新集吉凶书仪》中多次出现"须面"一词，并多次作为馈赠之礼。可见面条在人们的日常生活中殊为重要。宋代，面条的种类已发展得较为完备，《梦粱录》中对于开封的面食店中的面条种类有着特殊的记载，其种类包括三鲜面、鸡丝面、耍鱼面、笋泼肉面、大熬面等数十种之多，令人眼花缭乱，应接不暇。而面条一词在宋代终于尘埃落定，出现于北宋庞安时的《伤寒总病论》。及至元代，利于干储的挂面问世，这为面食的传播打开了新的天地。最终在明、清时期，抻面和削面被端上了人们的餐桌。此时的面条已颇为精致，明代诗人陆深亦不禁感叹："红香细剥莺歌嘴,嫩白鲜羹玉面条。"而面条与面条子一词亦常见于《儒林外史》《红楼梦》《官场现形记》等文学作品。

东灰山小麦

　　著名的青海民和喇家面条是黄面条，材质是粟与穄，而不是麦。中国人是什么时候吃上白面——麦粉的呢？ 20 世纪 80 年代中期，中国科学院遗传研究所李璠教授一行，在张掖地区行署文化局卢晔的陪同下，两度到民乐东灰山遗址考察，采集一批炭化小麦等粮食标本，从而揭开了研究小麦起源的序幕。

　　据李璠等人的研究报告[1]，其采集的炭化小麦籽粒（图一）有大粒型、普通型和小粒型三种。大粒型属于普通栽培小麦中的大穗大粒型；普通型是当时栽培较广的一种普通小麦；小粒型为密穗小麦种中的小粒型。总之，炭化小麦籽粒形状大都为短圆形，与普通栽培小麦粒十分相似，属于普通小麦种（Triticum aestivum），而其中小粒型炭化小麦籽粒则可能是密穗小麦种（Tritieum comactum）。关于东灰山采集的这批炭化小麦，报告提供的树轮校正后年代为距今 5000 ± 159 年。

　　关于这一发现的意义，发现者认为："在同一文化土层带中同时保存着这么多栽培植物的炭化籽实遗存，现今黄河流域的主要农作物几乎全部能够在这个遗址中找到它们的'根'。""从旱农耕作制角度看，五种以上主要农作物在一个新石器遗址发现，在我国尚属首次。""这些材料可以填补考古上长期留存的空白，从而论证中国是普通小麦、栽培大麦和高粱的原产地和重要起源中心。"

　　关于小麦的栽培，学术界公认的观点是起源于西亚的肥沃新月地带（Fertile

---

[1] 李璠等人的研究主要参见：《甘肃省民乐县东灰山新石器遗址古农业遗存新发现》，《农业考古》1989 年第 1 期；《甘肃省民乐县新石器时期遗址的古代炭化小麦考察初报》，《遗传》1988 年第 1 期；《从东灰山新石器遗址古农业遗存探讨黄河流域农业起源和形成》，《大自然探索》1989 年第 3 期。

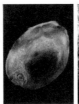

图一　电子显微镜下的炭化小麦籽粒

图二　东灰山遗址采集炭化
小麦粒

Crescent），最早的小麦遗存出土于 EPPNB（早前陶新石器时代 B 期）时期的考古遗址中，绝对年代在距今 10500 ～ 9500 年间。在距今 7000 年前后，小麦传播到了中亚地区的西南部，例如位于土库曼斯坦境内的科佩特山脉（Kopet-Dagh）北麓。小麦是什么时间传到中国等东亚地区的？由于东灰山遗址地处中西交流的通道河西走廊上，又可以早到距今约 5000 年，自然引起了学术界的高度关注。

1987 年，笔者作为执行领队，在东灰山遗址进行了考古发掘，清理铜器时代的四坝文化墓葬 249 座[1]。发掘期间，在纵贯遗址的水渠断面上采集 2.5 试管炭化小麦籽粒（图二），经中国科学院植物研究所孔昭宸教授鉴定，为普通小麦（Triticum aestivum）。本次发掘测定了两个碳十四数据，分别为距今 4230±250 年和距今 3770±145 年，与李璠教授的数据竟然相差近千年！

2005 年，中美联合考察队专程前往东灰山遗址，采集土壤样并进行浮选，对其中发现的小麦和大麦遗存，应用加速器质谱测年方法测定，所得年代在距今 3600 ～ 3400 之间。后来，由中澳环境学者合作对东灰山遗址出土小麦再次进行采样和年代测定，年代为距今 3829 ～ 3488 年。至此，可以确认东灰山遗址的文化堆积及其包含的小麦遗存应该属于铜器时代的四坝文化时期，绝对年代在距今 3600 年前后。那么，李璠教授提供的年代为什么会是距今约 5000 年呢？我在

1　甘肃省文物考古研究所、吉林大学北方考古研究室：《民乐东灰山考古：四坝文化墓地的揭示与研究》，科学出版社，1998 年。

《关于民乐东灰山遗址炭化农作物年代的订正》一文中认为[1]，李璠教授主要是受了20 世纪 50 年代将四坝文化认定为新石器时代晚期遗存的认识影响，同时也接受了马厂类型属于马家窑文化的认识的影响，而为碳十四年代测定提供了误导的参考年代。其实，1976 年发掘的玉门火烧沟墓地，已经认识到四坝文化是属于青铜时代的遗存，该墓地提供的 4 个碳十四数据，落在距今 3890 ～ 3580 年范围内，与中原地区相比，约属夏代纪年。

青海民和喇家的面条属于齐家文化，年代大约也相当于中原地区的夏代，与东灰山小麦的年代大约同时或略早。那么，喇家人何以没能吃上口感更好的麦粉做的白面条呢？解释是刚刚传入中国的小麦种植并不普及，中国北方的大部地区还以种植粟和黍为主，入口的主食还是以小米饭和小米面条为主。

1　许永杰：《关于民乐东灰山遗址炭化农作物年代的订正》，《中国考古学会第十一次年会论文集》，文物出版社，2010 年。

钱山漾丝绸片

最近一些媒体报道：浙江湖州钱山漾遗址因发现距今 4400 ～ 4200 年的丝绸片，获得"世界丝绸之源"的命名。钱山漾出土的两件丝绸精品，将随"中国梦·丝路梦"互联互通丝路行考察团，跨越亚欧万里长路，亮相米兰世博会。

其实，钱山漾遗址的丝绸早在 20 世纪 50 年代就已发现[1]。该遗址的第一、二次发掘报告是这样记述的：第二次发掘时，在探坑 22 出土不少丝麻织品。麻织品有麻布残片、细麻绳，丝织品有绢片、丝带、丝线等。大部分都保存在一个竹筐里。此外，在探坑 12 和 14 内也有少许麻布残片出土。这些丝麻织品除一小块绢片外，全都炭化，但仍保有一定韧性，手指触及尚不致断裂。其中尚未完全炭化的小块绢片送浙江省纺织科学研究所鉴定，鉴定结果是家蚕丝织物，平纹织物，密度为每寸 120 根（图一）。

钱山漾遗址出土的丝麻织物发现后，包括一些名气较大的学者都对其年代有过质疑，但是发掘者经过仔细核对坚持认为：这些织物的分布面积如此之大，有的还装在一个筐子里，显然不可能为后期混入。这样的认识也为后来的 2005 年第三次发掘所证实。

其实，早在钱山漾遗址发现丝绸织物的 50 年前，也就是中国考古学的起步阶段，就有过蚕茧的发现。那是 1926 年，中国近代考古学之父李济率队发掘山西夏县西阴村遗址时发生的事情。李济在《西阴村史前遗存》中写道："我们最有趣的发现是一个半割的，丝似的，半个茧壳。用显微镜考察，这茧壳已经腐坏了一半，但是仍旧发光；那割的部分是极平直。清华学校生物学教授，刘崇乐先

---

1 浙江省文物管理委员会：《吴兴钱山漾遗址第一、二次发掘报告》，《考古学报》1960 年第 2 期。

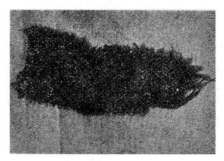
图一 钱山漾丝绸残片

图二 西阴村蚕茧复原图

生替我看过好几次，他说：他虽不敢断定这就是蚕茧，然而也没有找出什么必不是蚕茧的证据。与那西阴村现在所养的蚕茧比较，它比那最小的还要小一点。这茧埋藏的位置差不多在坑的底下，它不会是后来的侵入，因为那一方的土色没有受扰的痕迹；也不会是野虫偶尔吐的，因为它是经过人工的割裂。"尽管李济说得如此肯定，还是有著名的考古学家对此持有异议，认为是后世混入的，年代不会早到仰韶时代的早中期。对于这一蚕茧标本，世界上许多研究中国科技史的学者都予以关注。日本学者依据西阴村的半个茧壳照片用丝线进行仿制复原（图二），得知茧长 1.52 厘米、茧宽 0.71 厘米，茧壳割去的部分占全茧的 17%，推断是桑螟茧。

世上的事情往往是"无独有偶"。媒体又报出了陕西神木石峁遗址发现了麻布：2012 年在一处房址之下，发现了一件被打碎的双鋬鬲作为葬具的儿童"瓮棺葬"，部分人体肢骨、肋骨等散置于棺中。骨骸上发现一些纺织物残片，分为上、下两层，下层紧贴骨骼，经纬较为细密，上层经纬较为粗疏，说明 4000 多年前的石峁人很可能已经有了内外衣之分。经初步鉴定，这些织物原料为苎麻类纤维。

其实，早在此发现之前的 1989 年，笔者就曾在山西忻州游邀遗址发现过麻布，该麻布所属的年代和文化属性均与石峁遗址相同。《忻州游邀考古》报告是这样记录的：M58 墓主为 25 岁左右男性，身上覆盖两层麻布，麻布大小略同于墓主身高和宽，麻布为经纬交叉的平纹织物，下面的一层较上面的一层线细纹密，麻布腐烂严重，未能提取成功 [1]。

　　在纺织界素有"北麻南丝"之说，以上的考古发现是否能够支持此说？此说的南北界限划在何处？与西阴村大约相同纬度的陕西西安半坡遗址和华县泉护村遗址，曾出土过今天在岭南才有的竹鼠，渭河盆地是南方，陕北高原是北方？纬度高于陕北的辽南今天仍有养蚕业，辽南是南方，陕北是北方？

1　忻州考古队：《忻州游邀考古》，科学出版社，2004 年。

第二章

居住形式

　　人类将他们自己在他们所居住的地面上处理起来的方式。它包括房屋，包括房屋的安排方式，并且包括其他与社团生活有关的建筑物的性质与处理方式。这些聚落要反映自然环境，建造者所使用的技术水平，以及这个文化所保持的各种社会交接与控制的制度。因为聚落形态有一大部分为广泛保有的文化需要所直接形成的，它们提供了考古文化的功能性的解释的一个战略性的出发点。

——高登·R.威利《维鲁河谷课题与聚落考古》

兴隆洼聚落

　　位于内蒙古东部昭乌达盟的敖汉旗，属燕山山地向西辽河平原的过渡地带，今天由于受到荒漠化的侵蚀，土地显得有些贫瘠荒凉。但是在史前时期，这里也曾肥沃繁荣，在 8000 余平方千米的土地上分布着 4000 多处史前时期的遗址，小河西文化、兴隆洼文化、赵宝沟文化、小河沿文化都是以境内遗址命名的。距今8000 年前的被誉为"中华第一村"的兴隆洼聚落就坐落在这里。

　　兴隆洼聚落所在是大凌河支流牤牛河右岸的一处岗地的西南坡，高出附近平地约 20 米。20 世纪八九十年代，中国社会科学院考古研究所在这里进行过 6 次发掘，揭露面积达 3.5 万平方米。综合相关报道和研究文章[1]：兴隆洼是一处有着周密规划，精心设计，统一营建的村落。村落被一条围沟环绕起来，围沟呈椭圆形，直径 166 ～ 183 米，宽 1.5 ～ 2 米，深 0.55 ～ 1 米，围沟西北角留有一个宽 4.5米的通道。沟内面积 2.4 万平方米，8000 年前的兴隆洼一期聚落位于沟内，有房址百余座，呈东南—西北排列，约计十排，每排十余座（图一）。房址均作圆角方形，为半地穴式建筑，无门道，房屋的中部有低于地表的圆形灶址。房屋面积一般为40 ～ 70 平方米，少数房屋达 100 平方米，位于每排房屋的中部；最大的两座达

---

[1]　兴隆洼遗址的专题报告尚未出版，据两次《考古》上的简报和两次《中国文物报》上的消息，以及发掘者的相关研究文章，该遗址分为三期，但是不明每一期的具体房屋数量和分布详情，本文是在综合这些文章后，讲的第一期聚落情况，可能会与实际情况有所出入。主要参见中国社会科学院考古研究所内蒙古工作队：《内蒙古敖汉旗兴隆洼遗址发掘简报》，《考古》1985 年第 10 期；中国社会科学院考古研究所内蒙古工作队：《内蒙古敖汉旗兴隆洼聚落遗址 1992 年发掘简报》，《考古》1997 年第 1 期；中国社会科学院考古研究所：《兴隆洼聚落遗址发掘获硕果》，《中国文物报》1992 年 12 月 13 日第 1 版；杨虎、刘国祥：《兴隆洼聚落遗址发掘再获硕果——早期聚落揭露完毕，晚期聚落初见端倪》，《中国文物报》1993 年 12 月 26 日第 1 版。

图一　兴隆洼聚落

140 平方米，位于聚落中部，建筑讲究，遗物丰富，应是聚落内居民举行集会、议事或宗教活动的公共场所。在遗址的西北部有一片集中分布的窖穴，形制相同，排列有序，应是村落的食物储藏区。围沟西南段的外侧有零星墓葬发现，可能是墓区。清理出的墓葬多是位于房屋内的居室葬（图二），为长方形竖穴土坑墓，墓穴的一壁紧贴房屋的穴壁，其中一座墓葬还以一雄一雌两头猪殉葬。

　　兴隆洼遗址出土一些植物果实，经植物学家孔昭宸鉴定为胡桃楸。胡桃楸是一种坚果，在东北的乡间叫作"山核桃"，广泛见于长白山地，每到秋季人们便上山采集，以作为闲时的零食，在今天的西辽河平原上已经很少见到了。胡桃楸是温带乔木树种，适宜的生长温度是 15℃～30℃，不适宜干旱和炎热的环境。胡桃楸出现在遗址中，说明 8000 年前的兴隆洼聚落附近有着温带针阔混交林。与这一环境景观相应的是遗址内房址和灰坑中发现的鹿、狍、猪等动物骨骼，鹿、狍都属于活动在针阔混交林林缘地带的动物，这表明聚落所在位置应是林地与草地的结合部。

兴隆洼遗址南倚努鲁儿虎山，东滨牤牛河，北临科尔沁沙地。兴隆洼居民不但选择了宜于狩猎和采集的环境，还选择了宜于农耕和捕鱼的环境。遗址内出有用于农业生产的系列石质农具，有砍伐灌木的石斧，翻耕土壤的石铲，清除杂草的石锄，收获谷物的石刀，加工谷物的石磨盘和石磨棒，在比邻的敖汉兴隆沟遗址还发现有炭化粟、黍作物[1]。遗址内出有用于捕鱼的骨梗石刃鱼镖、骨梗石刃刀等，也还发现有鱼骨。兴隆洼居民的生计方式包括农耕、狩猎、采集、捕鱼，这是典型的早期定居人们的广谱经济形态。中国社会科学院考古研究所碳十四实验室应用稳定同位素碳十三、氮十五分析方法，对于兴隆洼遗址出土人骨进行了测定，结

图二　居室葬

果是兴隆洼居民是以粟或黍为主食的，粟或黍的比例占到了 60% 以上，同时食物中有一定的肉类[2]。

兴隆洼聚落是由围沟、房屋、窖穴和墓葬组成的，围沟将整个聚落环绕起来，形成一个环壕聚落，由于围沟宽仅 2 米，深仅 1 米，尚不足以有效防御包括人与动物的外敌，因此，在沟沿应该有低矮的土垣，在土垣上有木栅栏，围沟底有尖头木桩，这样才能构成一个有效的防御体系；西北角的通道也不应毫无设防，而应有木质的"寨门"[3]。灰坑有少数倾倒废物的垃圾坑，更多的是储存食物的窖穴，有些是位于房屋内的室内窖藏，有些是集中分布在成排的房屋之间

1　中国社会科学院考古研究所内蒙古第一工作队：《内蒙古赤峰市兴隆沟聚落遗址 2002～2003 年的发掘》，《考古》2004 年第 7 期。

2　张雪莲、刘国祥：《8000 年前的兴隆洼人吃什么？》，《大众考古》2014 年第 10 期。

3　见本书《城头山栅栏》一文。

的室外窖藏，这种情况说明，兴隆洼聚落既有属于家庭的"私粮"，又有属于氏族或全村落的"公粮"。

已发现的墓葬主要位于房屋内，这不是一种正常的埋葬现象，应具有特殊的宗教意义，由于居室墓葬数量较少，与聚落内的居民人数相差太多，加之在环壕的外侧发现有零星墓葬，推测还应有单独的墓地存在，如同黄河流域仰韶时代的半坡村落和姜寨村落那样，氏族墓地位于环壕的外面。

成排的房屋是主要的建筑形式，占据了聚落的主要空间。成排的小房屋是氏族成员的居室，但是在少数房屋内发现有居室墓葬，还有一些房屋的居住面上有成组摆放的鹿、猪头骨，有的在额头正中还钻有圆孔，说明小房屋兼具居住和祭祀的双重功能。两座大型房屋坐落在村落的中部，是全村落举行公共活动的场所或氏族首领的居住房屋。但是，为什么一个村落内有两个大房子？难道是有两个活动中心？抑或有两个氏族首领？这让我们想到了同属兴隆洼文化的林西白音长汗遗址[1]。该遗址由南北并排的两个环壕居住区构成，环壕内的房屋也是成排分布的，每一个环壕内都有一座面积约 100 平方米的大型房屋，坐落在环壕的中央。史前氏族社会的人们是按着亲缘关系居住的，由两个环壕居住区组成的白音长汗聚落应该包括两个亲缘关系的人群，有两座大型房屋的兴隆洼村落也应该包括两个亲缘关系的人群。兴隆洼聚落这两个人群很可能是两个氏族，每一氏族大约是由居住在五排房屋内的人们组成的，每一排房屋内的人们很可能同属于一个大家庭，而每一排内的中型房屋应该是大家庭共用或家长使用的，而那些大量的小型房屋内的人们则是同一核心家庭。兴隆洼村落的人群构成是：由百户核心家庭、十户大家庭组成的两个互婚的氏族组成的部落，这种人群的组织形式，在民族学上叫作"两合氏族组织"。以一个核心家庭有 5 人计，距今 8000 年的兴隆洼聚落大约是一个包括 500 人的村落，这等规模的村落，在今天的内蒙古东部和东北地区也不算是小村庄。

1　内蒙古自治区文物考古研究所：《白音长汗——新石器时代遗址发掘报告》，科学出版社，2004 年。

八十垱环壕聚落

距今 8000 年的湖南澧县八十垱遗址，是否为中国最早的城址？有人认为是，也有认为不是。

城与青铜器、文字、大型礼仪建筑一起，被认为是人类社会进入文明时代的物化标志。历史时期的城市包括防御和经贸两种功能，史前时期的城则主要在于强调防御的功能。史前时期城的防御功能主要体现在聚落周围的壕沟和城墙上。与八十垱遗址年代相同的内蒙古敖汉兴隆洼遗址是一座环有围壕的聚落，由于没有墙而被当作"环壕聚落"，距今约 6500 年的陕西临潼姜寨遗址和西安半坡遗址也是有壕无墙的聚落，而八十垱遗址则是既有壕又有墙的遗址，因此，一些人认为其应归入城。

根据发掘报告的介绍[1]，八十垱遗址坐落于古河床一级阶地上，北、西、南三面为古河道所环绕，东、南两面经发掘发现了环壕与堆筑的围墙，西北角还发现了通向古河道的卵石台阶。尽管目前尚不能肯定环壕、土围的建造意在与古河道连为一体，形成相对封闭的活动区域，但环壕、土围的客观存在，已充分体现出先民们这种有意识的建筑行为。若将环壕、土围、古河道联合起来看，八十垱聚落为一不规则的弧边四边形，面积约有 3.7 万平方米，大大超出了同时期一般聚落的规模。

环壕、土围的修筑过程十分漫长。早期开挖的壕沟规模较小，且只把挖出来的土平铺于壕沟内侧，便形成了一道极矮的土围；随着壕沟的不断淤积，人们又在其外侧重新开挖一道新沟，有意识地把土方集中堆筑于原土围之上；新沟的使

---

1   湖南省文物考古研究所：《彭头山与八十垱》，科学出版社，2006 年。

用过程中，又开始不断地淤积，人们不得不进行大规模的清淤活动，将淤土堆在壕沟内侧，壕沟不断变窄至最终废弃，迫使人们在其外侧重新开挖第三条壕沟。这一不断挖沟、堆土的活动，延续了大约 200 年，倘若没有稳固的人口基础和稳定的生计来源，没有一定的"组织管理"和明确的目的意识，修建这样的环壕、土围是不可想象的。

从聚落内部发掘揭露的遗存情形看，铺垫红烧土用以防潮的房址、堆放废弃物的灰坑、集中分布的墓葬、大量新鲜的稻谷和稻米，以及古河道内发现的类似田埂的遗迹等，足以说明八十垱遗址是一处典型的定居农业聚落。尽管这些遗迹现象的分布并没有严格的规划，但是另有一些特殊遗迹可能已经具有需要经过"管理者"统一组织的公共事务职能：两座四角外凸、四边内凹，近似"海星状"的高台建筑，中心处开挖有放置动物骨骼的深坑或墓葬；大量直壁平底的深坑，内置红烧土块、陶片、石棒饰、磨制石器或砾石，有的底部还铺草木灰并掺有少量骨渣，显示其有可能与祭祀活动有关。

八十垱的先民在漫长的年月里，不断地开挖环壕、堆筑土围，究竟为了什么？发掘者根据以下线索作出推测：首先，由于环壕、土围的规模仅凭八十垱单个聚落的力量就能完成，其并不具有社会标志意义；其次，这种环壕、土围尚且属于浅沟矮墙型，土围高度并不超过 1 米，显然不是用来抵御外敌入侵的，而更像是抵御小型野兽，防止家畜走失等。另外，根据八十垱遗址发掘领队裴安平的见解[1]，在自然河道附近挖掘壕沟，有利于人们就近取水、利用河道和围沟向聚落外排水、降低附近居住面的地下水位以改善居住环境。因而，人们的生存需要是这种环壕、土围产生的直接原因，也正是由于环壕、土围保障着人们相对安定的生活状态，八十垱聚落才得以延续使用了几百年。

如果八十垱遗址环壕和土围的功能更在于防水，而不在于防敌的话，把其理解为城就显得有些勉强。史前城址的标准是很难确定的，如以有无城墙为标准的话，其实壕和墙是一体的防御设施，将挖壕的土堆在壕边就可以形成墙，兴隆洼

1　裴安平：《澧阳平原史前聚落形态的特点与演变》，《考古》2004 年第 11 期。

遗址和半坡遗址虽无明显的墙，但是把挖出的土运往他处也不好理解。如以历史时期的方形直边城墙为标准的话，目前考古学家公认的澧县城头山城址则是圆形弧边城墙；如以城内面积较大作为标准的话，八十垱城内的面积与姜寨遗址比较接近。把城内有大型建筑作为标准的话，目前认定为史前城址的遗址基本都没有。

石峁山城

考古发现不断地改变着人们的观念和更新着人们的知识。城，在经典作家的论述中是与文明社会相联系，是历史时期的产物，现今史前时期发现城址已经不是什么新鲜事了。史前时期的城址哪座最大呢？襄汾陶寺城址面积约 280 万平方米，余姚良渚城址面积约 300 万平方米，神木石峁城址面积约 420 万平方米。

石峁遗址位于陕西省神木高家堡镇洞川沟附近的山梁上，地处陕北高原北部边缘的低山丘陵区，黄河支流秃尾河及其支流洞川沟的交汇处。石峁遗址发现于 20 世纪 70 年代中期，1976 ~ 1981 年对该遗址进行过初步发掘。2011 年又在这里确认了一处规模宏大的石砌山城 [1]。

石峁城址由"皇城台"、内城、外城三城组成。"皇城台"是当地百姓对位于核心部位的高台地的称呼，是一座四面包砌护坡石墙的台城，略呈方形，面积 8 万余平方米。内城包围在"皇城台"外，依山势而建，呈椭圆形；石砌城墙建在山脊之上，长 5700 余米，面积约 210 余万平方米。外城是利用内城部分墙体，再行扩筑而成，长 4200 米，面积约 190 余万平方米。

石峁城址的城墙营建方式有多种。在山石绝壁处，利用自然天险；在山峁断崖处，下挖形成断面后再垒砌石块；在比较平缓的山坡及台地，下挖基槽后垒砌石墙。石墙的墙体内部使用自然的石块交错平铺，用草拌泥黏合；外部使用打磨平整的石块砌筑。

---

1 石峁城址尚无专题发掘报告，参见的报道主要有王炜林、孙周勇、邵晶等：《2012 年神木石峁遗址考古工作主要收获》，《中国文物报》2012 年 12 月 21 日第 8 版；陕西省考古研究院等：《陕西神木县石峁遗址》，《考古》2013 年第 7 期；赵建兰：《陕西石峁遗址发现 4000 年前祭坛遗址》，《中国文化报》2014 年 2 月 25 日第 8 版。

图一　揭露后的石峁城址东城门

"皇城台"、内城和外城均有城门，内城和外城城墙上有"墩台"，外城城墙上有"马面"。外城东门位于全城的最高处，地势开阔，位置险要，已经揭露（图一）。东城门是由"外瓮城"、两座墩台、"内瓮城"和"门塾"等部分组成。东城门历经两个时期，早期是龙山时代晚期，是石峁城的始建时期；晚期是夏代早期，是石峁城的再建时期。

外瓮城平面呈"U"形，将门道完全遮蔽，但与门道入口处的两座墩台之间并未完全闭合。石墙经过多次修葺，在倒塌的墙体堆积中发现有玉铲、玉璜等玉器和阴刻石雕人头像残块。

墩台对称建置于门道南北两侧，长方形，营建方式与城墙相同，即以石块包砌夯土。包砌石墙内层为始建时期的主墙，外层为再建时期的护墙。墩台朝向门道一侧的主墙上有4间"门塾"，南北各2间。北墩台顶长16米，宽14米，高6.7米。南墩台顶长17米，宽11米，高5.6米。夏时期在坍塌南墩台西侧修建一座庭院，院内有一座石砌小房。房内出土陶花边罐、高领鬲等生活用具，院墙的倒塌堆积内发现有石雕人面像1件。

南墩台西北角接缝修筑石墙，向西砌筑 18 米后北折 32 米，形成门址内侧的曲尺形内瓮城。在石墙墙根底部的地面上，发现了壁画残块 100 余块，部分壁画还附着在晚期石墙的墙面上。这些壁画以白灰面为底，以红、黄、黑、橙等颜色绘出几何形图案。

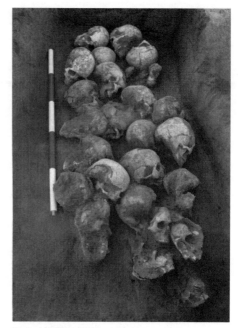

图二　东城门处的人头祭祀坑

另外，发现两处始建时期的集中埋置人头骨的祭祀坑，均有 24 个头骨。一处位于外瓮城的外侧，一处位于门道入口处。这些头骨以年轻女性居多，部分头骨有明显的砍斫痕迹，个别枕骨和下颌部位有灼烧迹象。这两处集中发现的头骨应与城墙修建时的奠基活动有关（图二）。

石峁城址的横空出世，也引起了史学界的极大兴趣，纷纷撰文考证与石峁城相关的部族、人物和事件。有"黄帝部族居邑"的说法，有共工氏和颛顼争夺帝位所怒撞不周山的说法，以及上古西夏国都邑的说法等。

石峁城址以其年代久远、规模宏大、地望重要、遗物辉煌而入选 2012 年度全国十大考古新发现。著名考古学家张忠培在考察石峁城址时说："我看了以后感觉十分震撼！"目前，考古工作只是揭露了外城东门址、韩家圪旦贵族墓葬区、樊庄子"祭坛"等几处地点，对于 420 万平方米的石峁城来说，可谓"冰山一角"。因此，张忠培先生讲："遗址的价值不是今天就能完全认识到位的。"石峁城址的考古学发掘与研究，遗址的保护与利用任重道远！

河姆渡干栏式建筑

　　"干栏式建筑"是考古学研究生试卷中最常见的名词解释，《中国大百科全书·考古学》是这样定义的："在木（竹）柱底架上建筑的高出地面的房屋。"相传干栏式建筑是远古时期有巢氏发明的，《韩非子·五蠹》载："上古之世，人民少而禽兽众，人民不胜禽兽虫蛇。有圣人作，构木为巢，以避群害，而民悦之，使王天下，号曰'有巢氏'。""构木为巢"的干栏式建筑形式从史前时期一直延续到历史时期，《旧唐书·南平獠传》记载："土气多瘴疠，山有毒草及沙虱、蝮蛇。人并楼居，登梯而上，号为'干栏'。"可见唐宋时期人们已经把这类建筑称作"干栏"。干栏式建筑主要流行于长江中下游及其以南湿热多雨的地区，这种建筑在木桩上的房屋，上层住人、纳凉、防潮、可避毒虫禽兽，下层还可以圈养牲畜。

　　河姆渡文化的"干栏式建筑"，是考古学上首次确认的此类建筑，距今大约7000 年，是浙江余姚河姆渡遗址最为重要的遗迹现象之一。根据发掘报告的描述[1]，大量的木构件保存良好，种类有桩木、板桩木、梁、柱、枋、地板等，大多带有卯榫结构。还有部分刻有叶纹、曲折双线等图案的雕花木构件，可能是建筑局部的装饰板材。根据排桩的走向组合，专家推测至少有6组以上相互平行的建筑。其中，从揭露最长的10 号排桩来看，其所属建筑的面宽至少在23 米以上；其两侧等距处各有一排排桩，分别为8 号和12 号，若以8 号与12 号排桩间的距离为进深，则该建筑进深约7 米；而12 号排桩外相距1.3 米处另有13 号排桩，或为该建筑的前廊（图一）。因此，该建筑被推断为一座带前廊的干栏式长屋。根据木构件遗留的加工痕迹，大体可见砍伐、裁截、开板、劈削、挖凿等工艺，推测

1　浙江省文物考古研究所：《河姆渡——新石器时代遗址考古发掘报告》，文物出版社，2003 年。

图一　河姆渡遗址干栏式建筑排木桩

木作工具有石斧、石锛、石凿和骨凿、角凿等。其中，卯榫的制作反映出当时的
木构技术已相当成熟，尤以销钉孔、燕尾榫、企口板的使用，显示出丰富的建筑
经验。

　　干栏式建筑在距今 7000 年前河姆渡文化时期已经成型，但还不是此类建筑
之最早者。2011 年，浙江龙游荷花山遗址发现了更早的木构建筑遗迹，属于约距
今 9000 ～ 8000 年前的上山文化，但其是否一定为"干栏式建筑"还有待进一步
论证。2001 ～ 2006 年，浙江浦江上山遗址发现的一号房址，是一处打破上山文
化堆积的房址 [1]。根据柱洞的排列和走向，与河姆渡的干栏式长屋较为接近，年代
基本一致。

　　新石器时代以后，"干栏式建筑"的流传则绵延不断。云南剑川海门口遗址

1　浙江省文物考古研究所、浦江博物馆：《浙江浦江县上山遗址发掘简报》，《考古》2007 年第 9 期。

图二 晋宁石寨山干栏建筑

图三 合浦汉墓出土铜屋

为目前国内面积最大的史前水滨木构"干栏式"建筑遗址[1]，其木桩分布面积达到 20000 平方米，处于新石器时代末期至青铜时代。青海民和喇家遗址于 2002～2003 年间，出土一处可能用作祭坛的齐家文化土台及附近的两个地面建筑[2]，其中的 21 号房址被初步认定为干栏式礼制建筑，说明了"干栏式建筑"可能具备了日常生活以外的其他社会功能。成都十二桥遗址的商代大型干栏式宫殿建筑[3]，架设于夯土高台、铺设卵石散水的做法则结合了中原地区宫室建筑的特点。湖北圻春毛家咀遗址西周木构建筑[4]，则可能为架设木板墙的半干栏式建筑，面积在 5000 平方米以上。如今，"干栏式建筑"作为不可移动的文化遗产，仍广泛流行于西南少数民族聚居的地区，如苗族的吊脚楼、壮族的麻楼、傣族的竹楼等，形成了靓丽的民族建筑风景。

考古发掘还出土了大量"干栏式"建筑模型，多为汉代遗物。"干栏式"屋宇

---

1 云南省文物考古研究所、青海省文物考古研究所：《云南剑川县海门口遗址第三次发掘》，《考古》2009 年第 8 期。

2 中国社会科学院考古研究所甘青工作队、青海省文物考古研究所：《青海民和喇家遗址发现齐家文化祭坛和干栏式建筑》，《考古》2004 年第 6 期。

3 四川省文物考古研究所、成都文物考古研究所：《成都十二桥》，文物出版社，2009 年。

4 中国科学院考古研究所湖北发掘队：《湖北圻春毛家咀西周木构建筑》，《考古》1962 年第 1 期。

类有云南晋宁石寨山铜屋模型 [1]（图二），云南祥云大波那木椁墓铜棺、铜屋模型 [2]，广西合浦木椁墓出土铜屋 [3]（图三），等等。另外，干栏式建筑到后期，除作为人类的居室外，还兼做粮食的储存间，如汉代的"干栏式"仓储陶制模型，主要为长江流域及其以南地区大量分布的陶囷、陶仓模型。

1　云南省博物馆：《云南晋宁石寨山古墓群发掘报告》，文物出版社，1959 年。
2　云南省文物工作队：《云南祥云大波那木椁铜棺墓清理报告》，《考古》1964 年第 12 期。
3　广西壮族自治区文物考古写作小组：《广西合浦西汉木椁墓》，《考古》1972 年第 5 期。

半坡半地穴房屋

西晋张华所撰《博物志》讲："南越巢居，北朔穴居，避寒暑也。"考古发现为人们展示的南人"构木为巢"是浙江余姚河姆渡遗址，北人"掏土为穴"则是陕西西安半坡遗址。

距今约 6000 年前的半坡村落由 1 道深壕环绕而成，包括 46 座房屋、6 座陶窑、200 余个窖穴和 250 座墓葬。一号房屋是最大的一座，位于环壕聚落的中心。《西安半坡》[1] 考古报告是这样记述的：长方形浅半地穴式建筑，面积约 160 平方米，西部残约三分之一，西墙及部分南墙和北墙被破坏，中部被唐代墓葬打破。残墙高约 50 厘米，是用黄土夹草筋、树枝和树叶筑成，墙内插有密集的粗约 20 厘米的木骨，墙壁内侧有间隔约 100 厘米的"扶壁柱"，墙面经火烧烤，光滑平整，坚实耐湿。室内地面有较多的房顶塌落堆积，居住面厚约 5 ~ 8 厘米，下部为草泥土，上部为灰黑硬面，经火烧烤，坚硬平整。居住面的中部有 4 个对称的大柱洞，用于立柱支撑屋顶。门道开在东墙中部，宽约 100 厘米，长约 500 厘米（图一、图二）。半坡遗址更多的是面积在 10 ~ 40 平方米之间的中小型半地穴房屋，有圆形和方形两种形式，其墙壁和居住面的做法与一号房屋相同，室内对着门道的地方有一个小隔墙围成的门槛，门槛的后方有一圆形或瓢形灶坑，用于炊爨取暖（图三、图四）。一号半地穴大房屋的居住面下发现有用于奠基的人头骨一个和祭祀陶器一组，推测该房址为氏族聚会、议事的场所。众多的中小型房址则是氏族成员日常生活居住的房屋。

1　中国科学院考古研究所、陕西省西安半坡博物馆：《西安半坡——原始氏族公社聚落遗址》，文物出版社，1963 年。

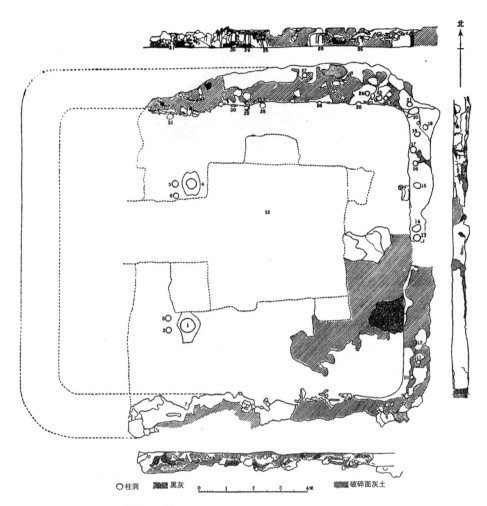

○ 柱洞　　黑灰　　0 1 2 3 4米　　破碎面灰土

图一　半坡一号半地穴房址平、剖面图

　　考古发现表明，半地穴式房址的起源可以追溯到距今约 8000 ～ 7000 年间的前仰韶时代，在黄河中游的老官台文化和燕山北侧的兴隆洼文化中都有较多的发现。在黄河中游地区，前仰韶时代房址的地穴较深，有超过 1 米者，或可称作"地穴式房址"。由于地穴深，通风条件差，穴内不设炉灶，炉灶设在室外，地穴式房址只用于居住，不兼炊爨。由于地穴式房址出入不便，在前仰韶时代就开始出

图二　半坡一号半地穴式房址

图三　半坡四十一号方形半地穴式房址

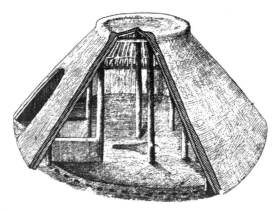

图四　半坡三号圆形半地穴式房址

现穴坑不深的半地穴式房址，且在室内设炉灶，兼具居住与炊爨功能。到仰韶时代的早中期，半地穴式房址的穴坑继续变浅，居住空间逐渐上升，并开始出现没有穴坑的地面式建筑。到仰韶时代晚期，地面房屋逐渐变为主体建筑形式，半地穴式房屋逐渐退出历史舞台。古代先民由穴居到地面居住的演变，与中国古代文献的记载相一致。《墨子·辞过》讲："古之民未知为宫室时，就陵阜而居，穴而处，下润湿伤民，故圣王作为宫室。为宫室之法，曰：'室高足以辟润湿，边足以圉风寒，上足以待雪霜雨露。'"

由于半地穴式房屋具有冬暖夏凉的优点，在中国有着广泛的分布。在长江中游地区的彭头山文化和大溪文化以及澜沧江上游的卡若文化都曾使用半地穴式房屋，在燕山以北的兴隆洼文化、赵宝沟文化、红山文化和小河沿文化居民都是以半地穴式房屋为主要居住形式。半地穴式房屋还因具有用材方便、构造简易的特点，而为中国北方居民长期使用。距今约 8000 年的前仰韶时代开始出现在长江中游地区，由于气候较黄河流域温暖湿润，到距今约 6000 ~ 5000 年的大溪文化时期，为地面建筑所取代；在黄河中游地区，一直沿用到殷墟遗址的商代晚期；在东北地区，唐代渤海的靺鞨人还在使用这一居住形式。民族志的穴居资料表明：近代大兴安岭的鄂伦春人、滇西北的纳西人和摩梭人，以及北美洲的印第安人都有地穴式和半地穴式的房屋建筑。

南阳盆地排房建筑

　　史前时期，中国南方主要流行高出地面的干栏式建筑，北方多流行低于地面的洞穴式建筑，而介于南北方之间的秦岭淮河一线则多流行建于地面的多间排房式建筑。

　　排房当以河南淅川下王岗遗址发现者为最早，据《淅川下王岗》报告[1]：排房为地面建筑，总长约 80 米，宽 6.25 ～ 8 米，由 20 个单元房构成，单元房分为双内间、单内间和单室 3 种。双内间房 12 套，面积 15 ～ 40 平方米不等；单内间房 5 套，面积 14 ～ 22 平方米不等；单室房 3 套，面积约 19 平方米。双内间房和单内间房室内都分内室和外室。排房呈西南—东北走向，17 座房屋呈"一"字排列，另 3 座房屋位于长房东端南侧，排房各单元房房门向南开。单元房内，约三分之一有灶，有的一房一灶，有的一房二灶，最多的为一房六灶。灶设在房屋的中部，低于地表，多作长方形或椭圆形。排房为地面建筑，墙体有基槽，表面抹有草拌泥，经火烧烤，光滑平整；居住面经火烧烤，坚硬平坦（图一）。

　　继淅川下王岗排房发现之后，同为南阳盆地的湖北枣阳雕龙碑遗址也发现有重要的排房式多间建筑。据《枣阳雕龙碑》报告[2]：十九号房址为地面建筑，呈东北—西南方向排列，长约 11 米，宽约 9 米，面积约 100 平方米，由 8 个小单间组成。排房主体部分由南北两大间组成，呈"日"字形，南部大间包括 3 个小单元，北部大间包括 3 个小单元，另外两个小单元附于北大间的外侧。南大间有两个居住单元，Ⅰ号为一个居住单元，房门开在南侧；Ⅱ号和Ⅲ号为一个居住单元，

1　河南省文物研究所、长江流域规划办公室考古队河南分队 :《淅川下王岗》，文物出版社，1989 年。
2　中国社会科学院考古研究所 :《枣阳雕龙碑》，科学出版社，2006 年。

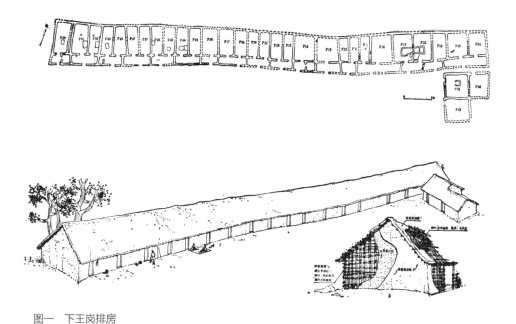

图一　下王岗排房

房门开在西侧，两房之间有小门相通。北大间有两个居住单元，Ⅳ号为一个居住单元，房门开在西侧；Ⅴ号、Ⅵ号和Ⅶ号为一个居住单元，房门开在西侧，三房之间有小门相通。Ⅷ号自成一单元，房门开在东侧，或为储藏室，或为操作间（图二）。

　　结构主义人类学家列维·施特劳斯认为，家屋和社区的空间关系是人群关系的投射。考古学家们参照民族志的记录，对居住在排房内的人群的社会组织进行推测。

　　距今约 6000 年前的下王岗排房，起源于中国南方干栏式长屋建筑。中华人民共和国成立前，独龙族还居住在干栏式长屋中。长屋内两边用竹席隔成十多个小间——"得厄"，一对夫妻及其子女占一间，每个"得厄"中央设一火塘，用以取暖和烧煮食物，火塘周围铺上树皮或竹板，作为睡眠和接待客人的地方。北美印第安易洛魁人自称"长屋的人"，他们居住的长屋以走廊贯通，列置火塘，两侧排列卧室，每个卧室居住一个核心家庭，家长是亲姊妹或旁系姊妹。下王岗排房的建筑格局与独龙族长屋、易洛魁人长屋相同，这种建筑形式是母系氏族组织在居住形式上的反映。

距今约 5000 年的雕龙碑排房式多间建筑，是下王岗排房的演变形式。居住在同一多间建筑内的人们，虽然还保留有共同的联系，但已出现独立的倾向。雕龙碑十九号房屋的四个居住单元，两个门向南，三个门向西，一个门向北。门向的不同显示出各家屋在遵守建筑群整体布局，保持聚落内建筑的整体性的同时，还各自具有相对独立性。每一居

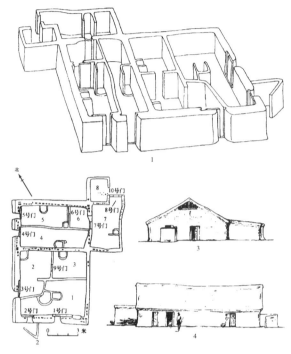

图二　雕龙碑第十九号排房

住单元内的人们都是一个独立的生产和消费单位，居住在多间建筑内的人群组织应是父系家庭公社，它是由母系氏族社会向父系氏族社会过渡的一种中间形态，恩格斯称之为"家长制家庭公社"。家长制家庭公社是由几代人或者几个个体家庭在家长的父权之下所组成的一个大家庭，实行土地的共同占有和共同耕作，在家庭之内共同消费和生活。因此需要在同一座建筑中分出几个相对独立的单元供家长之下的个体小家庭居住。

排房式多间建筑除在淅川下王岗、枣阳雕龙碑发现外，在秦岭以南的南阳盆地淅川黄楝树、淅川下集、唐河茅草寺、邓州八里岗、镇平赵湾等遗址也均有发现，这说明此类建筑是公元前六千纪南阳盆地的聚落特色。排房建筑随考古学文化的迁徙，沿随枣走廊北上过秦岭到达豫中，出现在郑州大河村遗址；沿淮河东进到达豫东皖北，出现在安徽蒙城尉迟寺遗址。

大地湾大房子

　　在我的考古生涯里，甘肃秦安大地湾遗址是发掘过的最著名的遗址，901号大房子是清理过的最著名的遗迹。

　　901号大房子属于仰韶时代晚期的大地湾类型遗存，位于山前台地的前缘，坐北朝南，背后是宽阔的河谷，面前是平缓的山地。《秦安大地湾》发掘报告这样写道[1]："这是一座占地420平方米、保存较完整的多间复合式建筑，它不仅是本遗址面积最大、结构最为复杂的房址，而且也是我国新石器时代考古发现中迄今所见规模最大的宏伟建筑。"整个建筑布局井然有序，主次分明，以长方形主室为中心，两侧扩展为与主室相通的东西侧室，后有后室，前有敞棚。房屋地面坚硬、光亮、平整，是用极像今日水泥的材料制成的。墙体是用草拌泥制成，内插直径约0.1米粗的木骨，深入地下1米余，墙壁的内侧设扶墙柱。主室中部设有蘑菇状地面灶台，直径约2.6米。主室中部偏后有两个顶梁柱，左右对称，直径约0.5米；主室前墙设门，宽约1.1米。室内出土30余件器物，尤以主室出土的9件非日常生活用具的陶器引人注目。报告认为："它应是部落或部落联盟的公共活动场所，用于集会、祭祀或举行某种宗教仪式，换言之，它是大地湾乃至清水河沿岸原始部落的公共活动中心———一座宏伟而庄严的部落会堂。"著名史前考古学家严文明誉其为"原始殿堂"（图一、图二）。

　　发掘期间，建筑考古学家杨鸿勋曾到现场考察，其后他在为苏秉琦《关于重建中国史前史的思考》所作注释中是这样描述的[2]：

1　甘肃省文物考古研究所：《秦安大地湾——新石器时代遗址发掘报告》，文物出版社，2006年。
2　苏秉琦：《关于重建中国史前史的思考》，《考古》1991年第12期。

大地湾 F901 遗址，位于大地湾河岸阶地上类似"坞壁"聚落遗址的中部，现状地势高出河床 80 米。遗址反映这是一幢多空间的复合体建筑，主体为一梯形平面的大室，遗迹清晰可辨。前墙长 1670 厘米，后墙长 1520 厘米，左墙长 784 厘米，右墙长 836 厘米。主室前面有三门，各宽 120 厘米左右，中门有凸出的门斗，室内居中设直径 260 厘米的大火塘，左右近

图一　大地湾遗址 901 号房址

图二　901 号房址复原图

后山墙各有一大柱，形成轴对称格局。主室左右各有侧室残迹；前部有与室等宽的三列柱迹，表明前部连接敞棚。整组建筑纵轴北偏东 30°，即面向西南，正是古人推崇的艮位。这一建筑遗址反映如下特点。（1）位于聚落总体的中心部位。（2）为已知全聚落中体量最大的建筑；并为庄重的对称格局；大室中门设外凸的门斗，特别强调了中轴线。（3）主室大空间南向开三门，总开启宽度约 350 厘米，加强了它的开放性以及和前部敞棚的连贯性。这显

示出主室是"堂"的性质。(4)主室前部联结的开放的敞棚,正是所谓前轩。"堂"前设"轩"这一格局,大有"天子临轩"的味道。(5)堂的正面并列三门沟通前轩,反映实用上的群众性和礼仪性,显示它不是一般居室性质,而是一座具有重要社会功能的建筑物。(6)堂的后部有室,左右各有侧室——"旁""夹",构成明确的"前堂后室"并设"旁""夹"的格局。这与史籍所追记的"夏后氏世室"形制正相符合。(7)堂内伴出收装粮食的陶抄(与当地现今所用的木抄形制相同)及营建抄平用的平水(原始水平仪)等,都应是部族公用性器具。它们结合建筑形制,可以进一步表明这里大约是最高治理机构的所在。(8)就建筑学而言,这座建筑显示出了数据概念和构成意识:堂的长宽比为2∶1;二中柱各居中轴一侧方形面积的中轴上;前后檐承重柱数目相等(但不对位)。(9)就结构学而言,以木构为骨干的土木混合结构承袭了仰韶文化"墙倒屋不塌"的构架传统,但与半坡类型(以F24、F25为代表)不同,其围护结构不在承重柱轴线上,而在外侧。综合以上几个特点,可以推测F901为当时部落社会治理的中心机构,也是部落首领的寓所。前部堂、轩用于办事、聚合或典礼;后室及旁、夹用于首领的生活起居。F901正可印证夏后氏"世室"(含义即"大房子")的传说。"世室"这一复合体的大房子,从形式上讲是"前堂后室";从功能上讲,是"前朝后寝"。F901——世室,奠定了中国宫殿制度的基本格局;上溯其源,它正与仰韶文化半坡遗址所见的比较简单的"前堂后室"的"大房子"——F1,一脉相承。

大地湾大房子的出现,表明仰韶时代晚期的大地湾社会业已高度复杂化,中国考古学的泰斗苏秉琦将大地湾遗址的901号大房址与燕山北侧红山文化的牛河梁"冢坛庙"、太湖之滨良渚文化的瑶山和反山祭坛一同视为距今5000年中华文明曙光期的满天星斗。

岔沟窑洞

　　陕北的窑洞接纳了长途跋涉而至的中央红军，延安窑洞的灯火照亮了中国革命的前程。窑洞以其简单易修、省材省料、坚固耐用、冬暖夏凉的特性，为世代繁衍、生息、劳作在黄土高原上的人们提供了坚实可靠的庇护。考古发现表明，窑洞式住房最早出现在公元前三千纪的龙山时代。

　　1980 年，考古工作者在地处黄河晋陕大峡谷东岸吕梁山区的山西石楼岔沟遗址，发掘清理 19 座龙山时代的窑洞式住房遗迹[1]。岔沟遗址位于黄河支流屈产河北岸，遗址所在处河谷狭窄，两岸崖壁陡峭，窑洞住房三五成群，错落有致地建在向阳的山腰上。房址平面均呈圆角长方形，面阔大于进深。地面和墙壁抹以白灰面，以增强防潮和采光效果。墙壁弧收成穹隆顶，以达到坚固不塌的效果。本次发掘中保存最好的是三号房址，该房址修筑在生黄土上，居室呈椭圆形，面积约 12 平方米，南侧有凸出的台阶门道，门道外有院落，院内有一室外灶坑。墙壁弧收，现存高度约 1.5 米，墙面和室内地面为抹在草拌泥上的白灰面，平整光洁。居室偏南处有一高出地表的灶坑，直径 1.23 米，表面因长期用火烧烤成暗红色。门道宽约 0.4 米，长约 1.2 米；门外到断崖边有宽约 6 米，长约 3 米的院落。院内的西侧有一长方形地面灶，灶壁贴立石板以笼火（图一）。

　　窑洞建筑是一个系列组合，窑洞的载体是院落，院落的载体是村落，村落的载体是沟梁峁壑的黄土高原。

　　1981 年，考古工作者在地处黄土高原的陕西武功赵家来遗址发掘清理一处龙山时代的院落遗迹。遗址位于渭河支流漆水河东岸的坡塬上，院落坐东面西，傍

1　中国社会科学院考古研究所山西工作队：《山西石楼岔沟原始文化遗存》,《考古学报》1985 年第 2 期。

图一　石楼岔沟三号房址复原图

图二　武功赵家来窑洞及院落复原图

山临水。院落南北长 19 米，东西宽 15 米，由四座窑洞式房屋、六道夯土院墙和两个小院组成。四座房屋呈"一"字排列，门向西开，形制与岔沟的窑洞式房屋相同。北小院落有三座房屋，其中一号房屋是二号房屋的改建，靠近西院墙有一个牲口厩，门开在牲口厩的偏北侧；南小院有一座房屋，院墙保留不完整[1]（图二）。

目前，考古发现的窑洞式居址，主要集中在山西、陕西、甘肃境内的黄土高原上。历史学家钱穆和考古学家邹衡考证，周人在入居渭河盆地建国之前，曾长期在晋陕高原辗转迁徙，与这里的戎狄部族交融杂处。《诗经·大雅·绵》："古公亶父，陶复陶穴，未有家室。"高亨注《诗经今注》："陶，借为掏复，借为窭。从旁掏的洞叫作窭，即山洞（或窑洞）。向下掏的洞叫作穴，即地洞。"于省吾《泽螺居诗经新证》引清末文字学家朱骏声："凡直穿曰穴，旁穿曰窭，地覆于上，故曰窭。"程俊英《诗经译注》将此段译为："古公亶父功业创，挖洞筑窑风雨挡，没有宫室没有房。"窑洞是黄土高原的传统民居，周族的先民们在与戎狄杂处期间，也曾长期使用与其相同的窑洞式居住形式。窑洞也为周族先民们提供了遮风挡雨、御寒避暑的场所，为周民族的崛起创造了重要条件。

<hr />

1　中国社会科学院考古研究所：《武功发掘报告——浒西庄与赵家来遗址》，文物出版社，1988 年；梁星彭、李森：《陕西武功赵家来院落居址初步复原》，《考古》1991 年第 3 期。

白道沟坪窑场

　　20 世纪 50 年代，甘肃省文物管理委员会在兰州附近的黄河北岸发现一处史前时期的窑场 [1]。该窑场坐落在白道沟坪的徐家坪台地上，存有陶窑 12 座（图一）。这些陶窑都修筑在生黄土上，形制相同，方形窑室，窑箅上有 9 个火眼，三三排列，非常整齐。残存的窑顶距地表 30 ～ 50 厘米，窑室的保存高度 70 ～ 80 厘米，由此可知这批陶窑是同一时期建造和使用的。12 座窑址在窑场上的分布是 4 个在北面为一组，5 个在中间为一组，2 个在南面为一组，另 1 个单为一组在东面。北、中、南三组南北一线排列，每一组之间，都有一个灰土坑。坑内乱堆着烧窑的废弃物，有经火烧过的红黄色土、青灰色土、木炭、草灰、炭油子、破陶片等。遗留在灰坑中的陶片多经火烧烤，一些表面遗有火烧的烟痕，一些是窑内烧流变形的。陶窑的窑门都开向灰土坑，表明这些窑与窑之间的灰土坑是制陶烧窑的操作空间。在窑场里还发现一个备料坑，这是一个底小、口大、周壁外凸成弧形的小圆坑，坑内和坑口附近遗有制作陶器的泥料，包括红胶泥条、红胶泥块和夹砂红泥块。另外，在窑场内还发现 2 件绘制彩色陶器的工具，一是研磨颜料用的石磨盘，另一是调配紫红颜色用的高边分格陶碟，都出在陶窑的旁边。2 件工具的上面，还遗留着鲜艳的颜色。白道沟坪的陶窑没有发表具体的陶窑结构资料，同属于 50 年代清理的河南陕县庙底沟遗址第二期遗存的一号陶窑 [2]（图二），与白道沟坪陶窑年代同时，可作为其性质与结构的参考。

　　陶器是史前时期人们最主要的生活用具，制陶业也是史前社会一项主要的生

1　甘肃省文物管理委员会：《兰州新石器时代的文化遗存》，《考古学报》1957 年第 1 期。
2　中国科学院考古研究所：《庙底沟与三里桥》，科学出版社，1959 年。

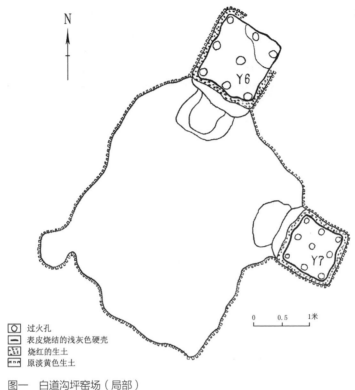

图一　白道沟坪窑场（局部）

产部门。制陶的出现与人类定居相联系，伴随着农业的发展而不断成熟。

　　在陶器发明阶段的早期新石器时代，陶器是随意在地面上笼火完成的，既没有专用的陶窑，也没有专门的烧制地点，陶器的质量不高，生产规模不大，主要用于满足本家庭、本氏族或本聚落的需要。

　　到了前仰韶时代，有了专门的陶器烧制地点。属于裴李岗文化的河南郏县水泉遗址[1]，陶窑在距离居住区西边 80 米的地方，而墓葬区则在居住区的南边，这种

1　中国社会科学院考古研究所河南一队：《河南郏县水泉新石器时代遗址发掘简报》,《考古》1992 年第 10 期；中国社会科学院考古研究所河南一队：《河南郏县水泉裴李岗文化遗址》,《考古学报》1995 年第 1 期。

遗址的功能分区，表明陶器的烧制是属于整个聚落的。

　　在仰韶时代早期，烧窑有专门的地点已经比较普遍。陕西西安半坡遗址的窑场设在居住区围沟的外面，共发现 6 座窑址。陕西临潼姜寨遗址的窑址分散在不同的居住区内[1]，二号陶窑位于甲组房屋的东北角，三号陶窑位于丁组房屋的北边，十一号陶窑紧靠东北寨门，另几座陶窑位于村西。这种分布形式表明，不同的居住区都有各自的陶窑，用以烧制本居住区居民使用的陶器，陶器的烧制是由专门的制陶家庭承担的。湖南澧县城头山城址

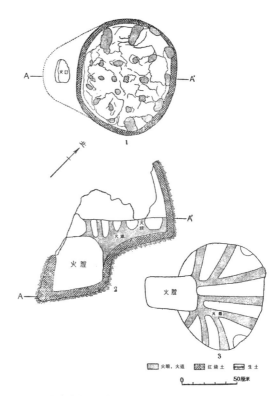

图二　庙底沟龙山时代早期一号陶窑平、剖面图

大溪文化时期，窑场设在城内居民区的西边，陶窑有的专门烧红烧土块作为建筑材料，有的专门烧一种陶器支座，与陶窑组合一起的有料坑、储水坑和工棚[2]，大溪文化的制陶业不但成为一个独立的生产部门，更有了与之相应的成熟的工艺流程。

　　仰韶时代晚期的陕西高陵杨官寨遗址，在遗址南部发现了制陶作坊区，由成排分布的陶窑、房址及窖穴等组成，包括 8 座陶窑、12 座制陶用房和若干储藏窖穴（图三）。渭河流域这一时期大型中心聚落存在大型的制陶作坊区，这种作坊区的存在表明陶器生产的高度专门化，同时还存在着全社会的产品分配机制和与

1　半坡博物馆等：《姜寨——新石器时代遗址发掘报告》，文物出版社，1988 年。

2　郭伟民：《城头山城墙、壕沟的营造及其所反映的聚落变迁》，《南方文物》2007 年第 2 期。

图三　杨官寨遗址半坡四期文化陶窑与房址

陶器有关的交换或贸易网络。

　　属于龙山时代的白道沟坪遗址，是一处专门从事制陶生产的聚落。当时的制陶手工业中包括备料、制作熟料、制坯、成器、彩绘、火工、成品包装运输等一系列工序，制陶工匠在生产过程中，各司其职，分工明确，这是很成熟的制陶手工业。在与白道沟坪年代大抵相当的内蒙古凉城老虎山遗址[1]，陶窑多有附属的相关设施，如专门烧制罐类器的三号陶窑，就已经具备工作台、工作面、陶坯晾晒地、取土坑、运送、装窑、烧火等各种场所。

　　到了龙山时代的晚期，制陶业的专门化就更加普遍，一方面是集体劳作的窑场继续存在，如山西襄汾陶寺遗址、甘肃天水师赵村遗址都有设施齐全的窑场。另一方面是陶窑的分散化，制陶成为一些家庭或家族的世代相传的技艺，如陕西西安客省庄遗址的一座陶窑修建在一座房屋外间的墙角处[2]；河北邯郸涧沟遗址的

1　内蒙古文物考古研究所：《岱海考古（一）——老虎山文化遗址发掘报告集》，科学出版社，2000 年。
2　中国科学院考古研究所：《沣西发掘报告——1955 ~ 1957 年陕西长安县沣西乡考古发掘资料》，文物出版社，1962 年。

几座陶窑散布在居住区内，陶窑附近还发现有与制陶相关的水井[1]。

陶器的制作是土与水和火的完美结合，其制作工艺要较木器、石器、骨角器复杂得多，需要世代积累和传承。从仰韶时代晚期开始出现布局有序的大规模的窑场，表明当时的社会有着这样一群人——谙熟制陶技艺的陶工，在这里进行着有组织、有分工、有秩序的劳作。这些专门从事制陶生产的人群，无须再进行农业等其他生产劳作，他们不仅可以生产出自己需要的生活用具，还可以从其他人群那里换取粮食、副食、衣物、石器和骨角器等生活和生产的必需品。人类社会发展至这一时期，"于是发生了第二次大分工：手工业和农业分离了"（恩格斯语，出自《家庭、私有制和国家的起源》）。

1　北京大学、河北省文化局邯郸考古发掘队：《1957年邯郸发掘简报》，《考古》1959年第10期；河北省文化局文物工作队：《河北邯郸涧沟村古遗址发掘简报》，《考古》1961年第4期。

河姆渡水井

人类结束四处游荡的生存方式后，将定居的地点选择在江河附近，临水而居，饮江河水。水井的发明又使得人类可以到远离江河的地方去生活，离水而居，饮地下水。中国有句老话叫作"吃水不忘打井人"，我们要感恩井的发明人是谁？中国古代文献《水经注》说："神农既诞，九井自穿。"《世本》说："黄帝见百物，始穿井。"《吕氏春秋·勿躬篇》说："伯益作井。"从考古发现看，把井的发明者说成是传说时代的炎帝、黄帝和伯益并非荒诞之谈。

中国最早的水井发现在浙江余姚河姆渡遗址[1]。该水井出在第二层堆积下，属于河姆渡遗址的晚期堆积，距今大约 6000 年。该水井所在的位置，原先是一个天然的或人工开挖的小水塘，直径约 6 米，在水塘的周边插上一周木桩，免得塘岸不断坍塌。雨季塘内积满了水，人们日常就在水塘边取水。随着旱季的到来，塘内水位逐渐降低，人们为了取水，不断在塘内垫石到塘中心去取水。在大旱季节，塘内的蓄水接近枯竭，人们为了用水，便在水塘的中部下挖而形成一方形水井。水井边长 2 米，距当时地表深约 1.35 米。河姆渡人营建水井的方法，是在原有的水塘中部，先打入四排桩木，组成一个方形的桩木墙，然后将排桩内的泥土挖去，为了防止排桩向里倾倒，再在排桩之内顶套一个方木框。为防止井口坍塌和取水方便，排桩之上再用长圆木做成井架。从外围的一圈栅栏及呈辐射状的小长圆木，以及苇席残片等情况看，水井上还盖有简单的井亭（图一）。

水井的大量使用是距今约 4000 年前的龙山时代，在黄河流域的河南汤阴白

1　浙江省文物考古研究所：《河姆渡——新石器时代遗址考古发掘报告》，文物出版社，2003 年。

营[1]、临汝煤山、洛阳锉李、辉
县孟庄和河北邯郸涧沟、山西
襄汾陶寺、山东兖州西吴寺等
遗址都有水井的发现。其中，
汤阴县白营水井是木构水井，
最具规模。该井口距地表 2.65
米，略成圆角方形，井筒分上、
下两部分。上层边长约 5.7 米，
深 0.55 米；下层边长约 3.7 米，
深 11 米。上部井壁向外倾斜，
下部井壁微斜近直，口大底小。

图一　河姆渡水井遗迹

井的四壁系用木棍呈"井"字形垒叠而成，圆形木棍均为带树皮的树干，似柳木
或榆木类不易朽烂的硬杂木。随井筒粗细的变化，上部的木棍长，向下逐渐减短，
井字形木框的四端交叉处以榫衔接，榫外与生土壁之间填充黄土。叠压的井字形
木架从口至底共有 46 层之多，最下层井架位于胶泥上，井底边长 1.1 ～ 1.2 米。
白营人营造井的方法是先挖井，再于井壁垒叠圆木，用以防止井壁坍塌。井底出
土陶片很多，器型有双耳罐、鼎、鬲、豆、盆、碗、瓮、斝等陶制生活用具。

　　关于井的发明和使用过去一般认为，以河姆渡水井为代表的长江下游早于以
白营水井为代表的黄河中下游，后来由于河南舞阳大岗和山东济宁张山等地水井
的发现，一些人开始认为两地水井起源大抵同时，即都是在距今约 6000 年前。
长江下游和黄河中下游两地地理条件的不同，水井的起源形式也不相同。长江下
游地区的水井是由天然蓄水池逐渐掏深和修筑而成；黄河中下游地区的水井是受
挖窖穴渗水现象的启示，直接向地下深挖而成。

　　水井的发明、地下水资源的利用，是人类利用自然的一个飞跃，她为人类带

1　河南省安阳地区文物管理委员会：《汤阴白营河南龙山文化村落遗址发掘报告》，《考古学集刊（3）》，
中国社会科学出版社，1983 年。

来了许多的福祉。有了水井，史前居民再也不必饮用暴涨江河中的浑浊地表水，清洁卫生的饮用水使得人们远离疾病，身体更加健硕；再不必为江河水的枯竭而一筹莫展，地下水的开发使得人们可以到远离江河的纵深地去开拓生存空间。地下水用于农业生产，在一定程度上摆脱了靠天吃饭，稳定了粮食产量，扩大了社群规模。在长江流域，位于阳澄湖畔的苏州草鞋山遗址的水田中发现水井 10 口，其中 35 号水井是一口深 1.9 米的大型井，存水量可达近 3 立方米，能满足 8 处水田的用水。在黄河流域，殷周时期著名的依赖井水浇灌的"井田制"，有文献将其追溯到传说时代，《通典》载：黄帝"经土设井，以塞争端；立步制亩，以防不足。使八家为井，井设其中"。水井还用于手工制造业，临汝煤山遗址所发现的两口水井，分别坐落在两座陶窑附近，为烧陶工场的专用水井。

良渚城址水利系统

在中国，大禹是妇孺皆知的传说英雄，大禹治水是家喻户晓的感人故事。荣膺 2015 年度全国十大考古新发现的良渚遗址群水利系统[1]，以其设计合理、规模浩大、作用突出，表明史前时期的洪水和治水的古史传说是可信的。

距今约 5000 年前的良渚城址，位于杭州西北约 30 千米的瓶窑镇东，这里是天目山前的一处"U"形盆地，北、西、南三面背依天目山支脉，东面面向杭州湾的浙北平原敞开。出自天目山脉的东苕溪自西南而东北，从城址的西北两面流过，南苕溪、中苕溪和北苕溪三条主要支流也在城址的西侧汇入东苕溪。每到雨季，大雨三天，则山洪汹涌而下，溪水出漕，一片泽国，洪水对良渚城址构成极大的威胁。生活在这样水环境下的良渚人，必须认真对待水患才行。

从 2006 年发现良渚城址以来，浙江省文物考古研究所对城址内外约 10 平方千米的范围进行了详细的考古勘察钻探，基本弄清了城址内外的遗址群空间分布、水文条件、水系环境以及相关的水利设施情况。良渚城址略呈圆角长方形，南北长约 1910 米，东西宽约 1770 米，总面积约 300 万平方米。城墙宽 20 ~ 145 米。保存最好的北城墙部分地段高约 4 米，其他地段一般残高 2 米多；城墙内外均有护城河，水路是主要交通方式。共有 8 座水城门，每面城墙各 2 座，在南城墙的中部还有 1 座陆城门（图一）。

良渚古城的水患主要来自西北两面的天目山。为防水患，良渚人在城址西北的山脚和山中修筑了一个庞大复杂的水利系统，这是由堆筑在山体之间的 10 余个大小不同的水坝组成的。水坝分为高低两组，高坝系统建在两条山谷的谷口

1　浙江省文物考古研究所：《杭州市良渚古城外围水利系统的考古调查》，《考古》2015 年第 1 期。

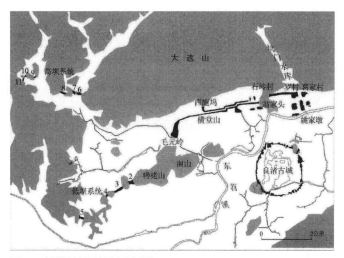

图一　良渚城址及外围水利系统

图二　水坝

位置，包括岗公岭、老虎岭、周家畈、秋坞、石坞和蜜蜂弄等坝体，相对高度
15～20米，坝体长约数十米至百米（图二）。高坝东南侧的低地建有低坝系统，
最东面的塘山低坝长达5000米，是整个系统中长度最长、结构最复杂的坝体。
塘山坝通过南山、栲栳山等自然山体，向西南方向连接狮子山、鲤鱼山、官山、梧桐弄等坝体，构成低坝系统。低坝坝体的相对高度为 6 米左右，形成泄洪区的外围屏障。通过地理信息系统软件分析，高坝系统可以阻挡短期内 870 毫米的连续降水，相当于本地区降水量百年一遇的水平；低坝可以拦蓄出一片面积约 9.39 平方千米的水库。这样强大的拦洪和蓄水功能的水利系统，令所有到过现场考察的人都感到震撼。另一方面，多级坝体形成的蓄水是当时重要的运输通道，营建良渚城址所需的产自天目山的大量石材和木材，都是通过舟船竹筏走水路运来的。以水坝设施为主体的良渚文化时期的水利系统工程，不但在史前时期发挥过巨大作用，进入历史时期后仍然在发挥着作用，并继续维修。这从 2016 年初，在蜜蜂弄水坝试掘中发现的东周时期的墓葬上，可以得到证明。这样的一个功能强大、效益突出、历代沿用的水利系统，人们不应怀疑其营建初始就有的合理的、统一的设计。

这些高达数十米、长达数千米的良渚水坝是如何建造的？通过对高坝岗公岭和低坝蜜蜂弄等水坝的考古试掘，了解到其筑坝工艺为：坝底和坝内部采用青灰色淤泥堆筑，上部和外部覆盖包裹纯净黄土，关键位置以草裹泥堆垒加固。这样的营造方法与建筑在莫角山的良渚内城营建方式是一样的。

坝体与城址相同的营建技术、坝体内发现的良渚文化陶片，都表明这 10 余处水坝构成的水利系统是与良渚城址属于同一有机整体，碳十四测年数据为距今 5100 ～ 4700 年，属于良渚文化早中期。这是中国现存最早的大型水利工程。这一与良渚城址一体的水利系统，因地制宜，就地取材，建筑技术先进，其规划视野和技术水平充分体现了良渚社会高超的规划、组织和管理能力，充分证实了人们对良渚文化已进入文明社会的认识。与同时期世界其他文明相比，良渚水利系统与埃及和两河流域早期文明的旱地水利系统不同，在时间和类型上形成鲜明对照，在世界文明史和水利史上占有着重要的地位。

第三章

生产生活器具

当制造一件器物——工具也好、武器也好——的时候，制造者不但力求把这件器物做得合理、便用，而又对这件器物怀着满腔热爱。所以，只要可能，就几乎永远在这些器物上面加上图画、纹样和雕刻，这是毫不足奇的。

在原始人的这种劳动中，体力劳动和智力劳动合而为一了。这种自由的、非强制的劳动同时也就是创造。

—— 柯斯文《原始文化史纲》

昂昂溪骨制渔猎工具

1930 年 9 月底进行的黑龙江齐齐哈尔昂昂溪遗址发掘，是著名考古学家梁思永学成归国后所做的第一项考古工作[1]。本次发掘所获的遗物中，最具特色的是骨制的渔猎工具，主要有大骨枪头、小骨枪头和鱼镖（图一）。转述梁先生的介绍：单排倒钩大骨枪头，为重硬的骨料制成，前端残断，刻工精熟；有两个鹰嘴状的倒钩，钩背圆滑，钩口尖锐；尾端作尖状，推测枪头是插在木质一类的长杆上的，临近尾端还有一凸起，凸起上有一小孔，为

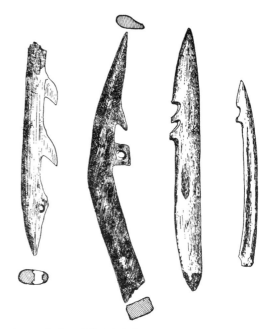

图一　昂昂溪遗址出土渔猎工具

安装枪头系绳之用；残长 140 毫米。曲骨枪头，是利用较大骨料削磨制成的；尾端残断，弓背弯曲；枪头尖锐，近枪尖处有一鹰嘴状倒钩，倒钩后有一方形耳，耳上有一圆形穿孔，为安装枪头系绳之用；残长 164 毫米。小骨枪头，是将骨料修成截面椭圆形后，再将前端削磨出锐尖，枪尖以下刻出三个鹰嘴状的小倒钩，倒钩以下有一浅圆凹槽，尾端磨成圆钝；长 103 毫米。骨鱼镖，比较轻小，通体

1　梁思永：《昂昂溪史前遗址》，《中央研究院历史语言研究所集刊》第四本第一分册，1932 年。

弯曲弓背，是用骨管劈开后制成的，尖头有两个小倒钩，长 71.5 毫米。

　　昂昂溪遗址的地貌是嫩江东岸的一排沙岗，沙岗的周围是出槽的嫩江水形成的沼泽，发掘时节虽说丰水期已过，但是遗址周边的江水仍未退尽，梁先生等人还需涉水上工，遗址的脚下时有渔船往来，当地居民仍在遗址周边的水域捕捞鱼虾、射猎水禽，遗址也是中东铁路俄籍雇员罗卡什金来这里打猎时发现的。据中国科学院水生物研究所的渔业资源调查[1]，20 世纪 50 年代末嫩江流域尚有 64 种鱼类，包括鲫鱼、鲤鱼、鳜鱼、鲶鱼、鲢鱼、鳊鲅鱼、雅罗鱼、黑鱼、草鱼、青鱼、红尾鱼、重唇鱼、罗汉鱼、鳌条鱼、沙鳅、黄颡鱼，等等。根据遗址所在的水环境，以及现存民族的渔猎工具，梁先生认为，昂昂溪遗址所出的骨质枪头和镖都是用于渔猎生产的"兵器"。本文选择介绍的 4 件骨器，有 3 件出于同一座墓葬，墓葬的主人是一成年男性，该墓出土有小陶罐 1 件、大骨枪头 2 件、小骨枪头 2 件和镶嵌细石器的骨刀梗、骨钩、骨锥、角器、石锛各 1 件，以及狗骨、鹿骨、鸟骨等。该墓的情境为我们再现了这样一幅图景：一个身体健硕的猎鱼人，"左牵黄，右擎苍"，嘴衔鹿骨哨，立于独木舟头，游荡在嫩江左岸茫茫的沼泽中；小舟内载有他捕鱼的大小投枪，加工猎获物的骨柄石刃刀、骨锥、鹿角锤和石锛，还有出猎前妻子为他精心准备的午餐饭罐。

　　用于渔猎的骨枪头和骨鱼镖在嫩江流域和黑龙江流域有较多发现。吉林白城靶山墓地位于嫩江右岸支流洮儿河流域[2]，该墓地发现的 M1 和 M4 两座合葬墓出土随葬品多达百余件，主要有骨鱼镖、骨刀、骨锥、骨钩织器，石镞、尖状器、石锤、砥石、刮削器、雕刻器等（图二）。其中，骨鱼镖和镶嵌细石器石刃的骨刀等，都与昂昂溪遗址所出者形态相同。肇源小拉哈遗址位于嫩江东岸的洪源湖畔[3]，属于新石器时代的一期遗存中，出有与昂昂溪同类器物形态相同的大骨枪头和骨鱼镖。属于青铜时代早期的二期遗存和青铜时代晚期的三期遗存中，也还有骨鱼镖

1　易伯鲁、章宗涉、张觉民：《黑龙江流域水产资源的现状和黑龙江中上游泾流调节后的渔业利用》，《水生生物学集报》1959 年第 2 期。
2　吉林省文物考古研究所：《吉林白城靶山墓地发掘简报》，《考古》1998 年第 12 期。
3　黑龙江省文物考古研究所、吉林大学考古学系：《黑龙江肇源县小拉哈遗址发掘报告》，《考古学报》1998 年第 1 期。

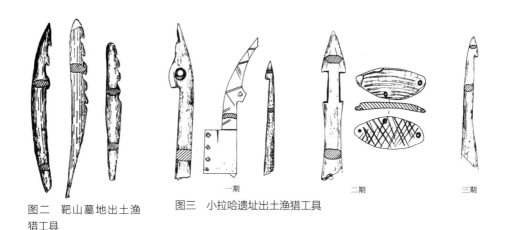

图二　靶山墓地出土渔
猎工具

图三　小拉哈遗址出土渔猎工具

一期　　　　　　二期　　　　　　三期

和蚌质鱼形诱鱼器（图三）。肇源白金宝遗址坐落在嫩江岸边，与小拉哈遗址二期和三期年代相当的一期和三期遗存中，也都出有骨鱼镖[1]（图四）。鉴于以渔猎经济为主的生计方式，在嫩江流域从新石器时代一直延续至青铜时代晚期，考古学家张忠培认为[2]：按经典作家的论述，种植农业是旧石器时代转化为新石器时代必须伴生的经济形态。但是像嫩江流域的新石器时代考古学文化这样，渔猎经济的提升，也能实现新石器革命。不仅如此，渔猎经济的进一步发展，还生长出青铜时代以白金宝—汉书二期文化为代表的牧业文明。

投掷用的狩猎投枪，在后来的发展中，为了更有效地击中目标，发展成多头分叉式。在商代早期江西新干大洋洲墓地出土的"鱼镖形器"[3]，为青铜制品，但还都是独头的单股镖枪。两股叉式的分头鱼叉大约出现在东周时期，如广东罗定出土的战国青铜鱼叉[4]。在汉代画像石上看到的鱼叉既有独头镖枪式的单股投枪[5]，又

1　黑龙江省文物考古研究所、吉林大学考古学系：《肇源白金宝——嫩江下游一处青铜时代遗址的揭示》，科学出版社，2009 年。

2　张忠培：《黑龙江考古学的几个问题的讨论——1996 年 8 月 24 日在"渤海文化研讨会"上的发言》，《北方文物》1997 年第 1 期。

3　江西省文物考古研究所等：《新干商代大墓》，文物出版社，1997 年。

4　陈大远：《广东罗定出土战国青铜鱼叉》，《农业考古》1987 年第 1 期。

5　王玉金：《汉画所见汉代渔业生产初探》，《南都学坛》（哲学社会科学版）1998 年第 1 期。

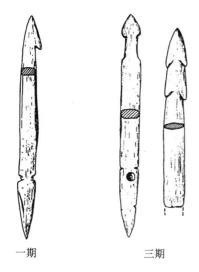

一期　　　　三期

图四　白金宝遗址出土渔猎工具

图五　镖枪式投枪

图六　两股叉式鱼叉

有两股叉式的分头鱼叉。前者如山东微山两城的捕鱼画像石，一人立于水榭斗拱之上，双手持镖枪刺中一条大鱼（图五）。后者如江苏邳县的捕鱼归来画像石，渔人肩扛双股鱼叉，手臂上架着鱼鹰（图六）。

生活在松花江流域的赫哲族是以渔业为主要生计的。光绪十一年（1885年），晚清边疆地理学者曹廷杰受命考察松花江下游和黑龙江下游地区边务，年底写出《西伯利东偏纪要》，书中有对赫哲人使用鱼叉捕鱼的记载："若夫坐快马持叉取鱼，则以剃发黑斤（即赫哲人）及旗喀喇人等为最。尝于波平浪静时，往江面认取鱼行水纹，抛叉取之，百无一失。虽数寸鱼亦如探囊取物，从旁观之，不知何神异若此也。"与梁思永发掘昂昂溪遗址同一年，中央研究院的年轻同事人类学家凌纯声，也来到松花江下游做赫哲族的调查，在1934年出版的《松花江下游的赫哲族》一书中，有他于1930年考察赫哲族用鱼叉叉鱼的详细记录：赫哲人捕取草根鱼时常用鱼叉，日出日落及正午时，草根鱼到江边觅食嫩芦苇，渔户见有芦苇压倒即知有鱼，距鱼丈余之处，抛掷鱼叉，无不中的。所中若是大鱼，会带鱼叉逃走，渔户则驾小舟尾追，至其精疲力竭时再以倒鱼钩将鱼取出。赫哲人的鱼叉是三股叉，每一股的尖部都有倒刺，叉头与柄的连接方式有两种，一为连柄鱼叉，一为脱柄鱼叉。连柄叉是枪头与柄固定连接，常用于叉小鱼；脱柄叉是枪头套在柄端，不固定，以一长索一端系在枪头，一端系在柄端，使用时先将绳索收紧，连柄带绳一并掷入水中，中叉大鱼负痛带叉而逃，枪头与叉柄脱离，渔户以绳索控制逃鱼，待鱼精疲力竭时取出。脱柄鱼叉常用于猎取大鱼（松花江上的洄游鳇鱼重可逾千斤），脱柄叉大者柄长有逾二丈者。以赫哲人投枪的枪头与枪柄的连接方式，对比梁先生在昂昂溪所获投枪，其单排倒钩大骨枪头和大曲骨枪头在枪头处有瘤状凸起或长方形凸起，凸起上有一圆孔，显然是为了系绳，这应当是捕猎大鱼用的脱柄鱼叉；小骨枪头和骨鱼鳔上没有系绳钻孔，应该是捕猎小鱼用的连柄鱼叉。

渔猎民族的冰上捕鱼是北方冬季的一道靓丽风景。生活在大兴安岭地区的鄂温克人兼营畜牧与捕鱼，薄冰时，随处用冰镩凿冰眼，叉鱼者趴在冰眼旁，可叉到鳌花、草根、鲤鱼、鲫鱼等。厚冰时，在较深江河窄流处，横着凿一道冰眼，在冰眼上搭一个窝棚作业，用树条插入冰眼构成一道栅栏，栅栏中间留一缺口，游动的鱼通过缺口时，守候的捕鱼者便可使用鱼叉叉鱼。

河姆渡耒耜

　　著名的浙江余姚河姆渡遗址，是一个使用时间长达近 2000 年的水乡聚落，生活在这里的古代居民所留下的文化遗存被分为四个时期，其中的第一期文化遗存距今约 7000 年。第一期文化遗存中出土骨耜 154 件，其数量之巨，令人叹为观止。

　　据《河姆渡——新石器时代遗址考古发掘报告》[1]，这些骨耜多取材于梅花鹿、犀牛等哺乳动物的肩胛骨，形体厚重，由于长期使用，骨耜表面被摩擦得十分光滑，出土时鲜亮耀目。骨耜的外形基本保留着动物肩胛骨的原形，肩臼的顶端和脊椎缘经过削磨修整，脊椎缘或修整平直或凿出穿孔（銎），以便于与耜柄捆绑在一起，其中一件骨耜的銎壁处还遗有残断的木柄和捆绑的藤索；背面的肩甲脊背削平。骨耜下端的刃部有多种形状，有双齿形、连弧形、内凹形、平直形、斜直形、外凸形等。由动物肩胛骨制成的骨耜，只是骨耜的前端，文献中称作"庛"，从骨耜残存的木柄和捆绑的藤索可以知道，它是与木柄捆绑在一起，构成一件完整的"耜"来使用的。另外，第一期遗存中还发现单独的类似今天锹把样的"T"形木柄，第二期遗存中也有"T"形木柄与"庛"连为一体的木耜（图一、图二）。

　　从造字的角度看，"耜"为形声字，形旁从耒，在中国古代文献中，耜与耒常常并举连用。关于耜与耒的关系，在文献中有一种解释是两者为同一件器具的不同部位，耜是庛，耒是柄，西汉京房为《易·系辞》作注，东汉郑玄为《礼记·月令》作注时，都是这样解释的。但是，大约成书于东周时期的《管子·海王篇》却说："耕者必有一耒一耜一铫"，可见耒、耜应是两种耕作的农具。徐中舒在其名篇《耒

1　浙江省文物考古研究所：《河姆渡——新石器时代遗址考古发掘报告》，文物出版社，2003 年。

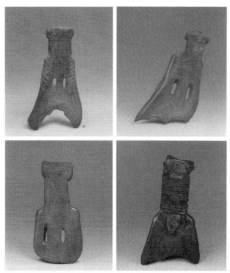

图一　河姆渡出土骨耜

图二　河姆渡出土木耜

耜考》一文中[1]，通过大量古文字、古文献和古器物的考证认为，耒与耜为两种不同的农具。"耒下歧头（两齿），耜下一刃（直刃或凸刃），耒为仿效树枝式的农具，耜为仿效木棒式的农具"。徐先生的这一认识已成为学界的共识。《河姆渡》报告将该遗址出土的这些动物肩胛骨制成的工具统称为"耜"，如依徐先生的划分标准，从刃部的形态看，其双齿形刃的"骨耜"，应称作"骨耒"。但是，肩胛骨制成的骨耜在使用时，其扇面部因为薄脆极易磨损，因此，不能确认现存的双齿形刃的"骨耜"原初就是双齿形刃，不能排除其原为直刃或凸刃的骨耜，后经长期使用而成为双齿形刃的可能。

　　无论是从考古发现上看，还是从传世文献上看，耜和耒都是中国最古老的农具。《周易·系辞下》记载："包牺氏没，神农氏作，斫木为耜，揉木为耒；耒耨之利，以教天下。"说的是代伏羲氏而兴的神农氏，砍削木头做耜，弯曲木头做耒，将两种利器传播于天下。在山东嘉祥武梁祠东汉画像砖中，保有一幅"神

1　徐中舒：《耒耜考》，《中央研究院历史语言研究所集刊》第二本第一分册，1930 年。

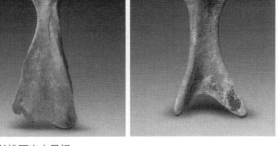

图三　武梁祠神农氏耕作图　　　图四　关桃园出土骨耜

农氏耕作图",描绘的是神农氏弓步俯身持耒耕作的场面,画侧榜题:"神农氏:因宜教田,辟土种谷,以振万民"(图三)。在武梁祠画像砖中,还有一幅"执耜图",画面中间一人作弓步俯身回首状,肩扛一耜。神农氏生活的准确年代已不可考,神农氏在中国的古史系统里,一般将其认定为与五帝之首的黄帝同时代或稍早的炎帝,大约可比定为考古学上的仰韶时代早期,与河姆渡遗址第一期遗存为代表的河姆渡文化年代接近。那么,河姆渡出土的骨耜、骨耒是否可以和传说中的古帝王神农氏挂上钩呢?看来不行,因为在史学的研究中,神农氏一般被认为是活动在黄河流域中上游地区的,与长江流域下游的河姆渡遗址实在是相差得太远了。徐旭生先生在其名著《中国古史的传说时代》一书中,将炎帝神农氏的活动地域考定为渭河流域的陕西宝鸡。2002 年,陕西考古工作者在宝鸡市关桃园遗址发掘中,获得一批前仰韶时代的骨耜,距今约 7000 年。该遗址共出土骨耜 22 件[1],多为鹿的肩胛骨经削磨制成,刃端有双齿形、内凹形和外凸形等不同形态(图四)。这里发现的骨耜都没有明显的捆绑连接柄部的迹象,或是用

---

[1]《宝鸡关桃园》考古报告第二期遗存所称的"骨耜"多窄刃,应为凿,而其所称的"骨铲"为动物肩胛骨所制的宽刃工具,应为耜。第三期遗存所称的骨耜为动物肩胛骨制成的宽刃工具,确为耜,而其所称的"骨铲"为动物长骨制成的窄刃工具,则为凿。另外,澧县城头山遗址也出土骨耒、骨耜,但是报告正好将鹿角做成的刃端双齿工具称作"骨耜",肩胛骨做成的弧刃工具称作"骨耒"。

手直接握住肩臼部掘土。与地处长江下游的河姆渡遗址所出骨耜相比，地处黄河中上游的关桃园所出骨耜，与传说中的耒耜发明者神农氏的关系可能更密切些。

　　说到耒耜的使用方式，河姆渡出土的骨耜肩臼下的颈部有一长方形横穿，横穿内可以置一与骨耜垂直的短横木或横骨，掘地挖土时持耜者的脚可以踏在横木上发力，以增强挖地掘土的功效。徐中舒先生以为，甲骨文和金文中的"耒"字，下部有一短横，即为脚踏之处，借此可以将全身的力量都发挥到耒的刃部。此外，成书于战国的《周礼·考工记·车人》还讲："坚地欲直庛，柔地欲勾庛，直庛则利推，勾庛则利发。"意思是说，硬地需要用直柄的耒耜，软地需用曲柄的耒耜，直柄者利于插进土壤，曲柄者利于翻起土壤。河姆渡遗址出土的骨耜为直柄，武梁祠执耜图中所见耜为直柄，武梁祠神农所持耒为曲柄。河姆渡遗址出土大量与稻作农业相关的遗存，表明这里出土的骨耜应该是与种植水稻有关的水田耕作农具；黄河流域则是旱作农业粟的故乡，因此，无论是稻作农业还是旱作农业，其初始阶段翻耕土壤的农具都是骨质或木质的耒耜。耒耜作为一种翻耕土壤的工具，不仅仅作用于农业生产，还适用于土木工程。武梁祠中还有一幅"大禹治水图"，描绘的是手执直柄耒的大禹形象。成书于战国的《韩非子·五蠹》说："禹之王天下也，身执耒臿，以为民先。"说的是禹为天下的王时，亲自拿着耒和臿做民众的领头人。禹是传说时代治水的英雄，他手持耒一定表现的是挖渠修堤，治理水害。

裴李岗石镰

　　相传战国时期的巧匠公输班，因草蔓上的细齿划破了手，于是发明了伐木的锯。其实，人类认识锯齿的锋利要比这早上 5000 年。在 1977 ～ 1979 年河南新郑裴李岗遗址的 3 次发掘中[1]，总共出土了 23 件有齿石镰。这些石镰多选用基性火成岩、变质岩、石灰岩、角闪岩等作原料，制作精致，通体磨光；与现代农业生产工具铁镰的形态十分接近，整体形态近弯月形，镰背向上拱起，刃部平直或略内凹，有整齐细小的锯齿，前端尖圆，后部较宽略向上翘，上部和下部磨有一或两个安装柄的系绳缺口，个别的还钻有一孔，用于系绳。长度一般在 10 ～ 15 厘米之间，宽度在 5 厘米左右（图一）。三年的裴李岗遗址的发掘，还出土石铲 69件、石斧 22 件、磨盘 57 件、磨棒 25 件，这些石器可以满足旱作农业播种、管理、收割和加工的全过程需要。因此，石镰被看作是谷物的收割工具。

　　用石镰收割谷物，从距今 8000 年的前仰韶时代，一直沿用至距今约 3000年的商代晚期。尽管这一时期已经发明和使用了青铜材质的生产工具，诸如铜铲、铜镬、铜锸等，甚至在江西新干发现的商代早期大墓中就有青铜镰的发现[2]（图二），但是石镰仍是谷物收割的主角。1932 年殷墟第七次发掘，在宫殿区的 181 号窖穴中就有 440 件石镰[3]，令人瞠目结舌。在这 440 件石镰中，也不乏刃部作锯齿状

1　开封地区文管会、新郑县文管会：《河南新郑裴李岗新石器时代遗址》，《考古》1978 年第 2 期；开封地区文物管理委员会等：《裴李岗遗址一九七八年发掘简形》，《考古》1979 年第 3 期；中国社会科学院考古研究所河南一队：《1979 年裴李岗遗址发掘报告》，《考古学报》1984 年第 1 期。
2　江西省文物考古研究所等：《新干商代大墓》，文物出版社，1997 年。
3　石璋如：《第七次殷墟发掘：E 区工作报告》，《安阳发掘报告》第四期，历史语言研究所，1933 年。

者。刃部作齿状的铜镰，在两周时期还在大量使用[1]（图三）。一直沿用至今天的铁镰，则出现在战国时期。

镰，在古代汉语中也称作"刈"或"艾"。《国语·齐语》载："时雨既至，挟其枪、刈、耨、镈，以旦暮从事于田野。"意思是说，好雨时节，带着掘草的枪、割草的镰、除草的大锄和小锄，从早到晚在田野里劳作。《诗·周颂·臣工》载："命我众人，庤乃钱镈，奄观铚艾。"意思是说，命令众农夫，准备好锹锄，一同观开镰。"铚"是与"艾"并称的收割农具，《说文解字》讲："铚，获禾短镰也。"《释名·释用器》讲："铚，获禾铁也。铚铚，断禾穗声也。"两书对"铚"的解释是收获黍穗的短镰。考古发现中的石铚就是石刀，主要有带孔石刀和两侧有缺口的石刀两种样式，使用方法是在孔内穿绳或在缺口处系绳握在手中，用来掐断谷穗。而镰的使用方法是在尾端捆绑木柄，手握镰柄用以连秸带穗一同收割谷物（图四）。镰和铚两种不同使用方法的收割工具，作用对象不同，反映的是不同的收割方式。在黄河中游中原地区的裴李岗遗址中，大量出土石镰，很少出土石刀，裴李岗人是连同谷物的秸秆一并收割

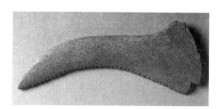

图一　裴李岗石镰

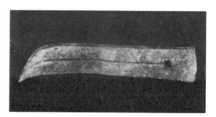

图二　新干商代铜镰

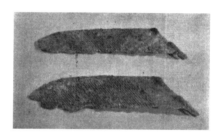

图三　舒城九里墩春秋铜镰

图四　镰的使用方法

1　云翔：《齿刃铜镰初论》，《考古》1985 年第 3 期。

的;在黄河上游的甘肃东乡林家马家窑文化遗址中，出土石刀 209 件、陶刀 22 件、骨刀 15 件，还有 1 件铜刀，没有一件石镰出土。报告说："从现存堆积物中，还可以清楚地看到用稷的细枝将穗头捆成小把，整齐地堆放在一起。可见当时收割稷的方法，是将带细枝的穗头割下来，捆成小把晒干后集中储藏于窖穴中，食用时再取出进行脱粒。"[1]

　　石镰是以收割谷物为主要用途的农业生产工具，有研究者认为，石镰还可以兼做采集和制陶的工具。镰的柄端可接上长长的木柄，用以勾摘树上的果实；镰的锯齿状刃部可在陶器的泥坯上刻印出篦点状纹饰。也还有研究者认为，商周时期车战的主要兵器青铜戈，也是在石镰的基础上发明的。值得特别重视的是，历史时期的石镰还很可能作为"砭镰"——镰状的石手术刀使用。1973 年，在河北藁城台西遗址的一座商代墓葬中发现一件"石镰"[2]，长 20 厘米，宽 5.4 厘米，不见安装手柄的痕迹。"石镰"是放在侧二层台上的一个长方形漆盒内随葬的，反映出墓主对这件石镰的特殊感情，研究者认为一件极普通的农具是不会如此珍藏的，应该是后世的"砭镰"，墓主人也很可能是一位职业医生。相传春秋战国时期的名医扁鹊，就曾以砭镰为人手术，北宋《圣济总录·砭石》记载："扁鹊有云：病在血脉者，治以砭石，是故一切肿疾，悉宜镰割。"

1　甘肃省文物工作队等：《甘肃东乡林家遗址发掘报告》，《考古学集刊（4）》，中国社会科学出版社，1984 年。

2　马继兴：《台西村商墓中出土的医疗器具砭镰》，《文物》1979 年第 6 期。

磁山石磨盘和石磨棒

有研究者推算，在距今 7000 年前的河北武安磁山遗址中，88 个储存有粮食的窖穴，所存储的谷物可以十万计。数量如此之巨的谷物，磁山先民是怎样吃到嘴里的？在该遗址中还出土大量的粮食加工工具——石磨盘和石磨棒。遗址第一期遗存中出土石磨盘 4 件、石磨棒 4 件；第二期遗存中出土石磨盘 52 件、石磨棒 50 件和残石磨盘 31 件、残石磨棒 183 件[1]。据磁山发掘报告，石磨盘为砂岩磨制而成，长度一般在 35～50 厘米之间，有 4 种形状。鞋底形，一端圆弧，一端尖圆，底有四乳突小足；近长方形，一端略宽，一端略窄，底有 4 个较大乳突；近鱼形，两端均尖，底有三乳突小足；窄长形，一端近平，一端尖圆，盘下无足。石磨棒为砂岩磨制而成，长度一般在 25～40 厘米之间，有 4 种形状。两端较尖，断面圆形；中部细两端粗，断面椭圆形；体短粗，两端平齐，断面圆形；体短而扁形[2]（图一）。

在中国考古发现中，最早将石磨盘和石磨棒认作谷物加工工具的是梁思永。1930 年 10 月下旬，结束黑龙江昂昂溪遗址发掘后，梁先生取道通辽，入热河（河北省、辽宁省和内蒙古自治区交界地带）境内做考古调查[3]。对于在林西遗址采集的 1 块石磨盘和 4 根石磨棒的功用，梁先生认为："磨盘磨棒之为一组研磨器的两部分是不容异议的"，并转引美国考古学家喀乙德论证磨盘磨棒功能时所用的民族志记载："在何卑家里最使人感觉兴味的是屋里地上石砌的槽里，斜放着的

1　佟伟华：《磁山遗址的原始农业遗存及其相关的问题》，《农业考古》1984 年第 1 期。
2　河北省文物管理处、邯郸市文物保管所：《河北武安磁山遗址》，《考古学报》1981 年第 3 期。
3　梁思永：《热河查不干庙林西双井赤峰等处所采集之新石器时代石器与陶片》，《田野考古报告》第一册，中央研究院历史语言研究所，1936 年。

图一　磁山石磨盘、石磨棒以及出土情境

一排三块或更多块的石片，这就是他们的磨盘。这些磨盘以及附带的长形磨棒有几等的粗度。研磨时，棒在磨面上由上向下推，如洗衣时在搓衣板上的动作。有时三个女人同时工作：第一个在较粗的盘上将玉米粒研成粗粉；第二个在较细的盘上研磨得细点；第三个，更细一点。"这里讲磨盘、磨棒的功用是磨粉。郭沫若主编的《中国史稿》这样说："自从我们的祖先经营农业之后，他们便能够用自己生产的食物来满足基本的生活需要了。那时已发明了一些简单的谷物加工工具。如把谷物放在一种石制的研磨盘上，手执石棒或石饼反复碾磨，既可脱壳，又可磨碎。"这里又在磨粉的功能上增加了脱壳。陈文在《论中国石磨盘》一文中对石磨盘有比较全面地论述，石磨盘是旧石器时代晚期到新石器时代早期旱地农业的谷物加工工具，经历了高级采集、火耕农业、锄耕农业初期几个阶段，在农业中期以后，由于农业产量的提高而逐渐让位于更高效能的谷物加工工具——杵臼。

　　较早对磨盘、磨棒的功能为谷物脱壳磨粉提出异议的是史前考古学家石兴邦。他说："在文物中出现的磨盘、磨棒和带锯齿牙的石镰和蚌镰，有的人认为是农业的证明，实则反是，这是采集经济的产物，它们是人们用来采割和磨碎采集物的工具。"并举例世界各地旧石器时代晚期至新石器时代早期的遗址，说明这类工具是人们在农业未发达前，作为采集经济的磨碎果实和植物种子的生活用具[1]。后来中国考古学的发现似乎也在证明着石兴邦的观点。旧石器时代晚期的山西吉县柿子滩遗址出土石磨盘 2 件，这里的人们过着采集和渔猎生活，农业和畜牧还没有出现，成批羚羊化石出土，说明羊肉是主要食物。早期新石器时代的河北徐水南庄头遗址，出有石磨盘、石磨棒各 1 件，渔猎和采集是南庄头人们的主要生活方式，农业还没有出现。基于石磨盘和石磨棒的发现情况，有人总结出这样两点：第一，石磨盘、石磨棒起源于旧石器时代晚期，那时社会还是处于渔猎和采集经济阶段，与农业似乎没有关系。第二，在纬度较高、比较寒冷、农业不发达的地区比较流行[2]。至此，似可说明石磨盘和石磨棒不是发达的农业象征的生产工具。

对于石磨盘和石磨棒功能的研究并未就此打住，有人还对余姚河姆渡等南方地区出土的石磨盘和石磨棒进行试验考古研究，结论是：去壳可以，但除尽不易，效率不高[3]。此外，还有学者主张石磨盘和石磨棒是研磨颜料的，用于绘制彩陶；利用石磨盘和石磨棒将黄麻搓揉捶打，抽离出柔和的植物纤维，进行编绳、制作衣物或装饰品；利用石磨盘和石磨棒加工动物皮革，即揉皮，用以缝制衣帽。然而，对于石磨盘和石磨棒功能和加工对象具有决定性意义的研究是石器微痕和残留淀粉粒分析。目前，已经公布的研究成果有河南新郑裴李岗、孟津寨根和班沟、武乡牛鼻子湾、山西吉县柿子滩、北京平谷上宅等遗址的材料。研究的结果表明，磨盘和磨棒上的淀粉不只是一种植物的残留，如裴李岗的残留物是橡子、小麦族、薏苡属、根茎类等，反映的是以采集为主体的广谱经济；柿子滩 S9 地点石磨盘及石磨棒除主要用于野生谷类、块茎和坚果的加工，还兼用于颜料的研磨和饰品的制作。

至此，我们可得出这样的认识，石磨盘和石磨棒是一组多功能的工具，它既可以用于谷物的脱壳和磨粉加工，还可以用于坚果的去壳，麻和毛皮的加工。既

1　石兴邦：《前仰韶文化的发现及其意义》，《中国考古学研究——夏鼐先生考古五十年纪念论文集》（二），科学出版社，1986 年。

2　马洪路：《我国新石器时代谷物加工方法演变试探》，《农业考古》1984 年第 2 期。

3　黄渭金、卢小明：《河姆渡"石磨盘"质疑》，《农业考古》2000 年第 1 期。

然其功用是多样的，具体判定其功能时，就要结合具体时代、地区、文化、遗址来考察，而不应以一概全。比如，在磁山遗址就不能否定其对于粟的加工，而在今天鄂伦春人那里可能就是揉皮工具。

有人认为，磨盘和磨棒是北方旱作农业粟黍的加工工具，杵臼是南方稻作农业的稻谷的加工工具，是正确的。但是，如果将磨盘和磨棒退出历史舞台说成是被杵臼所替代，则不一定正确。因为两者的做功方式不同，磨盘和磨棒做功是推碾，杵臼做功是舂捣，是两套做功方式不同的加工工具。前者后来发展成碾盘，后者则发展成碓臼。

青台地臼

夏鼐在 20 世纪 50 年代进行了一些开创性的发掘。1950 年在河南辉县琉璃阁墓地，首次剥剔出十几辆战国木车。1951 年在河南荥阳青台遗址，一座房址的白灰地面上识别出房屋的"柱子洞"和"地臼"。该"地臼"呈锅底形，直径约 20 厘米，深约 5 厘米，坑底和坑壁烧成硬土，周缘突起，比四周地表稍高。根据地臼附近发现有一个石杵，夏先生推测"或许是做捣臼之用"[1]。继青台地臼发现之后，1966 年在江苏邳县大墩子遗址的一处居住遗迹中，发现 3 个臼形烧土窝，南北整齐排列，间隔 1 米左右[2]。1973 年在湖北宜都红花套遗址发现两个土臼，为锅底状圆坑，周壁坚硬光滑，口径 0.27 ～ 0.44 米，深 0.23 ～ 0.29 米。另外还在土臼的附近发现木杵，长 1.4 米，中部较粗处直径 0.14 米，两端呈圆头状[3]。

如同磨盘和磨棒是配套使用的工具一样，臼和杵也是配套使用的工具。古代文献《易·系辞下》讲："断木为杵，掘地为臼。臼杵之利，万民以济。"说的是黄帝时发明了木杵和地臼，造福百姓。《世本·作篇》把杵臼的发明者说得更具体："雍父作杵臼。"宋衷注："雍父，黄帝臣也。"现今考古学上一般多将黄帝与距今约 5500 年前的仰韶时代早期的庙底沟文化相联系，青台、大墩子和红花套都是距今约 5000 年的仰韶时代晚期的遗址，杵臼在考古的发现上要比这早得多。与地臼配套的木杵出现得较早，距今约 8000 年的湖南澧县八十垱遗址中，出土木杵 1 件，通体刨光，杵头呈球形，头柄接处内束，长约 22 厘米，柄

1　考古研究所河南调查团：《河南成皋广武区考古纪略》，《科学通报》第二卷第七期，1951 年。

2　南京博物院：《江苏邳县大墩子遗址第二次发掘》，《考古学集刊（1）》，科学出版社，1981 年。

3　陈振裕：《湖北农业考古概述》，《农业考古》1983 年第 1 期。

径 2.6 厘米[1]。距今 7000 年前的河姆渡遗址第一期遗存中，有两件木杵，杵头椭圆球形，通长 92 厘米，柄粗 5 厘米[2]。

石质的杵臼出现的年代与木杵大约同时，距今约 7000 年前的广西南宁豹子头遗址出土 1 件石杵，器身为圆锥形，较扁宽的两面还有便于握持的窝穴，杵头有因舂捣而形成的崩裂麻点，长 14.8 厘米[3]（图一）。距今约 7000 年的安徽定远侯家寨遗址第一期出土石臼 3 件，器形较大，不规整，上面中间有一个圜底形臼窝，长 37.6 厘米，宽 27.5 厘米[4]。距今约 5000 年的河南淅川黄楝树遗址屈家岭文化 1 座房址中，出土石杵臼 1 套，臼体为不甚规则的圆球形，中部臼窝比较平滑，高 18 厘米，长 15 厘米，宽 28 厘米，臼窝深 16 厘米，直径 12 厘米；圆柱形杵，长 18 厘米，粗 6.2 厘米[5]（图二）。石杵除与石臼配套外，还与陶臼配套。在广东惠阳桐仔岭遗址，1 件石杵出土时放在 1 件陶臼内[6]。

较早的杵臼多发现在南方地区，人们一般把舂捣做功的杵臼看作是史前时期加工稻谷的农业生产工具。

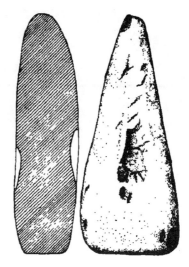

图一　南宁豹子头出土石杵

图二　淅川黄楝树石杵臼

1　湖南省文物考古研究所：《彭头山与八十垱》，科学出版社，2006 年。

2　浙江省文物考古研究所：《河姆渡——新石器时代遗址考古发掘报告》，文物出版社，2003 年。

3　广西壮族自治区文物考古训练班、广西壮族自治区文物工作队：《广西南宁地区新石器时代贝丘遗址》，《考古》1975 年第 5 期。

4　阚绪杭：《定远县侯家寨新石器时代遗址发掘简报》，《文物研究》第五辑，黄山书社，1989 年。

5　长江流域规划办公室考古队河南分队：《河南淅川黄楝树遗址发掘报告》，《华夏考古》1990 年第 3 期。

6　广东省博物馆：《广东东部地区新石器时代遗存》，《考古》1961 年第 12 期。

图三　妇好墓出土玉杵、玉臼

图四　小龟山西汉崖洞墓出土铜杵、铜臼

　　进入历史时期后，以玉、青铜、铁为材质的杵臼开始出现。在著名的商代晚期妇好墓中，随葬玉杵、臼各 1 件。玉臼白色，平沿厚壁，小平底，周壁呈朱红色，晶润光泽，高 27 厘米，孔径 16 厘米，孔深 13 厘米；玉杵棕色，圆柱形，头端较粗，圆而光滑，腰部微束，柄端较细，长 28 厘米，直径 7 厘米。玉臼和玉杵虽出不同位置，但是报告认为"大小恰可配套，无疑是一套研磨朱砂的用具"[1]（图三）。铜质的杵臼发现于江苏小龟山西汉崖洞墓，铜臼圆筒形，直口，平底，口及腹部各有箍饰一周，底缘刻铭文一行"铜臼一重廿斤容五升四合"；铜杵位于铜臼近侧，棒槌形，长 25.3 厘米，下端刻铭文一行"铜杵一重四斤三两"[2]（图四）。铁质的杵臼发现于四川成都杨子山西汉墓，铁杵、臼一套，锈蚀严重[3]。

　　在铁器广泛用于生产领域的汉代，虽然出现了铁制的杵臼，石质的杵臼仍然流行。河南博物院藏有 1 件东汉时期的石臼，出于新密市。石臼作斗形，上宽下窄，一面雕刻玉兔捣药图，高 32 厘米，上边宽 23 厘米，下边宽 17 厘米（图五）。玉兔捣药是汉代画像上的常见题材（图六），汉乐府《相和歌辞·董逃行》中有"采

1　中国社会科学院考古研究所安阳工作队：《安阳殷墟五号墓的发掘》，《考古学报》1977 年第 2 期。
2　南京博物院：《铜山小龟山西汉崖洞墓》，《文物》1973 年第 4 期。
3　沈仲常：《成都杨子山的西汉墓葬》，《考古通讯》1955 年第 6 期。

图五 新密玉兔捣药图石臼

图六 嘉祥玉兔捣药画像石

取神药若木端，白兔长跪捣药虾蟆丸"
的诗句。大约在汉代，人们利用杠杆原
理在杵臼的基础上发明了碓（图七）。
桓谭《新论·杂事》："宓牺之制杵臼，
万民以济，及后人加功，因延力借身重
以践碓，而利十倍杵春。又复设机关，
用驴骡牛马及役水而春，其利乃且百

图七 陕县刘家渠踏碓模型

倍。"碓的发明极大地提高了杵臼加工稻谷的功效，将其从春米作业中解放出来。
宋元以后，人们更多的是利用各种材质的小杵臼，捣药材、蒜姜、花椒、大料，
砸豆馅、枣泥，杵臼在今天的人们日常生活中仍然发挥着不可替代的作用。

煤山擂钵

龙山时代到商代的中原地区，常见一种器壁内侧刻有凹槽的器物——刻槽盆，其中尤以河南临汝煤山遗址所出者最具典型性[1]。据该遗址的几次发掘报告，共发现10余件，多为泥质灰陶或泥质黑陶，少量夹砂灰陶和橙黄陶，陶胎大多厚重。形态有3种：一是弧壁深腹钵形，

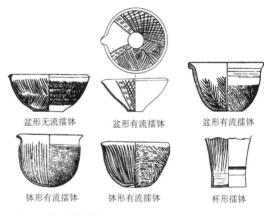

盆形无流擂钵　　　盆形有流擂钵　　　盆形有流擂钵

钵形有流擂钵　　　钵形有流擂钵　　　杯形擂钵

图一　煤山遗址擂钵

一是斜壁浅腹盆形（碗形），一是上敞下直深腹杯型。器口有带流和不带流两种形态，器底有平底和圜底（或内凹）两种形态，器表外壁大多装饰绳纹、篮纹和方格纹，内壁均有刻划的凹槽，或呈放射状的竖行，或呈成组的交错，或呈成组的麦穗。器形大小不一，大者口径37厘米，高17.5厘米，小者口径20.5厘米，高14厘米（图一）。

刻槽盆是做什么用的？最早提出看法的是1959年出版的《郑州二里冈》报告[2]，认为是研磨粮食或淘洗粮食的。1960年的河南陕县七里铺遗址的发掘报告做

1 洛阳博物馆：《河南临汝煤山遗址调查与试掘》，《考古》1975年第5期；中国社会科学院考古研究所河南二队：《河南临汝煤山遗址发掘报告》，《考古学报》1982年第4期；河南省文物研究所：《临汝煤山遗址1987～1988年发掘报告》，《华夏考古》1991年第3期。
2 河南省文化局文物工作队：《郑州二里冈》，科学出版社，1959年。

了更为具体的解释：疑为是盛放颗粒谷物的，用水淘洗时，便于使体积沉重的砂石颗粒，沉淀于沟槽内，容易与食物分开，达到精选的目的，故叫"沉滤器"。湖北枣阳雕龙碑遗址第十五号房址的材料[1]，可以证明这类器物是作为研磨器使用的。该

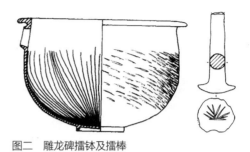

图二　雕龙碑擂钵及擂棒

房址出土 2 件刻槽盆，同时出土蘑菇状的陶研磨棒 4 件，其中 1 件的蘑菇顶端还刻有向四周辐射的刻槽，并能够清晰看出磨损的痕迹（图二）。科技考古研究的学者，对雕龙碑遗址的 3 块刻槽盆残片做了残存淀粉颗粒分析[2]，检测出大量极细小、未受破坏的淀粉粒，认定刻槽盆为研磨淀粉类的食物工具，并且检测出有着色淀粉粒，说明刻槽盆也还曾加工烹煮过植物。研磨和澄滤是刻槽盆的两大功能，在这类器物中，口沿处有流者当为"澄滤器"，口沿处无流者当为"研磨器"。

　　一些学者从民族志的材料来说明刻槽盆的使用功能。有学者在长沙街头见到有卖"擂钵"者，这是一种用来研磨块茎类植物，以备药用或食用的器皿，外形似盆，浅腹，口微敛，腹内周壁及底部着一层釉且布满辐射状凹槽。因此主张刻槽盆应称作"擂钵"，并推测史前时期的擂钵，是作为研磨块茎类或根茎类植物的用具[3]。有学者归纳现存于各民族中的研磨类的器皿[4]：一种是陶擂钵，状若饭碗，内有刻槽，是研磨辣椒、姜、蒜、干鱼的工具。一种是研磨盘，状如陶盆，内有很密集的刻槽，妇女粉碎南瓜、芋头和薯类食物时，手持食物，在盆内研磨，还使淀粉类食物从流口处倒出来。一种是研磨缸，状若陶缸，内有沟槽，把新鲜的芋头、白薯在缸内研成芋薯浆，澄清后，把浮水倒掉再以细布过滤，下沉的淀粉可蒸成粉皮，或者制成粉条。

1　中国社会科学院考古研究所：《枣阳雕龙碑》，科学出版社，2006 年。

2　陶大卫等：《雕龙碑遗址出土器物残留淀粉粒分析》，《考古》2009 年第 9 期。

3　安家瑗：《擂钵小议》，《考古》1986 年第 4 期。

4　宋兆麟：《史前食物的加工技术——论磨具与杵臼的起源》，《农业考古》1997 年第 3 期。

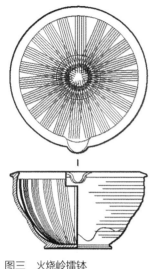

图三　火烧岭擂钵

还有学者认为史前时期的擂钵与今天制作擂茶的擂钵是一脉相承的 [1]。擂茶是广泛流行于粤、闽、赣、湘、桂、台等地客家人中的一种饮食，以擂棒在擂钵内研磨茶叶和各种辅料制成粥糊状食物。福建省将乐县被誉为"中国民间文化艺术（擂茶）之乡"，该县火烧岭窑址出土的明代晚期擂钵，与史前时期的擂钵在形制上完全相同（图三）。擂茶依口味不同各地与茶搭配的原料有所不同，在广东揭西擂茶主料是大米或爆米花，配以花生、芝麻、茶叶、金不换、苦辣芯等，再炒萝卜干、橄榄菜、大葱、青葱、黄豆、树菜、瘦肉丝、虾仁米、鱿鱼等。擂好的原料冲沸水即可食用，与北方的油茶面吃法相同。今河南武陟县食用一种油茶，主要原料除精面粉外，还有淀粉、花生、芝麻、核桃仁、怀山药，辅以盐、香油、茴香、花椒、生姜、肉桂、丁香等。

古今南北，何以有如此相像的饮食风俗？这与历史上的北人南迁有关。南宋时擂茶已经多见于文人的诗文，诗人路德章来到宋金交界的淮水边上曾有这样的感慨："道旁草屋两三家，见客擂麻旋点茶。渐近中原语音好，不知淮水是天涯。"（《盱眙旅舍》）生活在两宋之际的袁文在其《瓮牖闲评》中说："余生汉东，最喜啜晶茶。闲时常过一二北人，知余喜啜此，则往往煮以相饷，未尝不欣然也。"袁文还认为擂茶始见于西晋："《茶录》中亦载：'茶，古不闻食，晋以降，吴人采叶煮之，号茗粥。'则知晶茶者，自晋盖有之矣，非复今之人始食也。"

历史时期的擂钵是由北向南传播的，而在史前时期擂钵却是由南向北传播的。上海青浦崧泽遗址，出有距今 5500 年前后的盆形擂钵（图四）；湖北枣阳雕龙碑

1　陈兆善:《福建擂茶考古研究》,《福建文博》2013 年第 1 期；杨海中:《擂茶与客家擂茶考论》,《农业考古》2014 年第 5 期。

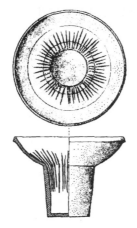
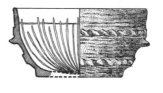

图四　青浦盆形有流擂钵　　　　图五　下王岗杯形无流擂钵　　　　图六　庙底沟无流擂钵

遗址，出有距今约 5000 年的钵形擂钵；河南淅川下王岗遗址，出有距今约 5000 年的杯形擂钵（图五）。中原地区较早的擂钵出自河南陕县庙底沟遗址，是距今约 4800 年的盆形擂钵（图六）。

庄桥坟石犁

犁是什么时候用于农业生产的，犁耕农业是什么时候出现的？浙江平湖庄桥坟良渚文化遗址的发掘为我们提供了实物资料[1]。该遗址的 70 号灰坑是一个不起眼的不规则形灰坑，坑长 3.7 米，宽 2.55 米，填青褐色斑土。坑内发现的 1 件带木质犁底的组合式分体石犁却弥足珍贵。据报告介绍：犁通长 106 厘米，石犁头由尖端和两翼三部分组成，通长 51 厘米，通宽 44 厘米。尖端部分呈等腰三角形，有 3 个穿孔，宽 24 厘米。两翼长 29 厘米，一翼前端宽 8.5 厘米，后端宽 16.5 厘米，另一翼前端宽 12 厘米，后端宽 19 厘米，两翼各有两个穿孔。犁尖和两翼上的穿孔是用于与木犁底相固定的。木犁底部分长 84 厘米，其中镶于犁头部分长 29 厘米，犁头后部残存 55 厘米，最宽处 21 厘米，在尾端有装置犁辕的榫口，残长 15.6 厘米，宽 8 厘米，深 0.8

图一　庄桥坟分体石犁

厘米。这是目前发现年代最早的带木质犁底的石犁。经观察，石犁头部分有使用的痕迹（图一）。

分体组合式石犁是一种比较成熟的石质生产工具，其前身是单体式石犁，在

1　浙江省文物考古研究所、平湖市博物馆：《浙江平湖市庄桥坟良渚文化遗址及墓地》，《考古》2005年第 7 期。

良渚文化中有着较多的发现。单体式石犁，如浙江桐乡新地里良渚文化墓地出土的 M109：21[1]，该石犁通长 53.5 厘米，尾宽 37.6 厘米（图二）。体形硕大，头部尖锐，两刃间夹角呈 60 度，尾端平直，尾端中央有一长 2.5 厘米，宽 1.9 厘米的长方形凹缺，其前方有水平穿孔一对，近头部有竖向穿孔两个。

图二　新地里单体石犁

在早于良渚文化的崧泽文化阶段，石犁就已经出现了，都是单体石犁。如在吴兴邱城[2]和上海汤庙村、广富林等遗址中，可见体形较小、中心穿孔的三角形单体石犁。湖州昆山崧泽文化墓地的部分墓葬中[3]，还有石犁随葬的现象，该墓地大约相当于崧泽文化的最晚阶段，石犁有单孔和三孔的区别，这时石犁的体积已有所增大。

与石犁应用于稻作农业生产相应，史前长江下游的稻作农业也有了长足的发展。湖南澧县城头山、浙江余姚田螺山和余杭茅山、江苏吴县草鞋山等距今 6000 ～ 5000 年前古稻田遗址的确认，证实了史前稻作已具有相当的规模。距今 6500 多年前原始栽培稻发展至良渚文化的距今 5000 年前后，已有成熟的粳、籼稻栽培。这些都说明，当历史发展至良渚文化时期，石制犁铧的大量出现标志着史前农业已进入犁耕农业阶段。

在长江下游地区，早于石犁的翻土工具是骨制和木制的耒耜。主要发现于杭嘉湖平原与宁绍平原，为距今 7000 年左右的马家浜文化与河姆渡文化的遗存。在河姆渡遗址出土有大量的骨耜[4]（图三），制作骨耜的原料，为哺乳动物的肩胛骨，在制成的骨耜保留了肩胛骨的自然形态。其肩臼部修整成半月形，有的在侧面穿一銎孔，以便于捆绑木柄。刃部以上还有一对近椭圆形的穿孔，亦为固定木柄之用。

1　浙江省文物考古研究所、桐乡市文物管理委员会：《新地里》，文物出版社，2006 年。
2　牟永抗、宋兆麟：《江浙的石犁和破土器——试论我国犁耕的起源》，《农业考古》1981 年第 2 期。
3　浙江省文物考古研究所、湖州市博物馆：《昆山》，文物出版社，2006 年。
4　浙江省文物考古研究所：《河姆渡——新石器时代遗址考古发掘报告》，文物出版社，2003 年。

图三　河姆渡骨耒耜

图四　嘉峪关画像砖牛耕图

在长时间的使用过程中，木柄与骨耜的捆绑使正面中部形成了一道纵向的浅凹槽。单从形态来看，骨耜与石犁尚有较大的差距，装柄原理及使用方法也不相同，但从功能上看，作为开垦翻地工具，是一脉相承的。

庄桥坟分体石犁标志着距今5000年良渚文化稻作农业的水平的迅速提升，耕地面积的扩大，稻谷的增产，可以为社会提供更多的剩余产品，供养更多的非农业人口。不但可以供养大量的神职人员、军职人员，社会的管理层还可以组织大量的人员去从事非农业生产，堆筑祭坛，修建城池，乃至兴修水利设施。

鉴于庄桥坟分体石犁强大的劳作能力，报告推测，像这样1米多长的大石犁，只有用牛等大型的牲畜才能牵引，后面应有掌辕的人。牛在中国是什么时候驯化的，良渚文化是否驯化了牛，这在学术界是没有解决的问题。关于牛何时用于耕地，学界也没有公认的观点。汉字的"犁"，从利，从牛，郭沫若在其名著《奴隶制时代》一书中认为，"殷人已经发明了牛耕，卜辞中有很多犁字，作𤳊或𤛿"。也有学者举例《周礼·牛人》的记载，周代牛按用途分类有"享牛""求牛""积膳之牛""膳羞之牛""犒牛""奠牛"以及"兵车之牛"，唯独没有提到耕地之牛，因此怀疑当时有"牛耕"[1]。从考古发现上看，牛耕在东汉以后普及是可以肯定的[2]（图四）。

1　陈文华：《试论我国农具史上的几个问题》，《考古学报》1981年第4期。

2　甘肃省文物队等：《嘉峪关壁画墓发掘报告》，文物出版社，1985年。

林家青铜刀

　　甘肃东乡林家马家窑文化遗址出土的青铜刀，是中国最早的一件青铜器，距今约 5000 年 [1]。发掘报告是这样介绍的：由两块范浇铸而成，刃部经轻微冷锻或戗磨，以增加锋利度。刀身厚薄均匀，表面平整，有较厚的深灰绿色锈。短柄长刃，刀尖圆钝，微上翘，弧背，刃部前端因使用磨损而凹入。柄端上下内收而较窄，并有明显的镶嵌木把的痕迹。通长 12.5 厘米，宽 2.4 厘米（图一）。出于 20 号房址的北墙壁之下，保存完整。经北京钢铁学院冶金研究所检验，为含锡的青铜。此外，在该遗址中还出有三块含铜、锡、铅、铁的铜渣。林家这件青铜刀出土地层明确，20 号房址内还出有彩陶盆和素面盆各 1 件，为马家窑文化的典型器物。该遗址同出的铜渣也说明，此青铜刀不是偶然现象。

　　林家青铜刀看上去其貌不扬，将其与后世商周时期精美的青铜刀相比，确有泥云之别。但是有几点特别值得一说，也是其具有重要价值的意义所在，一是年代早——距今约 5000 年；二是地点重要——出在中西交通的要道上；三是含锡的合金（含锡量 8% ～ 10%）——青铜制品。

　　林家青铜刀是中国最早的青铜器，但不是最早的铜器，中国最早的铜器出在仰韶文化早期的半坡文化中。20 世纪 50 年代发掘西安半坡遗址时，在一座墓葬的填土中，发现 1 件铜片，发掘者不敢相信这是真的，因为青铜器与文字、城市一同被认为是文明时代的物象表征，史前时期的母系社会怎么能有铜器出现呢？于是发掘者便猜想是不是因为老鼠打洞之类的后来活动带进来的，但是老鼠洞没

1　甘肃省文物工作队等：《甘肃东乡林家遗址发掘报告》，《考古学集刊（4）》，中国社会科学出版社，1984 年。

图一　林家青铜刀

有找到，《西安半坡》报告中也没有收入。后来这件铜器经有色金属研究院分析，含镍量达 20% 左右，是一件铜镍合金的白铜[1]。20 世纪 70 年代，临潼姜寨遗址发掘时，又出土两件铜器，一件是残铜片，出在房屋内；一件是铜管，出在地层中[2]。因为姜寨铜片的发现已经不是孤例，所以《姜寨》报告作了客观的报道。铜片是一圆片的一部分，铜管是用铜片卷成的管状物。两件铜器经北京钢铁学院冶金研究所检验，铜片含铜 66.54%，含锌 25.56%；铜管含铜 69%，含锌 31%，均为铜锌合金的黄铜。在晚于林家青铜刀的龙山时代，铜器在中国北方地区有广泛的发现，比较重要的有甘肃永登蒋家坪遗址铜刀[3]、山西襄汾陶寺铜铃[4]、河南登封王城岗铜器残片[5]以及山东胶县三里河铜锥[6]和山东日照尧王城出土铜渣[7]等。在这些铜器中，既有青铜制品也有红铜制品。

就全球范围讲，铜器最早是西亚人发明的。约在公元前 6000 年，著名的哈拉夫文化、埃利都文化和欧贝德文化都已进入了铜石并用时代。这个时代以使用红铜器为标志，这要比中国境内最早的铜器早约 2000 年。以使用青铜制品为标志的青铜时代也始于公元前 4000 年的西亚，这要比林家的青铜刀早约 1000 年。中国境内的铜器是独自发明的，还是由西方传入的？倘若是由西方传入的，那么地处中西交通要道的甘肃的发现就是至关重要的材料，而林家青铜刀又是中国最早的一件青铜制品，就学术意义而言就显得十分珍贵了。林家青铜刀虽是最早的

1　安志敏：《中国早期铜器的几个问题》，《考古学报》1981 年第 3 期。
2　半坡博物馆等：《姜寨——新石器时代遗址发掘报告》，文物出版社，1988 年。
3　甘肃省博物馆：《甘肃省文物考古工作三十年》，《文物考古工作三十年》，文物出版社，1979 年。
4　中国社会科学院考古研究所山西工作队、临汾地区文化局：《山西襄汾陶寺遗址首次发现铜器》，《考古》1984 年第 12 期。
5　河南省文物研究所、中国历史博物馆考古部：《登封王城岗遗址的发掘》，《文物》1983 年第 3 期。
6　昌潍地区艺术馆、考古研究所山东队：《山东胶县三里河遗址发掘简报》，《考古》1977 年第 4 期。
7　严文明：《论中国的铜石并用时代》，《史前研究》1984 年第 1 期。

一件青铜器，但不是最早的一件铜器；林家虽位于中国的西部，但是最早的铜器却出在其东部的陕西西安附近。

人类认识铜器经历了由红铜（天然铜）到青铜的过程，在由红铜到青铜之间，还有一个制造和使用砷铜的阶段。中国是否也经历了这样的认识过程？在中国最早的铜器是仰韶时代早期的白铜和黄铜，接着的是仰韶时代晚期的青铜，进入龙山时代则是青铜与红铜并用。年代上相当于夏代的甘青地区的齐家文化是早期铜器发现最多的考古学文化，有铜刀、铜斧、铜锥、铜镞、铜镜、铜泡等，同龙山时代一样也是既有青铜制品，也有红铜制品。我曾于 1986 年在地处河西走廊咽喉处的张掖地区，主持发掘一处夏末商初的墓地，所出铜器均为加砷铜器——砷铜[1]。从中国考古学的发现实例看，目前还难以得出从红铜经历砷铜，再到青铜的制造和使用过程。进而，我们也不能根据林家青铜刀的发现就说，中国在距今 5000 年的仰韶时代晚期就已进入青铜时代。因为这还是孤证，不具普遍意义，不能排除其外部传入的可能性。

1　甘肃省文物考古研究所、吉林大学北方考古教研室：《民乐东灰山考古——四坝文化墓地的揭示与研究》，科学出版社，1998 年。

瑶山玉纺轮

　　在著名的浙江余杭瑶山祭坛中，在众多精美的玉器中，有一件并不起眼的玉器——纺轮[1]，但它却是史前时期唯一的一件与拈杆共出的纺轮，弥足珍贵。据《瑶山》报告，该器编号为 M11：16，由纺轮和杆组合而成，纺轮白玉，杆为青玉。纺轮作圆饼状，断面呈梯形，中间对钻一孔，器表经过打磨。圆杆长条形，头端细尖，对钻一小孔；尾端粗钝，有断失的对钻孔痕迹。纺轮直径 4.3 厘米，孔径 0.6 厘米，厚 0.9 厘米，杆长 16.4 厘米。出土时，杆穿于纺轮的中孔，细端在上，粗端在下；纺轮的大底朝上，小底朝下（图一）。

　　史前时期的纺轮多为陶制，长江中游的屈家岭文化的彩绘陶纺轮最具特色[2]。彩绘纺轮均为泥质陶，胎色大多白黄色，器形有大有小。彩绘的颜色大多是红褐色，多绘在纺轮的一面，图案虽多彩多姿，但多是与旋转相关的图案，有旋涡纹、线团纹、太阳纹、阴阳鱼纹等，还有一些是在旋

图一　瑶山 M11:16 玉纺轮及出土情境

1　浙江省文物考古研究所：《瑶山》，文物出版社，2003 年。
2　中国科学院考古研究所：《京山屈家岭》，科学出版社，1965 年。另参见相关考古报告。

| 旋涡纹 | 线团纹 | 太阳纹 | 阴阳鱼纹 | 阴阳三角纹 | 十字纹 |

图二　屈家岭文化彩绘陶纺轮

转中便于识别的二分式或四分式图案，有十字纹、阴阳三角纹等（图二）。这些绘满彩色图案的纺轮，旋转起来变幻炫目，为人们单调平凡的纺织劳动平添了乐趣。

纺织是与农业和定居相联系的。德国人利普斯在《事物的起源》中讲："人们开始定居，纺锤便出现在重要的工具之中。我们能够确定，农业的发明和纺锤作为一种文化因素的出现，两者是有密切关系的。史前人最古老遗物表明，最早定居部落每个房屋中，都存在纺织的设备。"[1]在中国距今 7000 年前的前仰韶时代，陶纺轮就已经普遍出现了。在黄河流域有河北武安磁山遗址和河南新郑裴李岗遗址，在长江流域有浙江跨湖桥遗址和浙江余姚河姆渡遗址。先秦文献《易传·系辞下》曰：古者庖牺氏"作结绳而为网罟，以佃以渔"。意思是说，伏羲（庖牺氏）结绳而织网，用于种田和捕鱼。把养蚕缫丝记作是黄帝元妃嫘祖的事迹，元代陈桱撰《通鉴续编》"（黄帝）命元妃西陵氏教民蚕"自注元刻本作："西陵氏之女嫘祖，为帝元妃，始教民育蚕、治丝茧，以供衣服，而天下无皮皴瘃之患，后世祀为先蚕。"民族学的调查资料表明，纺轮一直沿用到当代。在西南地区的彝族、独龙族、苦聪人、基诺族、哈尼族、布朗族、佤族、怒族、普米族、摩梭人、纳西族、藏族等，均以纺轮纺纱。而且其纺轮的样式，与史前时期的纺轮完全一致[2]（图三）。

在中国的农耕社会中，纺织业和纺织工具都是与女性相联系的，即所谓的男

1　［德］利普斯著，汪宁生译：《事物的起源》，敦煌文艺出版社，2000 年。

2　宋兆麟：《从民族学资料看远古纺轮的形制》，《中国历史博物馆馆刊》总第 8 期，1986 年。

耕女织。山东曲阜西夏侯大汶口文化墓葬的成人墓中，石箭头只见于男性墓，纺轮则只见于女性墓。《诗·小雅·斯干》这样讲："乃生女子，载寝之地。载衣之裼，载弄之瓦。"意思是说，如生女子，就睡地上，盖条薄被，玩弄纺轮。这里的"瓦"指纺轮，是据《毛传》的解释："瓦，纺砖也。"郑玄《笺》进一步解释："纺砖，习其一有所事也。"专，繁体作"專"，甲骨文作 、，为象形字，象征用手拨捻纺锤，使之转动，纺锤中间有一立杆，上部有三股线，中下部有一、二纺轮或纺锤，这工具就是纺专。考古学上的"纺轮"一词，是约定俗成的叫法，应有狭义和广义的区别，狭义的纺轮专指纺专下部的纺锤，广义的纺轮则与纺专相同，包括纺锤和拈杆两部分。

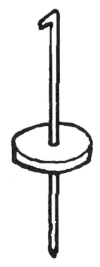

图三　彝族纺轮

　　甲骨文象形的纺轮使用方法，与现存民族中的纺轮使用方法是一样的。先把丝、麻纤维捻一段缠绕在拈杆上，一手提线，一手转动纺轮，纺轮旋转，带动拈杆，给丝、麻纤维加捻。将加过捻的纱缠绕到拈杆上，继续添加纤维并牵伸拉长，再加捻，再缠绕，直到绕满拈杆为止。较大的纺轮用于纺制麻线，较小的纺轮用于纺制丝纱。从考古发现看，史前时期被驯化栽培的纤维植物有葛、大麻和苎麻。距今约 7000 年的江苏草鞋山遗址马家浜文化遗存中，发现 3 块炭化的绞纱葛织物[1]；距今约 5000 年的河南荥阳青台仰韶晚期遗址，有儿童瓮棺葬的陶瓮内壁上黏附的炭化大麻布[2]。距今约 4700 年前的浙江湖州钱山漾遗址，出土过一些苎麻的细麻绳、麻线和麻布，还有令世人刮目的丝绸残片[3]。

　　史前时期的纺轮一般整体做车轮状或饼状，截面长方形，但是也有一些整体做球状或馒头状，截面为圆形或凸字形的。有人认为前者用于纺纱，后者用于并

1　南京博物院：《江苏吴县草鞋山遗址》，《文物资料丛刊（3）》，文物出版社，1980 年。
2　张松林、高汉玉：《荥阳青台遗址出土丝麻织品观察与研究》，《中原文物》1999 年第 3 期。
3　浙江省文物管理委员会：《吴兴钱山漾遗址第一、二次发掘报告》，《考古学报》1960 第 2 期。

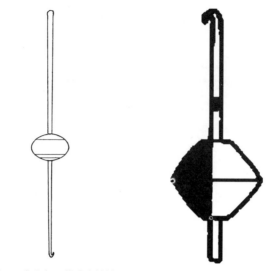

图四　宝兴东汉墓球式纺轮　　　图五　资兴东汉墓算珠式纺轮

线。也有人反对这种用途上的区分，而认为无论哪一种纺轮都可以既纺纱又并线。大概是因为球状和馒头状的纺轮体重更大一些，转动的速度和纺纱捻线的效果更好一些，所以历史时期的纺轮多为球状或馒头状的，如四川宝兴东汉墓出土的球式纺轮[1]（图四）、湖南资兴东汉墓出土的算珠式纺轮[2]（图五）等。

　　还有人结合新大陆的民族志材料认为，人类学家和考古学家称为"纺轮"的东西，也有着和纺纱毫不相关的多种用途，诸如猎物系挂扣、器盖、刮削器、塞子、棋子、弓钻垫片、玩具、纽扣等。

1　四川省文物管理委员会、宝兴县文化馆：《四川宝兴陇东东汉墓群》，《文物》1987 年第 10 期。
2　湖南省博物馆：《湖南资兴东汉墓》，《考古学报》1984 年第 1 期。

半坡翻唇盘

20 世纪 50 年代中期，在西安半坡遗址出土过一件形制颇为特殊的器物，因为不明用途，报告依据器物的形态称其为"翻唇盘"。《西安半坡——原始氏族公社聚落遗址》[1] 考古报告是这样介绍的：形制

图一　西安半坡翻唇盘

较特殊，腹浅而斜，底小，唇方折外翻而下垂，壁颇厚。内外表均磨光，红色。如倒置，底向上，沿底周饰黑色三角形纹一周，下饰不规则弦纹。在下垂之唇部的末端，有倒置之唇面，亦饰数道弦纹，周缘钻四个小孔。对于其功能，报告推测"似为承托东西而悬挂用的"（图一）。

在半坡遗址出土翻唇盘之前，曾于长安马王村出土过两件同类器，其后在铜川李家沟、宁县阳洼、秦安大地湾、合水县孟桥、宝鸡北首岭、舞阳大岗、高陵杨官寨、枝江关庙山等遗址，又发现相同或相似的器物。

20 世纪 80 年代末，有人鉴于翻唇盘具有可平衡旋转性和转动慢速的特点，把它认作是慢轮制作陶器的托盘[2]。曾有人结合西南地区傣族和纳西族的制陶方式，认为这种器物应是放置在木转盘之上的陶转盘，是制作陶器的操作台[3]。由于木质器具易于朽烂，陶转盘下的木制转盘和木轴没有发现。

1　中国科学院考古研究所：《西安半坡——原始氏族公社聚落遗址》，文物出版社，1963 年。

2　李文杰、黄素英：《黄河流域新石器时代制陶工艺的成就》，《华夏考古》1993 年第 3 期；李文杰：《中国古代的轮轴机械制陶》，《文物春秋》2007 年第 6 期。

3　李仰松：《从瓦族制陶探讨古代陶器制作上的几个问题》，《考古》1959 年第 5 期。

基于这样的认识，2006 年出版的《秦安大地湾》考古报告[1]，直接将该遗址所出同类器称作"制陶托盘"。并详细介绍了这件标本：沿面有杂乱绳纹，腹饰横行绳纹，器底内壁有凸起泥棱，与口部呈同心圆，红陶。口径 35.5 厘米，底径 30.6 厘米，高 5.3 厘米，内壁圆形泥棱直径 20 厘米。出土时，一盆形座倒扣其上，盆形

图二　秦安大地湾制陶托盘和制陶盆形座

座口径略大于器底内壁的圆形泥棱的直径，正好将盆形座固定于此托盘内。与半坡遗址所出者的区别是，该器是由托盘和覆盆两件器物构成，以覆盆作为盆内的凸起部分（图二）。

　　正当"制陶托盘"说几成定论之际，有人认为此类陶器应该是早期的灯具[2]。因为如果是制陶托盘的话，没有发现旋转留下的摩擦痕迹，圆盘直立的周边和唇面的纹饰也没有使用的意义。将这类器物认作是制陶托盘的研究者，忽略了两个器物细处。一个是半坡出土的翻唇盘周缘钻有四个小孔，在长安马王村出土的一件同类器上，也有大的钻孔，《西安半坡》认为其是悬挂使用的是很有道理的。如果此器是灯具的话，将其吊挂于高处，正合乎"高灯下亮"的道理。另一个是半坡出土的翻唇盘内斜壁上有密集的横弦纹，大地湾出土的"制陶托盘"外壁上有密集的横绳纹。如果此器是灯具的话，盆内盛有"灯油"，水平向的弦纹和绳纹就是观察灯油位置的刻度。这刻度的意义直接是查看灯油多寡以及时添加，间接则可能具有计时的功能，武侠小说中，常有这样的描述：两位互较内功的武林高手，已相持了"一炷香"的时间。

　　将距今约 5000 年的仰韶时代晚期的半坡翻唇盘和大地湾制陶托盘看作是史

1　甘肃省文物考古研究所：《秦安大地湾——新石器时代遗址发掘报告》，文物出版社，2006 年。
2　卜工：《文明起源的中国模式》，科学出版社，2007 年。

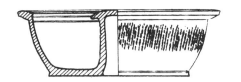

图三　郑州小双桥中柱盆

图四　灵寿城战国鸟柱盆

前时期的灯具，还可以得到陶制灯具流变的支持。在杞县鹿台岗遗址的龙山文化遗存中[1]，有一件"中柱盂"，泥质灰陶，方唇，斜腹，浅盘，中部有一空心柱。在郑州小双桥商代前期遗址中[2]，出有两件"中柱盆"，为泥质灰陶，宽折沿外侈，腹壁微鼓，浅腹，腹内壁有弦纹，大平底，盆的中部有一直立的圆柱，圆柱内空，柱顶有弧形盖帽（图三）。从形制上看，这两件"中柱盆"的中柱相当于半坡翻唇盘内的凸起部分，其承袭关系十分明显。在河南、河北、山西、山东等地的战国墓葬中有一种较为常见的"鸟柱盘"，

该器多为泥质灰陶，侈口或敛口，浅腹，平底或圈足；盘底中心矗立一柱，实心或空心，大多高出盘沿；柱顶捏塑鸠鸟状饰，或敛翅静立或展翅飞翔，有的背上有一穿孔（图四）。在邯郸百家村战国墓中，发现鸟柱盘在一筒形器上，表明它们是配套使用的。孙机认为战国时期的鸟柱盘就是灯具[3]：当盘内盛满灯油，并将浸透了油的灯炷（灯捻）搭到鸟背上，再用反光的阳燧镜引火点燃，鸟柱盘就成为照耀祭品的明烛，燃烧着圣火的神灯了。他之所以将鸟柱盘视作用于祭奠的礼器，是因为中山国国王的墓中出有一件十分精美的青铜鸟柱盘。有人认为，作为明烛使用的鸟柱盘，所使用的燃料应是动物脂类，动物脂类富含饱和脂肪酸，凝固点较高，常温下基本呈固态。所以，如果在常温下将灯炷搭到鸟背上，火

1　郑州大学考古专业等：《河南杞县鹿台岗遗址发掘简报》，《考古》1994 年第 8 期。

2　河南省文物考古研究所等：《1995 年郑州小双桥遗址的发掘》，《华夏考古》1996 年第 3 期。

3　孙机：《中国圣火》，辽宁教育出版社，1996 年。

焰距离油面太远，固态燃料无法浸润到灯炷上，灯炷就会熄灭。而古人将筒形器与鸟柱盘搭配成器，在筒形器内放置燃料，就可以保证盘内动物脂类燃料为液态。如此，我们也就理解了半坡翻唇盘下部中空和大地湾托盘内倒扣盆的意义了，那就是在中空部位和盆内放置炭火类燃料，以保证盘内动物脂类燃料的液体状态，进而保证陶灯的长明状态。

根据经典作家的论述和考古发现，人类认识和使用火是旧石器时代的事情。经过上万年的经验积累，到新石器时代的中期，人类已经充分认识和驾驭了火的取暖、熟食和照明三大功能。在距今约 4500 年的宁夏海原菜园子半山 – 马厂文化窑洞式房屋中，发现有多处安插松树明子的孔洞，附近的洞壁被火炬烘烤而变了颜色。在距今约 4000 年前的客省庄文化的房址内，也发现有安置陶制灯具的壁龛。可以想见，正是因为有了陶灯具，6000 年前的半坡居民和大地湾居民才得以在缺少窗子的土木房屋内度过冬日漫漫的长夜。

跨湖桥独木舟

人类是何时驾舟的？最新的考古研究成果是：4 万多年前东南亚人驾舟渡海，抵达澳洲成为澳洲土著人的祖先；1.35 万年前澳洲居民驾舟从波利尼西亚或者南亚经海路登上北美洲。

中国人是何时驾舟的？按先秦文献《周易·系辞》说"刳木为舟，剡木为楫，舟楫之利，以济不通，致远以利天下"，那就是古史传说时代的事情；按考古发现的浙江萧山跨湖桥独木舟，那就是前仰韶时代的事情。

据《跨湖桥》发掘报告[1]，该遗址出土的独木舟属第一阶段遗存，年代为距今8200～7500 年。独木舟为松木材质，保存较好，一端残缺，船舷大部分残失，船体残长 560 厘米，宽 52 厘米。船头上翘，窄于船身，宽 29 厘米。船体内侧遗有 3 片黑焦面，是火焦法挖凿船体的遗痕。船体较薄，船底与船舷厚约 2.5 厘米。船体均匀流畅，船内打磨光滑。独木舟出土时船体呈西南—东北向摆放，与遗址所在的湘湖堤岸走向一致。在独木舟的周围还发现分布规律的木桩和柱洞，木桩是用于固定独木舟的。独木舟的东南侧堆放许多木料和树枝，用于制作边架。舟两侧各发现一支松木木桨，桨长 140 厘米，桨板宽 16～22 厘米，桨柄宽 6～8厘米，柄端有穿孔。独木舟的周围还出土有砺石、石锛和石凿等加工工具（图一）。发掘者据独木舟的出土情境分析认为，这里应该是一个独木舟制作的加工场。

恩格斯在《家庭、私有制和国家的起源》中说过："火和石斧通常已经使人能够制造独木舟，有的地方已经使人能够用木材和木板来建筑房屋了。"史前时期居住在钱塘江之滨、湘湖岸边的跨湖桥居民，就是用安柄的石锛和石凿借用火

1　浙江省文物考古研究所、萧山博物馆：《跨湖桥》，文物出版社，2004 年。

烤焦剖制成了松木材质的独木舟。

余姚河姆渡遗址[1]与萧山跨湖桥遗址地域比邻，年代相当，那里也发现有与用舟相关的遗存。该遗址出土了6支木桨，木桨均是用整段木料加工而成，桨叶呈扁平状，柄部粗细适中，自上而下逐渐变薄，线条流畅，形状类似今天江南水乡使用的手划桨。其中一支桨，残长63厘米，叶长51

图一　跨湖桥独木舟出土情境

厘米，宽23厘米，色泽赭红，木质坚硬，在柄与叶的交界处刻有几何图案，制作精湛。该遗址还采集到2件舟形陶器，夹炭黑陶。其中一件长7.7厘米，高3厘米，宽2.8厘米，两头稍翘，舟体呈半月形。

此外，在距今5000年的浙江杭州水田畈和吴兴钱山漾遗址中，也都有独木舟的木桨出土。另据报道，在浙江余杭临平茅山遗址南部一条喇叭口状古河道中，发现一只保存基本完整的独木舟[2]。该舟头尖尾方，全长735厘米，深约23厘米，船舷厚约2厘米，由整段巨木凿成。这些发现都属于距今约5000年的良渚文化遗存。

以上这些发现都集中于江南水乡浙江省，遗址位于低海拔的平原，遗址周边水网河道众多，湖泊星罗棋布，有着广袤的水域。生活在这样环境中的史前先民，率先发明了独木舟，用于渔猎捕捞和水上交通，这是人类适应环境的典范。

1　浙江省文物考古研究所：《河姆渡——新石器时代遗址考古发掘报告》，文物出版社，2003年。
2　丁品、郑云飞等：《浙江余杭临平茅山遗址》，《中国文物报》2010年3月12日第4版；丁品、赵晔等：《浙江余杭茅山史前聚落遗址第二、三期发掘取得重要收获》，《中国文物报》2011年12月30日第4版。

图二　赛龙舟

　　独木舟具有取材便利、制作简便、应用广泛、行驶快速等特点。因此，自发明以来就再也没有间断使用，例如史前胶东半岛上发现的龙山时代独木舟，历史时期江苏武进淹城发现的东周独木舟、福建连江西汉独木舟、广东化州东汉独木舟、江苏扬州施家桥唐代独木舟等，以至今天端午龙舟赛所用的龙舟都是一脉相承的（图二）。

半坡小口尖底瓶

　　在西安半坡遗址博物馆门前，有一少女雕像半蹲在水池中心的石堆上，手持小口尖底瓶作汲水状，这就是著名的半坡少女（图一）。

　　小口尖底瓶是半坡文化最具典型意义的器物，在西安半坡遗址的发掘中有较多的发现。《西安半坡》发掘报告如是介绍[1]：汲水器，细泥陶或细砂硬陶，红色，制作精美，坚固，部分器表饰彩；小口，短颈，鼓腹，尖底，腹两侧有耳，肩部及中腹以上装饰左向倾斜的细绳纹，器形变化较多，口部剖面呈方形、圆形、半月形、花苞状、葫芦状等，体形也有短粗和细长之别；遗址出土的形大而质好，平均高50厘米左右；墓葬出土的较小而质粗，平均高30～40厘米（图二）。

　　小口尖底瓶面世以来，就引起人们对其功能和用途的种种推测。最初，是将其当作汲水器认识的：小口可防盛水外溢，质地细密可防盛水外渗；用绳拴在环耳上放进水里汲水时，尖底先接触水面，继续放入水中后，由于受浮力作用不均衡，陶瓶便沿水平轴翻转，使水灌入瓶内，而当瓶内水渐满后，由于重量加大，使瓶又在水中重新恢复垂直状态，提出水面后瓶内水不会洒出。盛满水的尖底瓶或是插放在地面浅坑内，或是插放在灰烬中，或是安放在环形器座上。

　　尖底瓶是汲水器的认识后来被实验考古所颠覆。20世纪80年代末，半坡博物馆与北京大学的相关人员合作实验，结果表明：尖底瓶放到水上后，因其上部粗重，确实能开始自动灌水，但当灌到一半时，重心下移，口部又自动翘出水面，因而无法自动把水灌满。双耳系绳提抬满瓶水时，同样会因为重心在上部而倾倒。因此，尖底瓶的功能与用途又有了酒器、祭器、葬具诸种说法。著名考古学家苏

1　中国科学院考古研究所：《西安半坡——原始氏族公社聚落遗址》，文物出版社，1963年。

图一　半坡少女雕像

图二　半坡文化的
小口尖底瓶

图三　吕家坪彩陶
小口尖底瓶

秉琦的祭器说最具影响，他认为甲骨文中的"酉"是尖底瓶最晚形式的象形字，"酉"是中国古代纪年的干支的组成部分，由它组成的会意字如"尊""奠"等均与祭奠相关。"酉瓶和绘有固定的动植物纹样的彩陶，并不都是日常使用的汲水罐、盛饭盆之类，有的是适应专职神职人员出现而出现的宗教上的特需、特供"[1]。还有学者认为小口双耳尖底瓶是欹器，本名为"侑卮"[2]，"侑卮"功能在"劝诫"。因此，小口双耳尖底瓶"是保佑帝王或君主长久稳坐于宝座之上"的器物。小口尖底瓶是葬具的说法也是比较有说服力的，因为在河南境内仰韶时代的遗址中发现过多例以庙底沟文化的小口尖底瓶作为葬具下葬死者的"瓮棺葬"。

对于小口尖底瓶的功能作用学界虽然没有取得一致看法，但是其为仰韶时代的标型器，是"精准"的年代标尺，则是考古学界的共同认识。小口尖底瓶的出现标志着仰韶时代的来临，小口尖底瓶的消逝标志着仰韶时代的结束。小口尖底瓶自身形态经历了由敛口到敞口、由瘦长到短粗、由尖底到钝底的演变，由此观察，考古人便可以明确指出其所处仰韶时代的具体时段。

小口尖底瓶的器表一般装饰细绳纹（也称作线纹），也有器表素面无纹饰的，器表装饰最精美的一件是甘肃陇西吕家坪出土的四方连续的旋涡纹彩陶瓶（图三）。

1　苏秉琦：《中国文明起源新探》，生活·读书·新知三联书店，1999年。

2　欹器、侑卮语出《孔子家语·三恕篇》："孔子观于鲁桓公之庙，有欹器焉。"《淮南子·道应训》："孔子观桓公之庙，有器焉，谓之宥卮。"

寨根火种罐

　　"钻木取火"是人类最古老的取火方式。但是，史前时期的人类是否每次用火时都要钻木来取火？1996年10月，洛阳市文物工作队在黄河岸边的一次发掘给出了答案，本次发掘发现了史前时期的火种罐。

　　火种罐出土于河南孟津寨根遗址一号房屋的地面上，位于灶址西侧的炭灰下[1]。发现者讲，这是一件手制的夹砂红陶厚胎器，即在制作陶坯时在陶泥中掺入了均匀的粗砂粒，与釜、鼎等陶炊具的胎质相同。器壁厚度达1厘米，比同出的陶釜还厚。其形若亚腰筒状，小口，圆唇，斜肩，束腰，圈底内凹，底部不平，腹中部偏上处有2个对称圆孔，底中心有1个圆孔，器表装饰竖绳纹，折肩处有一周指压堆纹，口径4.5厘米，底径9厘米，高11.8厘米，3个圆孔直径为2厘米（图一）。发现者推测，火种罐的使用方法与今日之煤球炉相似，在火种器内投入红炭，红炭之上覆以黑炭，适度封闭器口后红炭在低氧状态下缓慢燃烧；获取火源时，开启器盖并借助火筒吹火，炭火较快引燃；使用后，晃动火种器，排出炭灰并续加炭块，以备再次使用。夹砂陶胎具有较大的膨胀系数，可防火种器爆裂；收敛的小口，可防内盛炭火速燃；腰部的两个小孔起通风作用，可防火种窒灭；底部的一个小孔可去掉燃尽的炭灰。

　　其实，早在1958年中国科学院考古研究所山西工作队在山西芮城东庄村遗址发掘时[2]，就出土过1件"火种罐"，当时发掘者不识其用途，而称之为"镂孔柱

1　李德方：《孟津寨根遗址出土仰韶文化火种器述考》，《新果集——庆祝林沄先生七十华诞论文集》，科学出版社，2009年；河南省文物管理局：《黄河小浪底水库考古报告（二）》，中州古籍出版社，2006年。
2　中国科学院考古研究所山西工作队：《山西芮城东庄村与西王村遗址的发掘》，《考古学报》1973年第1期。

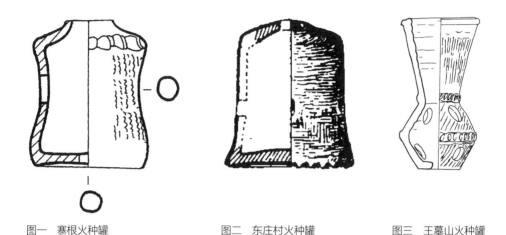

图一　寨根火种罐　　　　　　　图二　东庄村火种罐　　　　　　图三　王墓山火种罐

状器"（图二）。该遗址的发掘报告称："夹砂红陶，圆柱形，中空，顶微拱，平底。顶部中央有一小圆孔，腹壁有等距的椭圆形小孔四个，底略大于腹而微上凹，通身饰线纹，底部周边有连续的齿状压纹，直径5.8厘米，高11.5厘米。"这件"镂孔柱状器"的大小、形式均与寨根遗址所出的"火种罐"相同，两者为相同功能的器物无疑。

　　火种罐发现最多的地点是内蒙古中南部的岱海地区，仅凉城王墓山下遗址就出土了19件[1]，其中18件出自房屋居住面，仅1件出自灰坑，一般是一房一件，多出在灶址的旁边。这里的火种罐也以夹砂陶为原料，烧成后呈褐色，胎壁厚重，器表装饰绳纹。与寨根所出不同的是，这里的火种罐是由上、下两部分构成的，其下半部与寨根所出者形制相同，多为鼓腹状，小口，小底，器身和器底镂5～9个不等的气孔；上半部为敞口，高领。上、下两部分的衔接处多装饰一周附加堆纹，起到加固和装饰作用。通体高一般在10～20厘米之间，口径一般在7～12厘米之间，底径一般在5.5～10厘米之间（图三）。将王墓山下遗址所出的这类器物认定为火种罐，最主要的依据有三点：第一点是该器的下半部与寨根所出

1　内蒙古文物考古研究所、北京大学中国考古学研究中心"聚落演变与早期文明"课题组：《岱海考古（三）——仰韶文化遗址发掘报告集》，科学出版社，2003年。

火种罐形制相同；第二点是该器的
出土位置是房址的灶址旁边；第三
点是《说文·缶部》："罃，备火长
颈瓶也。"

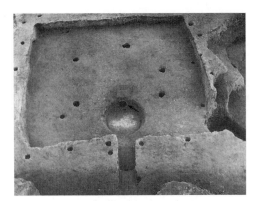

图四　大地湾二期房址灶坑及坑内火种罐

史前居民保存火种的证据还在
渭河流域的甘肃秦安大地湾遗址和
天水师赵村遗址发现，在这两处遗
址中，火种是保存在灶坑内的（图
四）。具体形式或方法是：在灶坑对
门道的后侧底部掏一斜向下方的洞，有的在洞内直接保存火种，有的在洞内置一夹
砂罐，罐内保存火种。师赵村考古报告称[1]：师赵二期 31 号房址，居住面南端近门
口处有一灶坑，灶口用草拌泥筑起一圈土埂，土埂北侧正中有一突出的方形土台，
台下为一倾斜土洞，洞口置一夹砂红陶罐，罐内存草木灰烬，为储存火种之陶器。

像师赵村这种利用灶内火种洞或灶内火种罐保存火种的方式称作"灶坑法"，
此方法是将灶坑内的余火转移到洞内或罐中，加覆薪柴并适度密封，使余火在低
氧状态下缓慢燃烧。次日扒开火坑并借助吹火筒之类的火具吹火，灶坑中的薪柴
便继续燃烧。这种取火方式有两个短处：一是不便火种的转移，二是容易引发火灾。

使用火种罐保存火种的方法称作"火炉法"，此方法是把燃烧的火炭投置于
罐内，再于其上覆盖黑炭，适度封闭器口，将其置于空气流通处；器腹部的孔可
以保证少许空气进入罐内，罐内的木炭便能缓慢而持续地燃烧；采火时打开罐口，
借助吹火具吹燃火种；晃动火种罐，器底部的孔便可以排去炭灰；再续上黑炭，
火种罐便如同一个小型火炉一样长久贮存火种。这种保存火种的方式在民俗学中
得到了旁证。这种取火方式有两个长处：一是方便火种的转移，二是安全系数大。
因此，"火炉法"保存火种是在"灶坑法"保存火种基础上的进步，是人类用火
史上的一次革命。这次革命发生的时间是在仰韶时代的中期，距今约 6000 年。

1　中国社会科学院考古研究所：《师赵村与西山坪》，中国大百科全书出版社，1999 年。

太平庄鸮鼎

　　中国国家博物馆的基本陈列厅中，有 1 件史前时期的"鸮鼎"，一经展出，便引得无数参观者的驻足赞叹！

　　这件器物是 1957 年出土的，出土地点是著名的陕西华县泉护村遗址南面的太平庄。据参与发掘的张万钟回忆[1]："1957 年，太平庄农民殷思义用双轮双铧犁深翻土地时，犁头碰到一件硬物，他怕碰断犁头，便想把此硬物挖出来，结果挖出了此鼎，至今此鼎的口部仍有被犁头划伤的一条小沟。取出鼎后，便将随出的碎陶片埋回原处。将鹰鼎拿回家去用作喂鸡的盆。"次年，黄河水库考古队华县分队在发掘泉护村时，按老乡的指点在出土鸮鼎的地点做了清理发掘。确定该器出在一座成年女性墓葬中，属于庙底沟文化的晚期[2]。一同随葬的器物还有陶釜、陶钵、小口单耳瓶各 1 件、骨笄 2 件、骨匕 14 件，以及石斧、石铲等。《华县泉护村》报告对该器做如是记录[3]：细泥黑陶，器形像鸮，是一件实用的造型艺术品。作蹲踞形，体态丰肥，两翼微撑起，两足壮实有力。鸮头极形象，在嘴之两侧仅分别各用一刀，巧妙地将上下嘴唇刻画出来。眼正视前方，圆凸，正视之，鸮呈雄壮严峻之势。后足形态上区别于前二足，宽扁，显然象征鸮尾，附于鼎腹后方以支撑器物。三足均为空足，皆贴附在鸮腹之下，壁厚 1.3 厘米。鼎为圜底，口唇上有凹槽，原来当有器盖。整体造型均匀、大方、逼真。

　　这件鸮鼎做得如此逼真传神，说明其制造者对于鸮的体态特征和生活习性一

1　张万钟：《鹰鼎出土追记》，《中国历史博物馆馆刊》1998 年第 2 期。
2　据后来发掘的河南灵宝西坡墓地的材料看，出有陶单耳葫芦口瓶的墓葬，是具有屈家岭文化因素的墓葬，年代已超出庙底沟文化时期，属于仰韶时代晚期。
3　北京大学考古学系、中国社会科学院考古研究所：《华县泉护村》，科学出版社，2003 年。

定十分熟悉。这一认识在泉护村遗址的发掘中得到了证实。1958 年的第一次发掘还发现有小型的陶塑鸮头和以鸮为题材的彩陶图案；1997 年的第二次发掘不但发现有小型的陶塑鸮头，还发现有雕鸮（*Bubo bubo*）右侧跗跖骨 1 件[1]。

鸮何以出现在太平庄墓葬和泉护村的遗址中？ 1997 年泉护村遗址第二次发掘的动物骨骼中有猫属（Felis）遗骨，以及在一些灰坑的坑壁、坑底发现有啮齿类动物的洞穴。主持发掘的王炜林认为[2]，庙底沟文化时期随着农业的发展，粮食已有节余，由田野进入村落中的鼠类得以迅速增加，令先民烦心。猫作为鼠的天敌，为人们驯化，追随鼠的行踪进入村落，成为人类灭鼠的帮手。雕鸮视觉敏锐，飞行迅捷，鸣叫凄厉，性情凶猛，独居夜行，白天隐身于密林，夜晚出动猎食各种鼠类，一只鸮每年可吃掉 1000 多只老鼠。由此似可推断，雕鸮也随着人类社会的农业发展而进入人类居住的村落和人们的生活。除陕西华县太平庄和泉护村外，我们还可以在其他一些史前文化的遗址中见到鸮的影子。青海乐都柳湾遗址齐家文化墓葬中出有较多的鸮面陶罐[3]，内蒙古巴林右旗那斯台遗址出有多件红山文化玉鸮[4]。进入历史时期，以鸱鸮为题材的艺术品仍有很多，如商代晚期妇好墓出土的青铜鸮尊和玉鸮等。

雕鸮因其头部形态类猫，民间多称其为"猫头鹰"或"夜猫子"。因其形象类禽类兽，昼伏夜出，飞行飘忽，叫声凄厉，令人恐怖，进入历史时期后，渐渐让人感到厌恶，常把猫头鹰当作不祥之鸟，称为逐魂鸟、报丧鸟等，于是原本的益鸟受到不应有的不公正的待遇。《诗经·豳风》有《鸱鸮》诗，开头的三句是："鸱鸮鸱鸮，既取我子，无毁我室。"诗人以一只母鸟的口吻祈求：猫头鹰啊猫头鹰，你已抓走我娃娃，不要再毁我的家。

1　陕西省考古研究院等：《华县泉护村——1997 年考古发掘报告》，文物出版社，2014 年。

2　王炜林：《猫、鼠与人类的定居生活——从泉护村遗址出土的猫骨谈起》，《考古与文物》2010 年第 1 期。

3　青海省文物管理处考古队、中国社会科学院考古研究所：《青海柳湾——乐都柳湾原始社会墓地》，文物出版社，1984 年。

4　巴林右旗博物馆：《内蒙古巴林右旗那斯台遗址调查》，《考古》1987 年第 6 期。

大汶口象牙梳

来自大汶口文化的考古发现告诉我们，距今6000 年的史前时期，我们的祖先就很讲究头上的装饰和打扮了。1959 年山东泰安大汶口遗址的发掘[1]，于 26 号墓葬的墓主人头部左上方发现 1 把象牙皮制成的梳子。该梳子整体呈竖长方形，全长约 16.7 厘米，梳背稍厚，齿面略薄。梳齿约占全梳的三分之一，梳齿 17 枚，细密均匀，排列整齐。梳背约占全梳的三分之二，顶端有 4 个豁口，间以 3 个圆形镂孔，面上以短条形孔镂出图案，"门"字形框内为近"8"字形图案，"8"字圆内填两个反向的字母 T，整体若太极双鱼图（图一）。

图一　大汶口象牙梳

据故宫博物院古梳研究专家杨晶的研究[2]，黄河下游的大汶口文化是中国史前时期出土梳子最多者，除上举大汶口 26 号墓葬的象牙梳外，在茌平尚庄遗址 23 号墓葬也出土 1 件象牙梳。邹县野店遗址 50 号墓葬出土 1 件骨梳，莒县陵阳河遗址 12 号墓葬和 19 号墓葬各出 1 件骨梳，江苏邳州刘林遗址 2 号墓和 184 号墓各出 1 件骨梳。在与大汶口文化毗邻的长江下游的良渚文化中，浙江海盐周

1　山东省文物管理处、济南市博物馆：《大汶口——新石器时代墓葬发掘报告》，文物出版社，1974 年。
2　杨晶：《史前时期的梳子》，《考古与文物》2002 年第 5 期；《良渚文化玉质梳背饰及其相关问题研究》，《文物》2002 年第 11 期。本文涉及的史前梳子的出土地点，均可参见杨晶的论文。

家浜遗址 30 号墓葬中出土 1 件
玉背象牙梳，是象牙梳身和玉质
梳背镶嵌组合而成的，梳背与梳
身以两枚横向销钉固定。玉质梳
背上部阴刻席纹和云雷纹，六枚
象牙梳齿参差不齐。玉质梳背与
以往良渚文化发现的玉"冠状饰"
相同，这一发现表明以往良渚文
化中出土的"冠状饰""垂幛形

图二 余姚反山墓地出土冠状饰——玉梳背

饰"等，或许就是复合式梳子的柄背部（图二）。此外，在黄河中上游地区的庙
底沟二期文化和马家窑文化、长江中游的屈家岭文化也都有骨梳或石梳的发现，
年代多集中于距今约 6000 ~ 5500 年间。在众多的史前时期梳子中，以泰安大汶
口 26 号墓所出象牙梳最为精美和珍贵。

象牙和玉，无论是在今天，还是在遥远的史前，都是珍贵的材料，以此加工
而成的物件也一定十分珍贵。在当时有一件这样的梳子无疑是一种值得炫耀的事
情。生前能使用象牙梳梳妆，死后能使用象牙梳随葬的人，一定是氏族社会中非
一般的氏族成员。大汶口 26 号墓葬是一座大型墓葬，土圹之内葬有木质棺椁，
墓主人为成年人；墓内丰富的随葬品多达 60 余件，除象牙梳外，还有生活用具
红陶鼎、彩陶壶、彩陶盉、镂孔豆、灰陶罐，生产工具石铲、石锛、骨凿、牙镰、
骨针、骨锥，装饰品玉簪、骨束发器、骨指环，礼仪用具龟甲、牙璋、猪头、鱼
骨等。莒县陵阳河遗址 19 号墓葬也是一座大型墓葬，男性墓主以木质棺椁下葬
在土圹内，骨梳位于墓主的头顶处，墓内还随葬刻符大口尊、鬶、鼎、背壶、高
柄杯等陶器 66 件，以及骨号角、骨雕筒、石铲、猪下颌骨等，随葬品共计 70 余件。
从大型墓葬的形制和众多的随葬种类数量推断，大汶口 26 号墓的墓主和陵阳河
19 号墓的墓主，生前都应该是拥有较高社会地位的部落贵族或巫觋。

今天，梳子作为一种侍弄头发的用具，主要和女性相联系。但是在史前时期，

梳子可不是女性的专利，反倒和男性联系更多。大汶口 26 号墓的墓主报告只是说其成年，可惜没有性别鉴定。陵阳河 19 号墓的墓主虽无年龄鉴定，但有性别鉴定——男性。山西襄汾陶寺 271 号墓葬，人骨的头顶上出土一件石梳，另外还随葬有石镯、石钺和玉琮等，墓主为成年男性。

今天的梳子主要功能是梳理头发，整体呈横长方形，梳齿多，齿缝密，梳齿的长度明显大于梳背，要占三分之二以上。反观史前时期的梳子，多呈竖长方形，梳齿少，齿缝疏，齿少者仅数枚，如刘林 2 号墓骨梳有 4 枚梳齿，周家浜 30 号墓玉背象牙梳也仅有 6 枚梳齿。如此竖长方形齿少缝疏的梳子，梳理头发与人的 5 个指头的作用相差不多，用它来梳理头发，功效并不比人手好多少。与今日窄背梳子相比，史前时期的梳子多宽背，背上多雕有精美图案，如大汶口象牙梳镂雕太极双鱼图，良渚文化玉冠饰上的线雕神徽。雕有精美图案的竖长方形少齿梳子，虽可以用于梳理头发，更重要的功能应在于装饰，将梳齿插在发内，雕刻精美图案的梳背露在头顶，类于冠饰。史前时期拥有特殊社会地位的人物，于束发之上插一柄背外露的梳子，以彰显其与众不同。这种梳子在历史时期被称作"插梳"，是一种头上的饰件。

第四章

文化艺术

如果人们用于美的创造和享受的精力真是无益于生活的着实和要紧的任务，如果艺术实在不过是无谓的游戏，那么，必然淘汰必定早已灭绝了那些浪费精力于无益之事的民族，而加惠于那些有实际才能的民族；同时艺术恐怕也不能发达到现在那样地高深丰富了罢。

原始的艺术用种种不同的方式影响着原始的生活。例如装潢能特别增进技术精巧。人体装饰和舞蹈，在两性的交际上占着重要的位置，而由于能够影响性的选择，我们上面已经说过，他们或者能促进种族的改良。在另一方面，人体装饰是因为要恐吓敌人而发生的；诗歌、舞蹈和音乐，因为要它们能激动和鼓励战士，就成为社会人群抗战的城壁了。但是艺术对于民族生活的最有效和最有益的影响，还在于能够加强和扩张社会的团结。

——格罗塞《艺术的起源》

贾湖骨笛

　　考古学是一门发现的科学，考古发现不断地更新着人们的知识，不断地改变着人们对历史的认识。河南舞阳贾湖遗址出土的骨笛就是这样。"羌笛何须怨杨柳，春风不度玉门关"。曾几何时，人们以为笛子是羌人的发明创造，是与游牧文化相联系的。1984年，河南舞阳贾湖遗址出土了距今8000年以前的骨笛，彻底改变了人们的认识。

　　贾湖遗址共出土了25支骨笛[1]，完整的骨笛都是墓葬内的随葬品，仅3件残品出在灰坑和地层中。经鉴定，骨笛均为丹顶鹤的尺骨所制，首先使用燧石切割器去掉尺骨两端的骨关节，然后设定孔位，使用燧石钻头钻孔成器。笛身长度在17～25厘米之间，笛孔有5、6、7、8孔之别，大多数骨笛为7孔（图一）。《舞阳贾湖》发掘报告是这样介绍其中两件骨笛的：M341：1五孔笛，长20.9厘米，棕色，通体光滑，长期使用，遗有钻孔前设计孔位的刻痕，五孔排列在一条直线上。M282：20七孔笛，是最完整、最精美的一支，长22.7厘米，浅棕色，油亮光滑，制作精致，遗有钻孔前设计孔位的刻痕，孔壁垂直，音孔很圆，音孔大体在一条直线上，第二、三、四孔稍偏向一侧（图二）。从骨笛的出土情境分析，可以产生如下的认识。

　　第一，骨笛在墓葬中多出在死者下肢的股骨和胫骨附近，少数出在死者上肢的肱骨附近，表明死者生前是把骨笛佩戴在大腿或小腿或上臂上，不影响骨笛主人的正常活动；骨笛多出在死者上下肢的右侧，少数出在左侧，这应与死者生前的左右手劳作习惯相关。

1　河南省文物考古研究所：《舞阳贾湖》，科学出版社，1999年。

图一 贾湖遗址出土的骨笛   图二 贾湖七孔骨笛

第二，一般随葬骨笛的墓葬都是大墓，随葬品丰富，其中出有最精美一件骨笛的 282 号墓葬，随葬品多达 60 件，表明骨笛拥有者生前拥有较多的财富和较高的社会地位。

第三，在 15 座出有骨笛的墓葬中，有 9 座墓葬骨笛与龟甲共出。在贾湖遗址的墓葬中，还有一个有趣的现象，就是龟甲往往与小石子共出，这种现象还见于安徽含山凌家滩墓地。考古学界一般认为，史前时期内有石子的龟甲是巫觋从事卜筮活动的法器。这表明随葬骨笛的墓主人生前应是贾湖社群的巫觋。

第四，骨笛作为随葬品出自贾湖巫觋的墓葬中，表明骨笛在贾湖居民的生活中，是用在宗教活动中的，换言之，贾湖的骨笛应是宗教活动的法器。

第五，在 15 座出有骨笛的墓葬中，有 8 座墓葬随葬两支骨笛。骨笛这种两两成对随葬的现象，表明骨笛或有"雌雄"之别。

第六，炭化稻米、稻壳和水稻硅酸体等与稻作农业相关遗存的发现，也是贾湖遗址的重大发现。这表明贾湖居民生活在以农业为主要生业的社会，骨笛在这里的发明是与农业社会相关的。

1987 年 12 月，在河南省文化厅召开的新闻发布会上，中国艺术研究院音乐研究所黄翔鹏用一支七孔骨笛吹奏了河北民歌《小白菜》，震惊四座。贾湖骨笛不仅能够演奏传统的五声或七声调式的乐曲，而且能够演奏富含变化音的少数民族乐曲或外国乐曲。贾湖骨笛是迄今为止中国考古发现的最古老的乐器，也是世界上最早的吹奏乐器。

牛河梁陶鼓

　　鼓，这一史前人们精神生活不可或缺的打击乐器，在考古发现中有一个被逐渐认识的过程。最先为考古人辨识的是集中出土的红山文化的陶鼓和零散出土的马家窑文化的陶鼓。

　　红山文化集中出土陶鼓的地点主要有两处，一处是辽宁阜新胡头沟遗址，一处是辽宁凌源、建平两县交界处的牛河梁遗址。1973 年，辽宁阜新胡头沟发现一座石棺葬[1]，墓上揭露出一个大石圈和排列有序的彩陶筒形器 11 件。它们都叠压在石圆圈东外侧下面，立置，成一排，筒口皆残，残口上都覆盖一至三层薄石板，有的器内放河卵石一二块。1985 年发现的牛河梁一号积石冢[2]，内外墙之间，有大量红陶筒形器碎片；东西向的石墙内侧，有一排红陶筒形器，已掘得 24 件。另外，三号积石冢内石圈和中石圈里散布着大量的红陶筒形器碎片。从出土的情境和器物的特征分析，可以推测红山文化的"红陶筒形器"不是日常生活用器，因为如果是配套使用的器座，没有发现与其套在一起使用的上部陶器，既没有发现其出在房址内，也还没有见到其在墓葬内的死者身旁下葬；如果是盛器或储藏器，筒形器没有器底，不可以连同内部的承载物一起移动。既然它成排插立于祭祀遗址或墓葬上方的石圈旁边，就说明其跟祭神或者祭祀死者有密切的关系，属于宗教用品的一种（图一、图二）。

　　马家窑文化的陶鼓以前多是散见于该文化分布的甘青地区。1986 年，兰州市

1　方殿春、刘葆华：《辽宁阜新县胡头沟红山文化玉器墓的发现》，《文物》1984 年第 6 期。
2　辽宁省文物考古研究所：《牛河梁——红山文化遗址发掘报告（1983 ~ 2003 年度）》，文物出版社，2012 年。

博物馆在遭受破坏的永登县乐山坪墓地征集 800 余件马家窑文化半山类型的陶器，其中有 7 件"喇叭形器"[1]。这几件喇叭形器，一头大一头小，大头呈喇叭口形，小头近似碗形，中间连接部分呈圆柱状，上下两端不封口，中通。上下两端同一侧各有一环状小耳，小端口沿外翻，大端近口处有 6 个鸟喙状凸钮。器物的表面以红黑两色彩绘出图案，图案是由网格纹、锯齿纹、旋涡纹、垂幛纹等构成（图三）。整体造型与今天兰州太平鼓（图四）极为相似，小端的折沿和大端的凸钮可以蒙皮为鼓面。上下两端的小耳可以用来系

图一　牛河梁祭坛遗址旁排列的陶鼓

图二　红山文化彩陶鼓

图三　马家窑文化彩陶鼓

绳，用时挂在颈肩处，悬于腰间，所以其应为细腰鼓。1997 ～ 1998 年，甘肃省博物馆又在甘肃和青海各地征集 10 余件陶鼓。

　　有学者根据已识别出的陶鼓形态，并结合文献记载提出陶鼓认定的标准：鼓匡圆形中空；上部有可以蒙革的部位，还有为了更好地蒙上皮革而制作的凸棱、凸钮等附件；上下贯通；器壁上有镂孔；有便于提携或可以悬挂的把、耳等附件；有镂孔或彩绘等精美的装饰。其中尤以鼓匡和蒙革最为重要。根据这样的

1　马德璞等：《永登乐山坪出土一批新石器时代的陶器》，《史前研究》（辑刊）1988 年特刊。

判别标准，考古人从以往发掘品中的陶漏器、漏缸、筒形器、器座、喇叭形器、异形器、尖底缸、陶釜、陶罐中，识别出一批数量颇多的陶鼓。这些陶鼓涉及的考古学文化有半坡文化、庙底沟文化、后冈一期文化、红山文化、北辛文化、

图四　兰州太平鼓

大汶口文化、秦王寨文化、马家窑文化、屈家岭文化、庙底沟二期文化和客省庄文化等；地域上分布在辽河流域、黄河流域、淮河流域和长江流域；年代上在距今约 6000 ～ 4000 之间。

　　史前时期的陶鼓，由于蒙在上部或上下两端的皮革鼓面为易于腐烂的材质，多已无存，仅存鼓匡。先秦文献《诗·大雅·灵台》云："鼍鼓逢逢"，孔颖达《毛诗正义》："鼍，鱼属……形似蜥蜴，四足，长丈余，甲如铠，皮坚厚，宜冒鼓。"可知，鼍即鳄鱼。山西襄汾陶寺遗址曾出土鼍鼓，鼓腔是个圆木筒，口部冒鳄鱼皮，原来鼓腔（木筒外壁）涂有红彩（参见本书《陶寺鼍鼓》一文）。根据古代文献可知，用以冒革的材质还有麋鹿皮革、牛皮革、马皮革和夔皮革等。

　　陶鼓，在古代文献中称作"土鼓"。《周礼·春官·籥章》称"籥章，掌土鼓、豳籥"，郑注引杜子春云："土鼓，以瓦为匡，以革为两面，可击也。"关于鼓的发明者，一般认为是伊耆氏。《礼记·明堂位》载："土鼓、蒉桴、苇籥，伊耆氏之乐。"《礼记·郊特牲》孔颖达《毛诗正义》认为，伊耆氏即古帝唐尧。

　　作为史前时期最主要的打击乐器，举凡祭祀祖先、送葬死者、驱邪除虫、征讨会盟、祈祷丰年、耕作狩猎、宴飨宾客、娶妻迎亲的场合，都可以听到陶鼓发出的节奏鲜明、苍劲深沉、粗犷豪迈的声响，都可以看到先民们在鼓乐的伴奏下，载歌载舞的身姿。

上孙家寨舞蹈纹盆

　　在考古学上，陶埙、陶鼓、骨笛、石磬等史前乐器遗物的发现，为研究远古时代的音乐提供了实物资料；陶器上的舞蹈图案及岩画的发现，则为研究远古时代的舞蹈提供了实物资料。

　　1973 年，青海省文物管理处考古队发掘上孙家寨墓地时，清理了一座被严重破坏的马家窑文化墓葬。这一发现具有两个重要意义，一是证明此前认为的马家窑类型是马家窑文化的居址，半山类型是马家窑文化的墓地的认识是错误的；二是出土的一件器形虽不完整但图案却基本完整的彩陶盆，是研究史前时期舞蹈的唯一资料。该墓共出土彩陶盆四件，著名的"舞蹈纹盆"是其一[1]。该器器形较大，口径 29 厘米，底径 10 厘米，高 14 厘米。敛口，唇向外卷，上腹部微鼓，下腹部内收呈小平底，整体接近年代更早的庙底沟文化中常见的曲腹盆。唇面饰有三组图案，由勾叶、圆点及弧边三角组成，各组之间填以斜平行线纹。上腹外壁饰有三线扭结纹。上腹内壁饰有三组以五人为一组的舞蹈纹，各组图案两侧为多道竖线纹，组间以斜线相连（图一）。图案中凸显的五人一行手拉手的画面，学界对于将其解释为表现舞蹈场景已达成共识。但是，对于舞蹈的性质、功能和目的的认识，却是众说纷纭，或娱乐舞蹈，或巫术舞蹈，或祈愿舞蹈，不一而足。其实，没有必要一定要把舞蹈盆上的舞蹈限定于某一种仪式上的舞蹈。在史前时期，舞蹈本来就是在祭祀、祈祷、欢庆等各种场合舞之、蹈之的。

　　一个最简单的问题，即舞人是男是女的性别问题，就令考古学家们伤透了脑筋。画面中除了两端舞人的外侧手臂有分叉外，五个人的形象是相同的：椭圆形

1　青海省文物管理处考古队：《青海大通县上孙家寨出土的舞蹈纹彩陶盆》，《文物》1978 年第 3 期。

头部，右侧下垂一发辫状物，枣核形身躯，双手
伸向两侧，分别与相邻的人牵连，双腿微微分开，
下体左侧斜出一尾状物。认为舞人为男性的学者，
是将尾状物解读为男性生殖器，舞人裸身；认为
舞人为女性的学者，则将尾状物与女性腹前的佩
巾联系起来。另外，还有观点认为头部的发辫状
物与下体的尾状物，是服饰中的某些部分，人们
着盛装而起舞，不能作为性别判定的依据。

图一 上孙家寨舞蹈纹盆

　　无独有偶，20 世纪 90 年代以后，甘青地区
又出土了带有"舞蹈纹"的彩陶盆。一件出土于
青海同德宗日遗址墓葬[1]（图二），一件采集自甘肃
武威磨咀子遗址[2]（图三）。两件舞蹈纹盆上的舞人
形象接近，区别在于，磨咀子出土者，人像双腿
间另有一道竖线，而宗日 M157 出土者，身躯略粗，
双腿合拢。与上孙家寨舞蹈盆相比，这两件盆上
排成一行的人数更多，有圆形的头部和明显圆鼓
的腹部，四肢和躯干退化为线条，而不见那种斜
出的"发辫状物"或"尾状物"。李水城在《人物
舞蹈纹盆·锅庄舞及其他》[3]一文中，还引用了一件
流失日本的彩陶盆（图四），腹壁内部的舞蹈人物
也是五人一组，但形象不及上孙家寨的规整，椭
圆形头部或左或右倾斜，身体略呈倒三角形，下
体向左或向右斜出尾状物。

图二 宗日舞蹈纹盆

图三 磨咀子舞蹈纹盆

图四 流失日本的舞蹈纹盆

1　宗日遗址发掘队：《青海宗日遗址有重要发现》，《中国文物报》1995 年 9 月 24 日第 1 版。
2　孙寿岭：《舞蹈纹彩陶盆》，《中国文物报》1993 年 5 月 30 日第 3 版。
3　水城：《人物舞蹈纹盆·锅庄舞及其他》，《文物天地》1998 年第 1 期。

图五   现代锅庄舞

　　结合这四件"舞蹈纹"盆，可以看到，舞蹈纹中的人物形象其实可分两种。按照李水城的解读：图一与图四的尾状物可以视为男性生殖器，则其所绘应为男性舞者；图二与图三的圆鼓腹部可以视作女性特征，则其所绘应为女性舞者。由于仰韶时代的彩陶，以人像为元素的图案极少。除了鱼、蛙、鸟、鹿等少量种类的动物纹样外，彩陶图案多为几何元素的组合。因此，有的学者将岩画中的人物形象来类比"舞蹈纹"中的人物，寻求类似的表现手法，试图相互引证，以期阐释"舞蹈纹"的具体意义。然而，岩画的断代本身就存在难度，找出精确到与马家窑文化同期的岩画标本很难实现。况且，岩画的艺术表现较为粗犷，一定程度上带有语境，叙事性更强。而彩陶上图案的表现受载体的限制，是被拘束着的、被程式化的"套路"。因此，马家窑文化的"舞蹈纹"，很可能已是经过提炼后的一种概念，并不一定具有指代某种特殊舞蹈的意义。舞蹈纹盆的创作和使用，可能也没有特殊的功能或目的。

　　上述四件彩陶盆内外壁的几何图案，在马家窑文化早期极常见，明显带有脱胎于庙底沟文化的风格。而同样继承庙底沟文化彩陶传统的其他考古学文化中，尚未见拟象图案出现。舞蹈纹盆上的舞蹈，在西北地区以及西南地区有着很好的传承，很多学者都认为今天流行于藏族中间的锅庄舞，就是史前时期马家窑文化先民创造的（图五）。

荆村陶埙

　　大学毕业到甘肃省博物馆工作时，火烧沟墓地的发掘者周广济用出土的陶埙，为我吹奏了一曲《我爱北京天安门》，令我惊诧不已。

　　陶埙最早发现于山西万荣县荆村瓦渣斜遗址，该遗址是 1931 年由山西公立图书馆、山西师范大学和美国弗利尔艺术陈列馆合作发掘的，共出土三件陶埙（图一），但在唯一的一篇与发掘相关的报道中[1]，却没有提及。这三件陶埙收藏于山西省博物馆（现山西博物院），后来中国音乐研究所李纯一的研究文章中做了介绍[2]。一个几乎作管状，仅顶端有一个吹孔。一个略呈椭圆形，除顶端有一个吹孔外，埙体上还有一个音孔。另一个呈球状，顶端有一个吹孔，埙体上有两个并列的音孔。

　　埙，是中国最古老的乐器之一。东晋王嘉《拾遗记》载："庖牺灼土为埙。"唐代马总《通历》载："帝喾造埙。"在这些后世文献中都把埙的出现年代上溯到传说时代。在考古发现中，最早的一件陶埙出在余姚河姆渡遗址的第一期遗存中[3]，距今约 7000 年，蛋形，中空，一端之侧有一吹孔，无音孔，长 9 厘米，腹径 5.5 厘米（图二）。年代再晚一些的是出土于西安半坡遗址的陶埙[4]，距今约 6500 年，发现两件，形态大小相同。用细泥陶捏制而成，表面光滑，灰黑色。形如橄榄，两端尖，中间粗，顶端有吹孔，一件为无音孔，一件为一音孔，其中无音孔者长 5.8 厘米，宽 2.8 厘米，孔径 0.5 厘米（图三）。同属于半坡文化的还

1　董光忠：《山西万泉石器时代遗址发掘之经过》，《师大月刊》1933 年第 3 期。
2　李纯一：《原始时代和商代的陶埙》，《考古学报》1964 年第 1 期。
3　浙江省文物考古研究所：《河姆渡——新石器时代遗址考古发掘报告》，文物出版社，2003 年。
4　中国科学院考古研究所：《西安半坡——原始氏族公社聚落遗址》，文物出版社，1963 年。

无音孔陶埙　　　　一音孔陶埙　　　　二音孔陶埙

图一　荆村陶埙　　　　　　　　　　　　　　　　图二　河姆渡陶埙

有临潼姜寨遗址出土的三件陶埙[1]，其中两件无音孔，另一件有两个音孔，该件为泥质红陶，略呈蒜头形，上端尖，下端平，尖端有一吹孔，中腹有高低不一的两个音孔。高5厘米，腹径4.5厘米，底径2.5厘米（图四）。荆村陶埙的具体年代不明，该遗址主要包括两个时代的遗存，一个是以花卉纹彩陶盆为代表的庙底沟文化，距今约5500年；一个是以釜形斝为代表的庙底沟二期文化，距今约4500年。从音孔的数量上看，荆村陶埙的年代不会超过姜寨陶埙的年代。龙山时代早期的陶埙有山西垣曲丰村遗址出土的无音孔陶埙[2]，河南郑州

图三　半坡陶埙

大河村遗址出土的二音孔陶埙[3]；龙山时代晚期的陶埙有山东潍坊姚官庄遗址出土的一音孔陶埙[4]。火烧沟墓地是出土陶埙数量最多的地点[5]，年代相当于中原地区的夏末商初，计有20多件，都是扁平的圆鱼形状，圆形小嘴作为吹孔，两肩各有

1　半坡博物馆等：《姜寨——新石器时代遗址发掘报告》，文物出版社，1988年。

2　中国历史博物馆考古部等：《1982～1984年山西垣曲古城东关遗址发掘简报》，《文物》1986年第6期。

3　郑州市博物馆：《郑州大河村遗址发掘报告》，《考古学报》1979年第3期。

4　山东省文物考古研究所等：《山东姚官庄遗址发掘报告》，《文物资料丛刊（5）》，文物出版社，1981年。

5　火烧沟墓地考古发掘报告至今尚未出版，本文陶埙的描述转引自吕骥：《从原始氏族社会到殷代的几种陶埙探索我国五声音阶的形成年代》，《文物》1978年第10期。

图四　姜寨陶埙

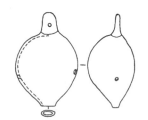
图五　火烧沟陶埙

图六　妇好墓陶埙

一音孔，另一音孔在靠近尾部的腹部的左侧（图五）。早商时期的郑州二里冈遗址[1]，出土一件残损陶埙，二音孔。商代晚期的殷墟妇好墓出土三件陶埙[2]，两件较大，一件较小，其中一件尖顶，腰鼓形体，小平底，腹中空，顶端正中有一个吹孔，近底处一面有三个音孔，另一面有两个音孔（图六）。

从上面的举例可以看出，陶埙的音孔有着一个从无到有，从少到多的发展过程。在前仰韶时代是无音孔陶埙，仰韶时代开始出现一音孔和二音孔，龙山时代仍然沿用一音孔和二音孔陶埙，夏代晚期西北地区开始出现三音孔陶埙，商代晚期出现五音孔陶埙。音乐家吕骥通过对陶埙的测音得出的认识是：荆村一音孔陶埙的音程都是小三度，与半坡陶埙差不多，这时的陶埙也许是狩猎工具，也有可能是儿童玩具，因此《西安半坡》报告将其称为"陶哨"是有道理的。另外，辽宁东沟后洼遗址出土的一音孔陶埙[3]，吹出的音响很像当地一种吉祥鸟——哈里牟的叫声。荆村二音孔陶埙是在一音孔的小三度音程外，增加一个新的音程，把这一陶埙和太原义井遗址出土的另一件二音孔陶埙所发的音合并在一起，正好构成了五声音阶，和今天的五声音阶完全相同。火烧沟九个三音孔陶埙的测音综合认识是，火烧沟的人们还只认识五声音阶，七声音阶还没有形成。殷墟五音孔陶埙能吹出整个七声音阶，而且还可吹出其中一部分半音。

1　安志敏：《一九五二年秋季郑州二里冈发掘记》，《考古学报》总第 8 册，1954 年。

2　中国社会科学院考古研究所：《殷墟妇好墓》，文物出版社，1980 年。

3　许玉莲：《后洼遗址发现东北地区最原始吹乐器——陶埙》，《北方文物》1994 年第 4 期。

埙是依靠腔体内气团的容积发声，吹孔的大小来改变音高的。埙的音色幽怨凄婉、深沉延绵，具有一种独特的音乐品质，是其他乐器所不能取代的。商代晚期成套的青铜乐器已经相当成熟，但是在帝后妇好的墓葬中还以三件陶埙随葬，足以说明陶埙演奏的音乐是何等美好，何等重要！ 1984 年，中国音乐人在洛杉矶奥运会的开幕式上演奏埙曲《楚歌》，动人的旋律在广场上空回荡，那一刻中国古老的乐器——陶埙的美妙音色震撼了全世界。

陶寺鼍鼓

晋南地区的民间鼓乐，有着多样的演绎方式和广泛的受众群体，是极具特色的地方性传统民俗文化。2006 年，入选第一批国家级非物质文化遗产名录的项目中，就有锣鼓杂戏、翼城花鼓、威风锣鼓、绛州鼓乐等多项与鼓有关的民间艺术形式。20 世纪 70 年代末，山西襄汾陶寺遗址中出土了大约 4500 年前的鼍鼓，更是将这一民俗的文化根源上溯至遥远的新石器时代。

陶寺遗址[1] 中，共出土鼍鼓 8 件。其中 3015 号墓葬出土的一件（图一），鼓身呈竖立的圆桶形，为整段原木挖制而成，通高约 101 厘米，上端直径约 46 厘米，下端直径约 58 厘米。外壁有

图一 陶寺鼍鼓及下部图案

彩绘，可辨粉红或赭红的底色，并以白、黄、黑、蓝等色彩描绘图案，依稀可见回纹、云纹等颇具青铜器纹样风格的几何形图案。这批鼍鼓的鼓皮大多腐朽，鼓腔内散落着数枚至数十枚不等的鳄鱼骨板，因此，蒙鼓的皮应该就是鳄鱼皮。鼓腔内还常常能见到一些黑褐色的低温烧制的陶质小圆锥体，据推测，可能是贴附在鼓皮上做调音用的。这 8 件鼍鼓分别属于陶寺遗址早期的 5 座大型墓，大墓的墓圹长 3 米左右，宽 2~3 米，从墓底残存板灰和朱砂的痕迹看，原有朱绘的木质

1　中国社会科学院考古研究所、山西省临汾市文物局：《襄汾陶寺——1978~1985 年考古发掘报告》，文物出版社，2015 年。

葬具；随葬品丰富，包含陶、石、玉、木、骨等各类质地，炊具、饮食器、工具、武器、礼器、乐器、饰品等各类功能。对比同时期的中小型墓，这显然不是一般人所能享有的待遇。由于墓葬曾经过不同程度的破坏，墓中随葬器物并不完全。由 M3016 等 3 座墓中鼍鼓成对立于墓底[1]的情况可知，大墓中随葬一对鼍鼓应为定制，且有固定的摆放位置。

随葬鼍鼓的墓内，还常见有一件石磬和一件陶鼓与之组合，三者集中出土似为一种定制。陶鼓在发掘报告中被称为"异形陶器"，体形大小不一，通高 45~142 厘米不等。其整体形似一个长颈葫芦，有一卵圆形的腹部，上接一筒形颈，颈口有一至二周凸钮，颈腹交界处设竖耳一对，腹底中央向下突出一个筒形孔，周围环列三个筒形小孔，腹饰绳纹并贴附捆绑式的附加泥条（图二）。陶鼓目前还没有发现两端所蒙的兽皮，当不排除鳄鱼皮的可能，若如此，陶鼓似乎也可称作"鼍鼓"了。

木质鼓桶的鼍鼓，由于木质不易保存，考古很少发现。山东泗水尹家城一座龙山时代的墓葬中[2]，发现 130 余片背甲分离的鳄鱼骨片，还发现有 50 余个小圆锥体，手工捏制，泥质灰褐陶，烧制火候较低。这一发现除不见木质的鼓桶外，鳄鱼骨片和小陶制圆锥体均与陶寺鼍鼓相同，应为木质鼍鼓的遗留。另外，1934 年春发掘的安阳侯家庄王陵区的商代晚期 1217 号大墓的西墓道[3]，发现一面鼍鼓和鼓架。鼓桶木质，鼓腹，双面蒙鳄鱼皮。鳄鱼皮面上画有朱红色的宽螺旋纹，鼓桶表面涂棕红色，两端各饰带纹五条，鼓身绘有饕餮纹，嵌以三排或四排一组的蚌饰。此墓中也出有石磬（图三）。有学者认为[4]，山东滕州前掌大商周墓地出土的压在石磬之上的"嵌蚌漆牌饰"，也是与木质鼍鼓相关的遗物。

《说文》解释"鼍"为"水虫。似蜥易，长大"。《山海经·第五卷·中山经·中

1　《中国音乐文物大系》总编辑部：《中国音乐文物大系·山西卷》第三章第一节《陶寺遗址的乐器标本》，大象出版社，2000 年。
2　山东大学历史系考古专业教研室：《泗水尹家城》，文物出版社，1990 年。
3　"中央研究院"历史语言研究所：《中国考古报告集之三·侯家庄·第六本·1217 号大墓》，1967 年。
4　洪石：《鼍鼓逢逢：滕州前掌大墓地出土"嵌蚌漆牌饰"辨析》，《考古》2014 年第 10 期。

图二　陶寺遗址出土陶鼓

图三　侯家庄 M1217 出土鼍鼓与石磬

次九经》也有相关记载："又东北三百里，曰岷山。江水出焉，东北流注于海，其中多良龟，多鼍。"郭璞注云："似蜥易，大者长二丈，有鳞彩，皮可以冒鼓。"按照今天的生物学分类，鼍属于鳄形目鳄科鼍亚科鼍属，又名中华鳄、扬子鳄、俗名土龙、猪婆龙。因此，鼍鼓，即为用鳄鱼皮蒙的鼓。

鼍鼓于史前时期的陶寺遗址，出在身份高于一般社会成员之上的大墓之中，进入历史时期更为权贵阶层所享用，如殷墟王陵 1217 号大墓。《诗经·大雅·灵台》有："于论鼓钟，于乐辟雍。鼍鼓逢逢，蒙瞍奏公。"讲的是周文王建成灵台后，游赏奏乐的情景。

陶寺特磬

　　磬，在中国史前考古学中有较多的发现，其中最著名的当属山西襄汾陶寺遗址出土者。

　　在陶寺遗址早期大墓中，有四座墓各出土石磬一件[1]，均被置于墓主足端。其中三件出在成组的鼍鼓旁，一件出在陶鼓旁。大墓中随葬乐器的标准组合为二鼍鼓一陶鼓一石磬。四件石磬中，三件完整，一件残缺。四件石磬使用的石料、制作工艺和形制各异。3002号大墓出土石磬，用青灰色角岩打制而成，局部经过琢修。整体呈不规则多边形，鼓部狭长，股部短阔，折顶，鼓上边略凹，底边平直，悬孔靠近顶部尖折处，近顶处有一对钻的圆孔。长95厘米，高32厘米，厚薄不均，约2～6.2厘米。与一鼍鼓共出（图一）。3015号大墓出土石磬，用灰色角岩打制后经过磨修，整体近椭圆形，偏鼓部一端磬底向上缓收，鼓与股部宽窄相近，偏股部顶端有一椭圆形对钻孔。长79厘米，高32厘米，厚2～6.5厘米。也与一鼍鼓共出（图二）。由此观之，在距今大约4200年的陶寺早期，石磬的制作还没有统一的标准，随意性很大。磬的各部位名称参见图三。史前时期这种单独使用的石磬，与后世周汉时期多件使用的"列磬"（图四）不同，被称作"特磬"。

　　相传磬为尧臣无句所作，《礼记·明堂位》注引《世本·作篇》有"无句作磬"的记载。《尚书·尧典》记载："二十有八载，帝乃殂落，百姓如丧考妣。"《尚书·舜典》："三载四海，遏密八音。"讲的是舜摄帝位28年后，帝尧逝世。百姓如同死

1　中国社会科学院考古研究所、山西省临汾市文物局：《襄汾陶寺——1978～1985年考古发掘报告》，文物出版社，2015年。

图一　陶寺 3002 号大墓出土石磬

图二　陶寺 3015 号大墓出土石磬

了父母一样悲痛。三年之内，四海之民都停止了音乐娱乐活动。这一文献记载的无可稽考传说时代的事件，竟与考古发现有了巧合。第一，陶寺早期大墓发现的石磬，是目前年代最早的磬，大约相当于龙山时代的早期，按着尧舜禹禅让的次序，帝尧的生活时代大约也是这一时期。第二，学界有相当一些人把陶寺遗址认定为"尧都平阳"。第三，从目前的考古发现看，史前时期的磬多发现于今山西境内，除陶寺遗址外，还可举襄汾张槐遗址[1]、大崮堆山遗址[2]、五台阳白遗址[3]，以及闻喜的采集

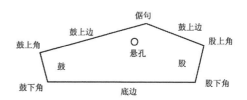

图三　磬各部位名称

图四　曾侯乙墓出土的周代"列磬"

1　夏宏茹、梁泽峰 :《山西襄汾县张槐遗址出土大型石磬》,《考古》2007 年第 12 期。

2　陶富海 :《山西襄汾大崮堆山发现新石器时代石磬坯》,《考古》1988 年第 12 期。

3　山西大学历史系考古专业等 :《山西五台县阳白遗址发掘简报》,《考古》1997 年第 4 期。

品[1]和襄汾采集藏于大同博物馆[2]的多件石磬。

《尚书·舜典》记载典乐夔向舜承诺："击石拊石，百兽率舞。"唐孔颖达作疏认为："磬必击以鸣之，故云拊，亦击之。""击有大小，'击'是大击，'拊'是小击。"如此，击拊石磬则有敲击力度的不同，以此来影响磬音的响度。研究者在对陶寺出土石磬的测音实验中[3]，则是通过不同击点的选择，记录石磬的板振动频率高低，获得的是音高的差别。不同个体形状、大小、厚薄的不同，均对音高造成很大影响。有的石磬在不同的击点敲击，发同一音，有的则在不同部位敲击可以发出两个不同频率的基音。根据陶寺对 M3016：39 鼓上下角和股下角保留的击痕测验，推知当时敲击石磬主要是使用双音。至于音质，在测音实验看来，各磬优劣差异很大。测验使用的是木槌进行敲击，倘若换成其他质地的磬槌，那效果一定会有所不同。遗憾的是，目前关于这些史前石磬是用何物进行敲击的问题，在相关的研究中还未见讨论。在史前时期磬槌采用木、骨、角、牙、石，陶，都是有可能的。

1985 年 11 月，在山西侯马召开的"晋文化研究会"上，苏秉琦赋诗《晋文化颂》，其"汾河湾旁磬和鼓"，讲的就是陶寺石磬与鼍鼓的发现。他在会上发言指出："'磬和鼓'的组合不是一般民乐器类，它们是摆在厅堂或更隆重场所、作为礼仪性质的设施……是社会发展到较高阶段，文化发展到较高水平的产物。"[4]

1　李裕群、韩梦如：《山西闻喜发现龙山时期大石磬》，《考古与文物》1986 年第 2 期。
2　张丽：《山西大同市博物馆收藏的一件特大石磬》，《考古》1999 年第 2 期。
3　《中国音乐文物大学》总编辑部等：《中国音乐文物大系·山西卷》第三章第二节《陶寺乐器的测音》，大象出版社，2000 年。
4　苏秉琦：《晋文化问题——在晋文化研究会上的发言（要点）》，《华人·龙的传人·中国人——考古寻根记》，辽宁大学出版社，1994 年。

陵阳河陶符

中国史前考古遗存中，对于一件器物、一种图案、一个符号释说纷纭者，山东莒县陵阳河陶尊上的刻符是其一。在山东泰安大汶口遗址发掘的考古专题报告中[1]，报道了同属于大汶口文化的莒县陵阳河遗址四件陶尊（图一）上的陶符。这一报道引起了考古学界、古文字学界和历史学界的高度重视。

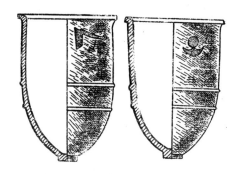

图一　陵阳河大口陶尊

四件陶尊均在上腹部刻一个符号，第一个由三个图形纵向组成，上面是太阳形的〇，中间是云气形的，下面是五峰山形的。第二个是由两个图形纵向组成，上面是太阳形的〇，下面是云气形的。第三个是长柄石斧（钺）。第四个是长柄石锛（图二）。《大汶口》报告认为，原始时代日出而作，日入而息，太阳的升起给人们以光明、温暖和时间。每天日出之后，人们便拿起石器进行生产劳动。这些象形文字，是原始时代人们辛勤劳动生活的反映。

著名古文字学家于省吾和唐兰都认为这些陶符是文字，并做了释读。于老认为[2]，第一个符号，上部的〇象日形，中间的象云气形，下部的象山有五峰形。山上的云气承托着初出山的太阳，其为早晨旦明的景象，宛然如绘。因此这是原

1　山东省文物管理处、济南市博物馆：《大汶口——新石器时代墓葬发掘报告》，文物出版社，1974 年。
2　于省吾：《关于古文字研究的若干问题》，《文物》1973 年第 2 期。

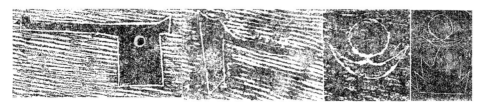

图二　陵阳河陶符

始的"且"字，是一个会意字。唐老认为 [1]，第一个字上面刻画着太阳，太阳下面画出了火，下面是山；第二个字只在日下画出火形，把山形省略，跟后来的"炅"字完全一样；第三个字是钺的象形，是"戊"字；第四个字是锛的象形，是斧斤的"斤"字。

学术界关于陵阳河陶符的讨论，主要集中在第一个和第二个上，学者们大多同意唐兰关于第二个陶符是第一个陶符的省形，两者是同一字的繁简字的关系的看法。也都同意于省吾关于上部的〇象日形，下部的　象山形的看法，不同的认识集中在对中间的　象征意义上。

山东学者把　理解为火焰升腾，将此符释为"炟"字 [2]。并通过实地观察认为，陵阳河遗址东面，为一丘陵起伏的山区，正东 2500 米，有山五峰并联，中间一峰突起，名曰"寺崮山"。春秋两季，早晨八九点钟，太阳从正东升起，高悬于主峰之上。由"日""火"和五个山峰组成的陶尊文字，应是人们对这一景象长期观察的摹画。

从事古史传说时代考古学研究的学者 [3]，将中间的　也理解为火焰。认为"日"是作为天象或天的象征，"火"代表与天象有关的大火星，整个图形表达了主管大火星祭祀及观象授时的职官——"火正"，对于大火星的观察、祭祀和观象授时。黄昏时大火星初出东方，为夏历三月；黄昏时大火星位于南天正中，为夏历五月；

1　唐兰：《从大汶口文化的陶器文字看我国最早文化的年代》，《大汶口文化讨论文集》，齐鲁书社，1979 年。
2　王树明：《谈陵阳河与大朱村出土的陶尊"文字"》，《山东史前文化论文集》，齐鲁书社，1986 年。
3　王震中：《试论陶文与"　""　""大火"星及火正》，《考古与文物》1997 年第 6 期。

黄昏时大火星偏西而下，为夏历七月。《左传·襄公九年》记载的"陶唐氏之火正阏伯居商丘，祀大火，而火纪时焉"就是具体的火正活动。《诗经·豳风·七月》中的"七月流火，九月授衣"就是观测大火星的经验总结。

从事史前艺术研究的学者，将〰理解为飞鸟[1]。举例庙底沟文化的彩陶图案，山西芮城大禹渡村彩陶罐上的正视鸟图案🐦，陕西华阴西关堡彩陶罐上有🐦，它们与陵阳河的两个陶符相同。史前的人们以鸟为图腾，通过神鸟遨游于天上人间，沟通神灵。

从事史学研究的学者[2]，也有将〰理解为飞鸟的。认为大汶口文化的族徽🐦就是"飞鸟负日"的复合图腾。《山海经·大荒东经》中有这样一则神话："汤谷上有扶木，一日方至，一日方出，皆载于乌。"意思是说，汤谷是太阳升起的地方，这里有扶桑树，栖息在树上的十个太阳轮流出巡，一个刚到，另一个立刻出行，全是由金乌负载的。金乌负日的神话在汉代画像石中是一种常见的题材。陵阳河大汶口文化陶符🐦、🐦，就是这一神话传说的最早版本。🐦下部的五座山峰，是表示升天的天梯，金乌负日通过天梯之山升天，运行于周天。《帝王世纪》记载："少昊帝，名挚，字青阳，姬姓也。"古挚与鸷音通，因此古东夷族的帝王少昊就是强悍的鸷鸟。

陵阳河陶符是否为文字，并未形成定论。一些古文字学家就抱有比较谨慎的态度认为，其类似铜彝铭中的族徽，尚未形成代表语言的书面形态。

也有人认为这不是文字[3]。民族考古学家从图画记事的角度认为，尽管日下有火，火下有山形，说明当时人们已能以图画方式表达一些抽象的概念；而且这一图形在多个遗址中重复出现，说明当时有些图形已趋于固定化，但所有这些不能证明当时已有文字，因为真正的文字要从表音开始，是能够记录语言的符号。陶器上这几个孤立的图形，还不能证明这一点。

1　张朋川：《中国古文字起源探析》，《艺术百家》2008年第5期。

2　刘德增：《鸟图腾、刻画符号与中国文字起源》，《齐鲁师范学院学报》2011年第2期。

3　汪宁生：《从原始记事到文字发明》，《考古学报》1981年第1期。

　　一些考古学者则把研究的关注点聚焦在陶符的载体——陶尊上。首先是从事山东地区考古的学者发现，第一个和第二个陶符总是出现在同一种器物的同一个部位上，载有这一陶符的陶尊，体态硕大凝重，而且是富人或权贵的大中型墓葬的随葬品，表明其不是日常生活用具，可能是与祭祀有关的一种礼器 [1]。这一礼器上有与农事、天象有关的刻文，进而表明是与祭日出、求丰收相关的礼器。陶文的出现，说明社会上已产生了既能祭天、观象又能刻文画字的"知识阶层"。有日本学者认为，甲骨文仿大口尊的文字是"酉"字，酉字读为酒字的用法，是因为大口尊是装酒的容器 [2]。大口尊是有权势者的随葬品，在死者生前的社会中，器表的符号是氏族神灵的象征，神灵具有的多种神力会浸透到大口尊的酒里，祭祀盛宴的参加者都可以分享到神力。

　　随着刻有 、 一类陶符的大口尊在大汶口文化的诸城前寨、安徽蒙城尉迟寺等遗址，以及良渚文化甚至石家河文化中的不断发现，相关的研究文章和新的观点也源源不断地涌现。除上文所举外，还有人把第一个符号释作"熄"，释作"日月山"，释作"昦"字与火的结合；还有将其视作个人或氏族的形象化的图形标记——东夷族太昊氏和少昊氏族徽；还有些人将其与祭祀相联系，认为是在坛上祭祀日月，在大山顶上放火燎祭于日，与后世的祭祀泰山有关；还有些人将其视作与生殖崇拜相关，是日、月在山中交媾，象征男女野合于山林，等等，不一而足。

　　由于史前时期尚无可以记事的成熟文字，对于这一时期考古材料的诠释，只能依靠后世的相关文献记载，以及民族学的知识和民族志来推测，甚至依靠今天人们的生活常识来猜想，以至于出现像陵阳河陶符的解释这样，学者们见仁见智，观点层出不穷的现象，这也正是史前考古的魅力所在。

1　邵望平：《远古文明的火花——陶尊上的文字》，《文物》1978 年第 9 期。

2　［日］林巳奈夫：《良渚文化和大汶口文化中的图像记号》，《东南文化》1991 年第 3、4 期。

陶寺朱书"文字"

在陶寺遗址诸多重大考古发现中，朱书"文字"占有一席。据《襄汾陶寺》考古发掘报告[1]，朱书"文字"书写在一残破的陶壶两面，书写工具是毛笔，书写的颜料是朱砂。作为朱书文字载体的陶壶，为泥质灰陶，器表装饰细密篮纹，器腹一面凸鼓，一面扁平，颈、腹及底丢失大半。器腹凸鼓的一面有一个朱书符号，识者多认为是"文"字。器腹扁平的一面有两个朱书符号，上下排列，中间有一段空白，识者意见不一（图一）。

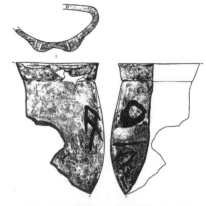

图一　陶寺朱书"文字"

因为朱书文字的释读涉及将陶寺遗址认定为传说时代的古帝王唐尧的都城，所以陶寺遗址的朱书"文字"一经公布，便引起学界的高度重视，相关的解释蜂拥而出。对于陶壶凸面朱书符号，大家都认为是"文"字，没有歧义，据讲已逝古文字大家张政烺也是这样看的。关于陶壶平面朱书符号，虽然大家的意见不一致，

1　中国社会科学院考古研究所、山西省临汾市文物局：《襄汾陶寺——1978~1985 年考古发掘报告》，文物出版社，2015 年。

但多当作一个字来释读。有人说为"易"字,易即"阳",与凸面文字合读为"易文",可与文献所记"尧都平阳"相联系,由此证明陶寺遗址为唐尧都城[1]。陶寺遗址的发掘者认为,字符分上、中、下三部分,上部是有转角的"◇"即土字,中部为一横画,下部为"冂"字,合起来就是古"尧"字,即古史传说中五帝之一的帝尧名号[2]。有人在认定为"尧"的基础上进一步发挥:该字确是一个人字与土字相加的复合字,乃已知尧字最古老的一种写法,尧字的本意当如《诗·小雅·车辖》"高山仰止,景行行止"所咏,言尧是高德明行,为人仰慕的圣王。也有人认为是"邑"字,邑是指无城墙的聚落,并认为早期文献记载"文命"为禹名,夏代的都邑叫"夏邑","文邑"就是"夏邑"[3]。据说境外学者张光直还有"会不会是'祖丁'"的猜测。

陶寺的朱书文字如能像研究者所诠释的那样,确实是中国最早的文字,确实可与传说时代的古帝王以及由其所代表的古部族相联系,确实可以标志古代文明的产生的话,那确实是很了不得的事情。但是在对其隶定和阐释时还需要回答以下难以解答的问题。

第一,这个陶文是写在一个篮纹陶器——扁壶上的。扁壶在陶寺遗址是最常见的一种器物,从早期到晚期都有发现。这种器物在陶寺遗址中主要出在水井内,可知为汲水器,其束颈、侈口、口沿有錾等形态特征,都是为了便于系绳提水而形成的。如此一件普通的日常生活所用的汲水器,并不是陶寺遗址最精美的陶器(如彩绘龙纹盘),不好理解为"重器"。假如这个器物不是用于祭祀的重器,不是用于国家大典的,只是一般的生活用具,那么如此鲜见又有着重要内涵的文字——表明"文明"和"尧都"——写在一般的器物上?怎好理解?谁敢说它就是尧帝所用的水壶吗?

第二,据《襄汾陶寺》考古发掘报告称,朱书陶文扁壶出在一个灰坑中,该灰坑近似圆形筒状,坑径 2.6 米,坑深 2.8 米,坑壁不十分规整,坑底也欠平整,

---

1　罗琨:《陶寺陶文考释》,《襄汾陶寺遗址研究》,科学出版社,2007 年。

2　何驽:《陶寺遗址扁壶朱书"文字"新探》,《襄汾陶寺遗址研究》,科学出版社,2007 年。

3　冯时:《"文邑"考》,《考古学报》2008 年第 3 期。

显然挖成后未经细致加工。坑内填充松软的灰土，包含物主要是日用陶器碎片，除陶壶外，还有陶鬲、陶甗、陶豆等。唯一惹人眼球的是坑内出有2块卜骨。看来，这应该是一个倾倒垃圾的垃圾坑。

第三，据《襄汾陶寺》考古发掘报告称，朱书陶壶属于第7式，为同类器中最晚的式样，属于陶寺文化的第三期。报告公布的第三期碳十四数据有9个，落在公元前2471～1885年之间，数差过大。在发掘者的相关文章中或是认定为公元前2200～前2000年，或是认定为公元前2000～前1900年。如以夏商周断代工程公布的公元前2070年为夏代起始年代衡量，已经进入夏纪年。在古史传说中，尧禅让给舜，舜禅让给禹，夏代的第一个帝王禹（或为启）和尧之间还是有间隔时间的，那么以一件夏代早期的朱书陶壶讲传说时代的尧及其都城就有问题了。

第四，这件写有朱书"文字"的器物是篮纹扁壶，具有黄河下游大汶口文化晚期的因素。将"文""尧"或"易""邑"写在山东器物上？只能用尧的原生地在黄河下游来解释，传世文献中也确有这样的说法。

第五，陶壶平面的字如果认定为"邑"，夏代的"邑"是指无城墙的聚落。陶寺遗址后来发现了城墙，现在是"城址"了，城墙虽建于早中期，但不能说夏代城墙就不再使用了。

第六，现在我们不管把朱书符号认成什么字，认定的基础都是跟甲骨文对比，以甲骨文"隶定"的。从甲骨文到今天的汉字，肯定是一个文字系统。但是商代以前的文字和甲骨文是不是一个文字系统？说不清楚。在殷墟的商代晚期遗存中发现了大量甲骨，这些甲骨上有丰富的文字可用于记事，但商代早期的文字什么样？二里冈的商代早期遗存发现了文字，但仅数个，和殷墟时期连接还有困难，也就是说文字目前来看能不能追到商代早期还不是很肯定。夏代的文字怎么样，没有考古发现可以说明。夏族和商族不是同一部族，他们的语言相同吗？记录语言的文字相同吗？没有能够说明的证据。早于夏代的陶寺遗存假定是尧部族的遗存，尧部族和夏部族、商部族是同一部族吗？他们的语言、文字一定是一脉相承

的吗？用商部族的甲骨文去隶定"尧部族"文字可以吗？以《说文解字》隶定甲
骨文之所以成立，那是因为有秦小篆、战国文字、金文这样一些中间环节，如以
商代晚期的甲骨文去隶定龙山晚期或夏代早期的文字，同样需要有商代早期和夏
代文字的中间环节才行。

丁公陶文

1992 年 1 月 2 日上午，山东邹平丁公村村民在为考古队清洗陶片时，发现一块刻有文字的大陶片。这一发现立即引起考古队的高度重视，马上对出土该陶片的 1235 号灰坑进行认真核对，包括层位关系、出土遗物以及与相关遗迹的关系等，确认该陶片为龙山时代晚期遗物。

据报道[1]，丁公龙山文化文字，系刻在一件大平底盆底部残片的内面。陶片为泥质磨光灰陶，长 4.6 ～ 7.7 厘米，宽约 3.2 厘米，厚 0.35 厘米。

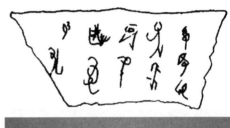

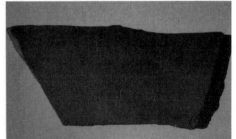

图一　丁公陶文

陶片上现存文字计 5 行 11 个字，右起第一行为 3 个字，其余 4 行每行均为 2 个字。这 11 个刻字，笔画比较流畅，个个独立成字，整体排列比较规则，刻写也有一定章法，显然已经脱离了刻划符号和文字画的阶段。全文很可能是一个短句或辞章（图一）。

丁公龙山文化陶文距今约 4200 年，比小屯商代晚期甲骨文要早 800 多年。这一发现在考古学界和古文字学界引起了极大的震动。由于刻文陶片是在整理时民工发现的，脱离了第一发现现场，所以有学者对其真实性表示怀疑。针对学术

1　山东大学历史系考古专业：《山东邹平丁公遗址第四、五次发掘简报》，《考古》1993 年第 4 期。

界的争论，考古杂志社专门组织相关的考古学家和古文字学家搞了一个笔谈。笔谈中 [1]，张忠培、严文明、邵望平等几位具有相当田野经验的考古学家，都肯定了该陶片的真实性。但是，这陶片上的刻符是不是文字？是怎样的文字？虽然专家们的意见并不一致，但大多倾向认为是文字。

田昌五认为，陶片上的字有象形字，也有会意字，由于是刻在陶器上的成组文字，建议称为"陶书"。

严文明认为，陶片上有的字是象形字，有的字像是专为语言中某些难以用形象表达的词而造的字，与纳西族的东巴文比较接近，已是一种比较成熟的早期文字。

李学勤认为，从陶文的章法布局、笔画笔顺上看，应是自右向左读；陶片上的文字有几个是象形的，如右二行第一字似有尾猿猱形；有的字像是形声字，如四行第一字右似"心"左似"刀"；后世文字有正体、俗体之别，丁公的陶片文字或者就是当时的俗体。

张忠培认为，鉴于此前在良渚文化的余杭南湖陶罐和澄湖古井鱼篓形罐上，也发现过在烧后的陶器上刻划图案或符号的先例，可以认为，历史发展到一定阶段，都在创造着文字。经过漫长而曲折的过程，商人可能吸收了不同谱系的考古学文化居民的发明，把中国文字推进到甲骨文阶段。

俞伟超认为，这是目前所知中国最早的文字。龙山文字和商代的甲骨文，即使有某些相似之处，却不见得是一脉相承的。也就是说，龙山文字和商代甲骨文，很可能是两种文字。

高明认为，它是为了表达某种意愿而刻，反映了当时人的意念和语言，是已被人们淘汰的古文字。

裘锡圭认为，这些符号显然不是图绘，也不是无目的的任意刻划的产物。它们大概也不会是跟语言毫无关系的一种表意符号，不然为什么会有 11 个符号排列有序地刻在一起呢？另一方面，从遗物的时代和符号的形式来看，它们也不可能是成熟的文字。所以它们大概是一种原始文字，并不是一种处于向成熟的文字

1　王恩田等：《专家笔谈丁公遗址出土陶文》，《考古》1993 第 4 期。

发展的正常过程中的原始文字，而是一种走入歧途的原始文字。

图二　龙虬庄陶文

有些学者还基于对商周文字的知识，尝试对陶文释读。如一行第一字，严文明疑是"鸟形"。一行第二字，李学勤释"父"。一行第三字，蔡凤书释"以"。二行第一字，王恩田释"夋"，陈公柔释"夒"。二行第二字，李学勤谓"似为有角的走兽形"。三行第一字，李学勤谓"似顾首短尾的动物"。三行第二字，陈公柔疑为"戊"。四行第一字，李学勤疑为形声字，右下似"心"，左侧似"刀"。四行第二字，严文明谓"盘身翘首的蛇形"。五行第一字，王恩田释"鱼"。五行第二字，张学海疑其为人名款识或某种标记。另外，日本学者松丸道雄把陶文的前五字释为"荷子以夒犬"。

丁公陶文的出现是有其时代背景和社会背景的。1991年秋，丁公遗址的第四次发掘中，发现一座面积超过10万平方米的龙山文化城址。邹平丁公城址与寿光边线王、临淄田旺、章丘城子崖三座城址，东西一线分布在鲁北地区，彼此相距约40～50千米，每个城址控制范围约方圆百里，与周初小国的疆域相若，应是一个方国。龙山时代晚期已经进入夏纪年，夏代是一个方国林立的时代。丁公陶文和城址的存在，表明丁公居民已进入文明时代。

继丁公陶文发现之后，1993年4～6月，江苏高邮龙虬庄遗址也发现一块陶文陶片[1]。与丁公陶文一样，龙虬庄陶文也是刻在陶盆口沿残片的内壁上，共八个文字，分左右两行，左行四个类似甲骨文，右行四个类似动物图形（图二）。发现者认为其属南荡文化遗存，其年代约为龙山时代末至夏初，比丁公陶文略晚；与以曲线为主的丁公陶文相比，而更接近成熟的甲骨文。

1　龙虬庄遗址考古队：《龙虬庄：江淮东部新石器时代遗址发掘报告》，科学出版社，1999年。

第五章

宗教礼仪

　　就巫术公务职能曾是最能干的人们走向最高权力的道路之一来说，为把人类从传统的束缚下解放出来，并使人类具有较为开阔的世界观，从而进入较为广阔自由的生活，巫术确实作出了贡献。对于人类的裨益绝非微不足道。当我们更进一步想到巫术还曾为科学的发展铺平道路时，我们就不得不承认：如果说巫术曾经做过许多坏事，那么，它也曾经是许多好事的根源，如果说它是谬误之子，那么它也是自由与真理之母。

　　巫术同科学一样都在人们的头脑中产生了强烈的吸引力；强有力地刺激着对于知识的追求。它们用对于未来的无限美好的憧憬，去引诱那疲倦了的探索者、困乏了的追求者，让他穿越对当今现实感到失望的荒野。巫术与科学将他带到极高极高的山峰之巅，在那里，越过他脚下的滚滚浓雾和层层乌云，可以看到天国之都的美景，它虽然遥远，但却沐浴在理想的光辉之中，放射着超凡的灿烂光华！

——弗雷泽《金枝》

磁山灰坑

　　人类在地面上挖坑能做什么？能做地穴式或半地穴式房屋，能做墓葬，能做水井，还能做壕沟。灰坑，在考古发掘中泛指除房址、墓葬、水井以外的一切低于地表的坑状遗迹，从功能上包括居民倾倒垃圾和灰土的垃圾坑、储藏物品的窖穴和用于宗教活动的祭祀坑等。

　　1976～1978 年发掘的河北武安磁山遗址的遗迹构成十分独特[1]，即有灰坑 474 个，房址仅 2 座，这样的一处遗址很难将其理解为居民生产生活而居住的村落。关于灰坑的性质，很难理解为垃圾坑，因为只有两户居民不可能产生如此之多的生活垃圾；也不可能是窖穴，同样因为只有两户居民，不可能需要如此之多的储备。

　　磁山遗址的"灰坑"还有如下的特点：一是与其他地点的灰坑多呈圆形不同，这里多做长方形，计有 345 个；二是这里的坑内多有储藏物，345 个长方形灰坑中有 80 余个埋有粮食或树籽，粮食堆积厚约 0.3～2 米；三是在储存粮食的坑底常有猪狗骨架；四是粮食之上有一层夯打的黄土；五是坑内堆积中多包含炭粒、草木灰和红烧土块的现象，表明是经过燔烧的；六是坑内出有陶盂或成组器物（图一）。

　　对磁山遗址"灰坑"的特殊现象，一些学者纷纷做出推测，有人结合该遗址还出有较多的粮食加工工具——磨盘和磨棒，认为这里是粮食加工场地；有人根据遗址内存在个别的人骨，认为这里存在丧葬遗迹；有人通过对遗址内诸多遗迹的整合研究，认为磁山遗址是与祭祀相关的遗址。其中尤以卜工以情境分析的方

---

[1]　河北省文物管理处、邯郸市文物保管所：《河北武安磁山遗址》，《考古学报》1981 年第 3 期。

图一　磁山遗址祭祀坑

法做出的诠释最为精辟[1]。

　　卜工在列举了磁山遗址"灰坑"的特点之后，进一步举出其他一些特殊现象。一是两座半地穴式房址都没有灶坑和经烧烤、铺垫的硬面，不似正常居住的房屋；二是在几个探方中发现 1 处"S"形卵石面，系用大小不等的卵石平铺而成；三是发现 45 处由石磨盘、石磨棒、陶盂、陶支脚等成组器物组成的遗物点，石磨盘大部分为平放，磨棒竖立，一头插入土中。陶盂、支脚多分散放置，有的将支脚放入盂内，其他石、陶器均在磨盘附近。这样的遗物点还有成群分布的倾向，最密集的 110 号探方的 18 平方米内就有 10 组。

　　进一步分析这些特殊现象，可以得出这样一些认识。一是磁山遗址缺乏居住的房屋，以灰坑为主体结构，与同时期黄河中上游地区的其他古代遗址有着较大

1　卜工：《磁山祭祀遗址及相关问题》，《文物》1987 年第 11 期。

的差别；二是不论是把活猪还是死猪放在粮食底部，显然没有考虑猪肉腐烂的因素，这种现象是不能作为贮藏解释的，而只能是具有某种象征性的意义；三是灰坑内的黄硬土是放入粮食后有意填入的，甚至经过踩踏或夯打一类的处理；四是粮食坑中多出完整的陶盂或成组的陶器，不是无意的遗漏，显然是有意放入的；四是没有灶坑和居住面的房址显然不是为居住而建造的；五是"S"形卵石面这种特殊遗迹应与祭祀活动有关；六是 45 处遗物点反映的是一种祭祀活动，组合陶器、生产工具和粮食加工工具结合起来是一种祭祀语言。

在地面挖坑举行祭祀活动，中国古代文献中是有记载的。古文字大家于省吾将甲骨文中从兽从 U 的字，释为"陷"，意为埋兽于坑中，是一种祭祀行为，陷祭多用羊和狗[1]。陈梦家认为，陷祭主要是祭地祈年的活动[2]。《尔雅·释天》载："祭天曰燔柴，祭地曰瘗埋。"瘗埋就是陷祭。《礼记》曰："祭日于坛，祭月于坎。"坎祭就是陷祭。这些记载，均与磁山遗址灰坑中埋放粮食和猪、狗的现象吻合，磁山遗址的灰坑就是甲骨文"陷祭"和文献"瘗埋""坎祭"的前身。

根据磁山遗址遗迹现象的情境分析，可以认为磁山遗址数量众多的"灰坑"应是祭祀遗迹，而磁山遗址也应是祭祀场所。类似磁山的祭祀遗址在史前时期还有河南陕县庙底沟、陕西商县紫荆等。

1　于省吾：《甲骨文字释林》，中华书局，1979 年。

2　陈梦家：《殷墟卜辞综述》，科学出版社，1959 年。

高庙祭祀场

　　赶尸，这种神秘而恐怖的为死者送葬的形式，近代在湘西还曾存在。湘西之地山深林老，云变烟幻，极易使人产生幻觉，因此这里的人们自古就信巫鬼，重淫祀。2005 年于洪江高庙遗址发现的大型祭祀场，为其寻到了根源。

　　高庙遗址位于湖南洪江市安江镇（原黔阳县县城）东北约 5 千米的岔头乡岩里村，地处沅水北岸的一级台地上，为一贝丘遗址[1]。祭祀场属于该遗址的早期遗存——高庙文化，年代在距今 7400 年前，占地面积可达 1000 多平方米，由司仪场所、祭祀坑和附属建筑三部分组成。司仪场所即主祭场所，位于祭祀场的北部，面朝正南方的沅水。正面由 4 个主柱洞组成两两对称，略呈八字状的"双阙"式建筑，两侧有 1 或 2 个柱洞。柱洞略呈方形，边长 80 ～ 100 厘米，深 110 厘米。主柱洞中部正前方 120 厘米处为一牲祭坑，坑内出土有经火烧过的牛、羊、鹿、龟和鱼等动物骨骼和大量螺壳。祭祀坑，已发现 39 个，均位于司仪场所的南方，排列有序。大都为圆角方形或圆形，直径或边长约 100 厘米，深 80 ～ 120 厘米，坑壁近直；坑内堆积基本相同，上部均用较纯净的浅黄土夯筑，下部堆放经火烧过的螺壳，且大都另夹有一层火烧骨渣，其中一坑内有人骨，当为人祭坑。附属建筑包括议事或休息的房址及其附设的窖穴，房址位于司仪场所西侧，面积约 40 平方米，门朝东，为两室一厨的结构。窖穴分别位于厨房门外左侧及祭仪场所右前方，坑内贮满淡水螺（图一）。

　　发掘者在报告中讲："1991 年曾在本遗址出土 1 件高直领白陶罐，颈部戳印有带双羽的獠牙兽面纹，两侧各立一'梯网'的图像。若将其与新发现的主祭

1　湖南省文物考古研究所：《湖南洪江市高庙新石器时代遗址》，《考古》2006 年第 7 期。

场所柱洞的结构相对照，就会发现它或许就是当时主祭场所（排架式梯状建筑）的摹写，是一幅生动的祭仪图。"进而从陶罐上还绘有盘旋而上达于阙顶的环梯推测，司仪场所中的双阙建筑当是专设的供神灵上下的天梯，或者是神灵进出天界的天门。天梯作为通天通神的媒介，是巫术思维的产物。古代中国关于天梯及其延伸山、树、藤等登天工具的神话，往往都有巫的参与。《山海经·海外西经》云："巫咸国，在女丑北，右手操青蛇，左手操赤蛇，在登葆山，群巫所从上下也。""所从上下"即登天与神交通。按《尔雅·释天》所记"祭天曰燔柴，祭地曰瘗埋"，祭祀坑内经火烧过的牛、羊、鹿、鱼等动物骨骼和大量螺壳，就是瘗埋贡献给神灵的祭品，为的是博取神灵的欢心。

图一　高庙祭祀场

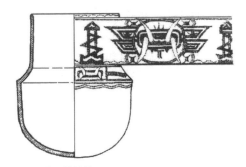

图二　獠牙兽纹罐

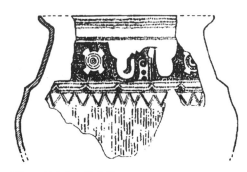

图三　凤鸟负日纹陶罐

在高庙遗址还出土一些与宗教活动有关的、具有神秘色彩的陶器，主要表现在陶器的器表装饰图案上，有獠牙兽、凤鸟、太阳和八角星等纹样。这些图像均用简单的戳印篦点连缀而成，其中的部分图像被涂上朱红或黑色的矿物颜料。獠牙兽绘制在高直领折肩罐上，罐颈部饰两组由戳印细篦点构成的双翅獠牙兽面纹，兽面两侧为对称双阙式坛状建筑，肩部饰四组简化獠牙兽面与折线相间组合图案，口部和折肩部位有波状细篦点纹（图二）。显然，这个獠牙兽面怪兽在现实生活中是不存在的，是他们根据宗教或巫术的需要创造的一种超现实的，但又能征服自然的被神化了的某种物象。凤鸟和太阳绘制在一折沿高领陶罐上，罐颈部饰篦点组成的凤鸟负日图像，凤鸟昂首，长冠，勾喙，两侧羽翼各载一个光芒四射的太阳，其下的肩部饰代表山峰和大地的篦点曲折纹（图三）。凤鸟负日也显然是一种超自然的物像，凤鸟是古人心目中的"神鸟"，它上能遨游太空，与日月沟通，下与大地同栖，生活在天地之间；东升西落的太阳能给人类带来光明、温暖和万物的生长繁殖。

高庙文化规模如此之大的祭祀场所，其附设的司仪、牲祭、人祭、窖藏与议事会客场所齐全，生动地反映了当时居民宗教礼仪的真实状况，同时也表明其在当时很可能是一个区域性的宗教中心。

西水坡龙虎图

　　1988 年是 20 世纪的最后的一个龙年，河南濮阳西水坡遗址发现一座距今 6000 年的后冈一期文化大墓，墓主身边用蚌壳摆出龙虎图案[1]。这一发现在国内外都引起了强烈的反响。

　　该大墓为竖穴土坑，长 4.1 米，宽 3.1 米，深 0.5 米。墓底平坦，周壁规整。墓室的东、西、北三面各有一个小龛。墓内埋葬 4 人。中部墓主为老年男性，身长 1.79 米，仰身直肢，头南足北，位于墓室的正中。另外 3 人，年龄较小，分别位于墓室东、西、北三面小龛内。东面龛内的人骨，头向南，仰身直肢，骨架保存不好，性别未经鉴定。西面龛内的人骨身长 1.15 米，头向西南，仰身直肢，两手压在骨盆下，为 12 岁左右女性，头部有刀砍的痕迹，为非正常的死亡者。北面龛内的人骨身长 1.65 米，头朝东南，仰身直肢，两手压在骨盆下，为 16 岁左右男性。老年墓主的左右两侧，用蚌壳精心摆塑龙虎图案。蚌壳龙摆于墓主右侧，头朝北，背朝西，身长 1.78 米，高 0.67 米。龙首高昂，曲颈弓身，长尾拖地，前爪扒，后爪蹬，状似腾飞。蚌壳虎摆于墓主左侧，头朝北，背朝东，身长 1.39 米，高 0.63 米。虎头微低，圜目圆睁，张口露齿，虎尾下垂，四肢交递，形似下山之猛虎。墓主北部脚下平行摆放两根人胫骨，紧邻胫骨还有一堆摆放成三角形的蚌塑（图一、图二）。

　　西水坡龙虎图大墓的发现，在中国考古学、历史学、天文学、艺术史、宗教学、神话学等领域都引发了极大的震动，一时间相关文章大量涌现，对其寓意进行推

1　河南省文物考古研究所、濮阳市文物保护管理所：《濮阳西水坡》，中州古籍出版社、文物出版社，2012 年。

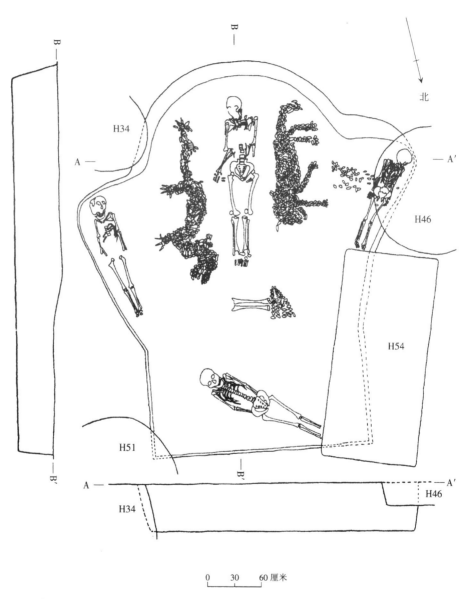

图一　濮阳西水坡大墓（M45）

图二　西水坡大墓局部

测，可谓众说纷纭，莫衷一是。

从考古学角度研究的学者认为[1]：龙为天上神物，虎是地上百兽之王，大墓主人仰卧在两者的中间，他生前既管天又管地，是一位集政权、军权、神权于一身的德高望重的部落酋长。也有学者结合本遗址的其他发现认为[2]，该大墓具有"王陵"的气势。

从古史传说角度研究的学者认为[3]：根据先秦文献的记载，濮阳为"帝丘"所在，"帝丘"为古帝颛顼所居，颛顼"绝地天通""乘龙游四海"。因此，颛顼应是濮

1　方酉生：《濮阳西水坡 M45 蚌壳摆塑龙虎图的发现及重大学术意义》，《中原文物》1996 年第 1 期。

2　南海森、赵红：《中华第一龙与父系制度的出现》，《濮阳教育学院学报》2001 年第 1 期。

3　王大有：《颛顼时代与濮阳西水坡蚌塑龙的划时代意义》，《中原文物》1996 年第 1 期。

阳西水坡大墓的墓主。也有学者认为，老年墓主身高体壮，乘龙骑虎，应为战神蚩尤。还有学者认为[1]，西水坡大墓的年代相当于传说时代的三皇时代，墓主人应为伏羲。

从宗教学角度研究的学者认为[2]：结合东晋葛洪《抱朴子》关于乘跷法术，"若能乘跷者，可以周流天下，不拘山河。凡乘蹻道有三法，一曰龙跷，二曰虎跷，三曰鹿卢跷"的记载认为，濮阳大墓的墓主是个史前社会中的原始道士或是巫师，用蚌壳摆塑龙、虎、鹿图案，表现的是他能召唤使用三跷，三跷可助他上天入地。有的学者还进一步认为，大墓主人虽然是巫师，但还不是权贵人物，只是一般的巫师，虽然具备较高的作法能力，但只是为氏族从事基本的巫术活动。还有学者认为，老年墓主是部落的巫觋，唱歌跳舞、乘龙骑虎是为死者送魂。

从事神话学研究的学者认为[3]，根据《史记·封禅书》的记载："黄帝采首山铜，铸鼎于荆山下。鼎既成，有龙垂胡髯下迎黄帝。黄帝上骑，群臣后宫从上者七十余人，龙乃上去。余小臣不得上，乃悉持龙髯。"老年墓主身旁以蚌塑龙虎，是黄帝乘龙升天神话的原始，到了战国时期和汉代，乘龙升天的母题多见于帛画和画像石、画像砖。其他战国时代的骑龙帛画，多有头挽高髻，身着深衣，腰佩长剑，凛凛然骑龙升天的形象。这些文物的出土，使"骑龙升天"这一神话母题的流行时间大大提前了一步。

从事天文考古的学者认为[4]，蚌塑的龙位于墓主东侧，虎位于墓主西侧，布列方位与东西二宫一致；墓主北侧的蚌塑三角形图案和横置的两根人胫骨，无疑是北斗的图像。墓主的葬卧为头南足北，墓穴平面南圆北方，象征天圆地方。"天圆地方"恰是中国古代的盖天说宇宙观——天象一个半球形的大罩子，扣在方形平坦的大地上。

1　张维华等：《濮阳西水坡 M45 号墓与伏羲》，《濮阳教育学院学报》2001 年第 1 期。

2　张光直：《濮阳三蹻与中国古代美术上的人兽母题》，《文物》1988 年第 11 期；晁天义：《乘跷巫术探源——兼论巫术与神话的关系》，《西北第二民族学院学报》2002 年第 3 期。

3　陈江风：《从濮阳西水坡 45 号墓看"骑龙升天"神话母题》，《中原文物》1996 年第 1 期。

4　冯时：《河南濮阳西水坡 45 号墓的天文学研究》，《文物》1990 年第 3 期。

洪山庙一号大墓

　　1993 年河南汝州洪山庙遗址发现的一号大墓，是中国史前时期最具神秘色彩的发现之一[1]。

　　洪山庙一号大墓是一座瓮棺合葬墓，墓坑平面呈长方形，东西长 6.3 米，南北宽 3.5 米。东南角被破坏，坑内现存 136 件瓮棺。瓮棺在墓坑内排列比较整齐，计有 13 排，各排瓮棺数目不一。瓮棺为大口，直壁，平底，底部有一穿孔，器表有彩绘、堆塑和纹饰装饰，大口直壁瓮上扣隆顶器盖，形成一封闭的盛殓尸骨的空间。瓮棺内的死者为尸骨不全的二次葬，包括成年人和未成年人，有男性也有女性，一套瓮棺内安葬一人。洪山庙一号大墓有这样一些特点：这是目前发表资料中唯一可以确认为庙底沟文化的墓葬；该墓是史前时期最大的也是唯一的多棺合葬墓；此前发现的庙底沟文化的彩陶都是礼器或生活用具，洪山庙的彩陶是葬具；此前发现的庙底沟文化的彩绘都是画在盆和钵上，洪山庙的彩陶是画在瓮上的；此前发现的庙底沟文化彩陶母题都是花卉和鸟，洪山庙的彩陶母题则繁复多样。

　　有学者对洪山庙一号大墓的彩陶图案内容做过这样的归类[2]。

　　表现自然崇拜的天象图。91 号瓮棺中腹前后两面对称绘出弦月图和日月同辉图。弦月是先用白彩涂成弦月，外侧以黑彩镶边；日月同辉是先用白彩画成圆饼，周边镶以黑彩，代表圆月，月内用红彩画一轮红日，太阳红色，月亮白色，日月交相辉映（图一）。日、月、星辰，几乎是一切民族古代先民和一些少数民族的

1　河南省文物考古研究所：《汝州洪山庙》，中州古籍出版社，1995 年。
2　赵春青：《洪山庙仰韶彩陶图略考》，《中原文物》1998 年第 1 期。

图一　91号瓮棺天象图　　　　　　　　　　图二　10号瓮棺男根图

崇拜对象，他们认为有了太阳和月亮，才有白天和
黑夜，万物才会生存。鄂伦春人农历正月初一要跪
拜太阳神——"得勒钦"，祈求赐福；正月十五要
跪拜月亮神——"别亚"，祈求狩猎丰收。

　　表现生殖崇拜的男根图。10号瓮棺上腹男根图，
先在瓮棺的上腹用白彩绘出一道宽带，于白彩带上
以深棕色彩绘出三组男根，每组图由两根男根构成，
男根头端张开，尾端弯曲，构图如阴阳鱼太极图，

图三　39号瓮棺男女合体图

形象生动（图二）。39号瓮棺上部已残缺，腹中部
用白彩绘一人形，再以黑彩勾边，圆腹凸鼓，似一孕妇，双腿弯曲，向外叉开，
两脚上跷；人物肚腹浑圆硕大，双腿丰满，女性特征明显，但在双腿之间的下腹
部却泥塑一男根，顶部涂有红彩（图三）。随着古代先民对人类生育知识的逐步
增长，人们由起初认为的女性自身生育，到后来认识到男子在生育中的作用，这
便相应地产生了对男性生殖器的崇拜和对男女合体的崇拜。

　　表现狩猎巫术的狩猎图。42号瓮棺上腹部经过抹光，然后以白彩绘一周环带

1.C 型 I 式缸（W42：1）

3.W42：1 局部太阳纹

4.W42：1 局部人物纹

2.C 型 I 式缸（W42：1）
图四 42 号瓮棺狩猎图

5.W42：1 局部鹿纹

6.W42：1 局部龟纹

纹，上下用黑彩镶边，中间五等分绘出五组图案。其中两组为同心圆纹，两组同心圆中间画一侧视的鹿，昂首，张口，前后肢弯曲，臀有一尾，做奔跑状；与鹿对应的另一面画一人，昂首，上身前倾，下肢弯曲，上肢一前一后，各提一龟；人前绘有一乌龟，圆体，圆头，圆足。整幅图表现的是猎人手提双龟，前手龟在努力挣脱，后手龟已气息奄奄，人前的龟正束手待毙；猎人对面的鹿作昂首喘气，直立张望，短暂停歇的模样（图四）。史前时期的人们将狩猎的对象绘在地上、岩壁上，对其歌之舞之，借以达到控制、操纵的目的。这在甘肃秦安大地湾地画中和内蒙古阴山岩画中都可见到。

表现图腾崇拜的双鸟戏龟图。84 号瓮棺腹中部先经过打磨，然后绘白色宽带纹一周，以深棕彩平行线镶边。白彩之上用深棕彩绘主体图案。中间的是龟，伸颈，张口，头部椭圆，前后各显一腿，四趾张开，做奔跑状，身后有一小短尾。乌龟前后各立一鸟，身后的鸟头向前倾，爪子几乎抵住了龟的后趾，张口鸣叫，哄赶乌龟；龟前的鸟头后倾，双爪前伸，身向后仰，几乎支撑不住身体的重心，却挡住乌龟的去路。双鸟一赶一截，使乌龟陷入困境（图五）。整个画面极力渲染双鸟的雄健和乌龟的仓皇之态。鸟是庙底沟文化彩陶图案最常见的母题，考古学界一般都把鸟看作是庙底沟先民的图腾。河南临汝阎村出土的鹳鱼石斧图陶缸上的纹饰表现的是以鸟为图腾的庙底沟先民对以鱼为图腾的半坡先民的征服，洪山庙出土的双鸟戏龟图陶缸上的纹饰表现的则是以鸟为图腾的庙底沟先民对以龟为图腾的部族的戏弄。

　　这里所介绍的彩陶图案仅仅是洪山庙一号大墓瓮棺上一部分比较典型的，其他的图案还有好多。这里对所举图案的解释，也仅仅是一家之说，相关的解释还有好多。比如，有人认为 10 号瓮棺上的男根图是中华民族最早的阴阳太极图；有人将 42 号瓮棺上的狩猎图与古代神话中的"夸父逐日"和"天犬吠日"相联系。

图五　84 号瓮棺双鸟戏龟图

瑶山祭坛

2016 年初，我受邀参观了评选为"2015 年中国六大考古新发现"的江苏兴化蒋庄遗址，见到该遗址一座良渚文化墓葬出土的玉璧，璧上刻绘一个顶部为三层台阶的亚腰形方框（图一）。同类图案据传在安溪也出土过（图二），更多的则是在传世品上见到的，如首都博物馆、台北故宫博物院、美国弗利尔美术馆等收藏的玉璧或玉琮。

图一　兴化蒋庄刻符

20 世纪 80 年代初，日本学者林巳奈夫在《良渚文化和大汶口文化中的图像记号》一文中，将此类图案形容为"盾形的上方带段差的图形"[1]，指出其与大汶口文化大口缸上常见的塔状刻符不同，是良渚文化系统所特有图像。80 年代末 90 年代初，随着浙江余杭瑶山、余杭汇观山、上海青浦福泉山等一系列良渚文化高等级遗址的发现，学界意识到此类图案是与良渚文化祭坛有联系的[2]。

图二　安溪刻符

根据《瑶山》发掘报告[3]，瑶山遗址位于良渚遗址群的东北端，平面呈方形，由从里到外三重不同土色的遗迹组成：中心略偏东部，为表面平整的近方形"红

1　［日］林巳奈夫：《良渚文化和大汶口文化中的图像记号》，《东南文化》1991 年第 3、4 期。

2　杜金鹏：《良渚神祇与祭坛》，《考古》1997 年第 2 期。

3　浙江省文物考古研究所：《瑶山》，文物出版社，2003 年。

图三　瑶山祭坛远眺

图四　瑶山祭坛顶部的敛玉葬

图五　福泉山祭坛远眺

土台"，约 45 平方米；围绕"红土台"四周的，是平面呈"回"字形的灰色土，其剖面呈方角沟状，直壁平底，填土疏松；在"回"字形灰土外侧，西、北、南三面则是黄褐色斑土筑成的"土台"，面上散见砾石，推测可能原有砾石台面，其西北边缘各有一道用砾石叠筑的石坎，发现 12 座良渚文化玉殓葬（图三、图四）。福泉山遗址在良渚文化层内，发现了修筑成北高南低的三级红烧土台面[1]，每级高差约 0.34～0.44 米，各级台面中间平整，撒有介壳屑，周围堆积散乱的红烧土块（图五）。这一结构完全是玉璧上的"盾形"符号所表现的。

　　"盾形"符号被解释为祭坛，主要是由于瑶山、福泉山这类遗迹被定性为祭坛的缘故（图六）。而这类修筑的三层台基遗迹之所以被定性为祭坛，则是因为在台基之上有着随葬数量众多玉器的墓葬，玉器则包括与军事活动有关的玉钺，与宗教活动有关的玉璧和玉琮，大墓的主人也被认为是有着军权和宗教权的社会上

1　上海市文物管理委员会：《福泉山——新石器时代遗址发掘报告》，文物出版社，2000 年。

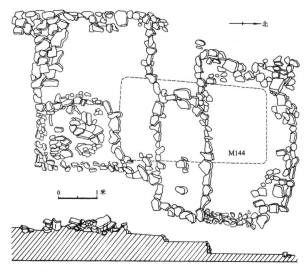

图六　福泉山祭坛平、剖面图

层。对良渚文化的发现和研究有着颇深造诣的刘斌还认为[1]，良渚遗址群的反山和汇观山等祭坛同时还有着观象测年的功能。

《福泉山》报告推测，良渚人曾在祭坛上进行过燎祭，证据是祭坛台面被火烧红、存有大面积灰坑、大范围的介壳屑堆积、最高台面遗有祭器大口缸。所谓燎祭又称作燔燎（燔尞）、燔柴等，是一种祭天仪式。《尔雅·释天》有"祭天曰燔柴"，《礼记·祭法》有"燔柴于泰坛，祭天也"。在高耸的祭坛上烧柴，烟气更容易上达于天，从而与神灵沟通。

瑶山、福泉山的祭祀遗存虽已显示出了一定的特殊性，但由于祭祀遗迹的不鲜明，复原祭祀活动还难以实现，而想要从祭祀活动的形式中推知祭祀对象更是困难重重。反之，在良渚文化中，如果存在祭天、祭祖，祭祀某一等级的贵族或具有特殊地位的人等一系列祭祀活动，那么，有没有场所的不同或祭祀礼俗的不同，尚难以解答。

1　刘斌：《良渚文化的祭坛与观象测年》，《浙江省文物考古研究所学刊（第 8 辑）：纪念良渚遗址发现七十周年学术研讨会文集》，科学出版社，2006 年。

陶寺观象台

把襄汾陶寺遗址推定为传说时代的古帝王唐尧的都城，观象台遗迹是其中一项重要的证据。

观象台是 2003 年开始发掘的，2004 ～ 2005 年又继续清理[1]。这是一个背倚中期城址南城墙而建的一个大半圆形建筑，总面积约 1740 平方米。建筑的整体由环形路基、夯土台基、生土台芯组成。环形路基位于最外侧，环绕夯土台基，东西两端与城墙相连接，总弧长 117.5 米，宽 2.1 ～ 4.5 米，夯土深 1.5 ～ 3 米；东西外径 60 米，南北弦高 41 米。夯土台基东西直径 40 米，南北弦高 29 米，面积约 1000 平方米。台基由三层构成，第一层台基位于台基正东，由 9 个夯土小板块错缝砌成，弧长 31 米，宽 3.2 ～ 3.5 米，深 1 ～ 3 米，南北两端接在第二层台基上。第二层台基是台基的主体，呈半环状，弧长 68 米，宽 5 ～ 8 米，深 6 ～ 6.5 米，东西两端与城墙相连接，由夯土小板块错缝砌成。该层台基的南部有一梯形遗迹，是由 4 个夯土板块以及 4 个柱墩构成，上有 4 个柱洞。改成台基的东北内侧还有 1 个红花土夯土板块，中有一道沟槽，将板块分为南北两小块。第三层台基为附加在台芯东南缘的月牙形遗迹，弧长 30 米，宽 3.5 米，深 2.3 ～ 4 米，包括夯土护墙基础和夯土柱缝基础两部分。外侧的夯土护墙基础由 17 块长方形黄土板块组成，内侧的夯土柱缝基础是以长弧形夯土为基础，其上挖出 10 道槽缝，槽缝将夯土条分割为 11 个长方形夯土块。黄生土台芯位于第三层台基内侧至城墙处，

1　中国社会科学院考古研究所山西队等：《山西襄汾县陶寺城址发现陶寺文化大型建筑基址》，《考古》2004 年第 2 期；《山西襄汾县陶寺城址祭祀区大型建筑基址 2003 年发掘简报》，《考古》2004 年第 7 期；《山西襄汾县陶寺中期城址大型建筑 Ⅱ FJT1 基址 2004 ～ 2005 发掘简报》，《考古》2007 年第 4 期。

半圆形，直径约 28 米，弦高 21 米。黄生土台芯中部偏西有一观测点基础，是由圆形基坑和三同心圆夯土遗迹组成，台芯外侧的弧形台基上的柱缝中线都汇集在观测点的圆心上（图一）。

图一　陶寺遗址观象台遗迹

这一大型的半圆形夯土建筑基址是中国考古学的首次发现，其建筑规模远远超出一般的民居建筑，其建筑形制也与以往发现的宫殿基址不同，到过现场考察的各学科专家一致认为，这是一处用于观测日出确定季节兼举行宗教仪式的"观象台"。这一认识如果成立，那么陶寺观象台就是世界上最古老的天文观象台——约公元前 2100 年，它不仅比北京建国门明代观星台和河南登封元代测景台早近 3000 年，还比中美洲的玛雅天文台遗址早千年，甚至比英国索尔兹伯里平原上的史前巨石阵观象台还要早。

陶寺观象台的观象功能主要是由生土台芯上的观测点、第三层台基上的 10 个柱间缝和第二层台基北端的 2 个柱间缝构成的。观测者直立于观测点核心圆上，透过柱与柱之间的缝隙观测正东方向的塔儿山山顶的日出，并以此来确定当时的节气或历法中某些特定的日子。2003 ~ 2005 年的实际观测发现 [1]，12 月 22 日冬至时，第 2 条狭缝中能看到日出景象；6 月 21 日夏至时，第 12 条狭缝能看到日出；在春分和秋分前后的 3 月 28 日和 9 月 14 日，第 7 条狭缝中能看到塔儿山东南峰顶的日出。因此，陶寺观象台当具有观测和确定一年四季的功能。冬至与夏至之间有 10 个土柱，象征 10 个节气，再从夏至到冬至完成一回归年，计有 20 个节

1　何驽：《陶寺中期观象台实地模拟观测资料初步分析》，《古代文明》第 6 卷，文物出版社，2007 年。

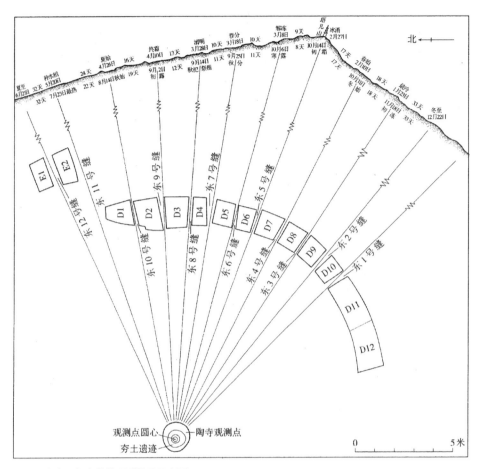

图二　陶寺观象台模拟观测结果示意图

气。由于太阳在冬夏至和春秋分时节，位移速度不一，经过每一土柱的日期也不相同。因此，以此确定的 20 节气各自的时间长短并不一致，与今日使用的 24 节气就相差得更多了。尽管如此，每一缝隙看到日出的日子却与当地特定的农时相联系，如第 6 道缝备耕，第 8 道缝春播大麦，第 10 道缝种春谷，第 11 道缝种水稻，第 12 道缝种黍等（图二）。陶寺遗址的浮选工作表明，陶寺先民确实有小米、黍子、大麦和水稻 4 种农作物。

　　今天说到天文学，人们都会将其视作高大上的学科。其实，天文学是人类最古老的科学。人类生活于天地之间，生活和生产与自然息息相关，种植农业出现后，掌握农时适时播种是决定作物丰歉的关键。中国作为以农业立国的文明古国，天文科学始于何时？《尚书·尧典》有这样的记载：（尧）"乃命羲和，钦若昊天，历象日月星辰，敬授人时。"意思是说，帝尧于是命令羲和谨慎地顺应上天，观察日月星辰的运行规律，把推算总结出的历法知识告诉人民，以安排农事，方便耕作。人们根据《左传·成公十三年》所说的"国之大事，在祀与戎"，认为祭祀和战争是古代国家的两件大事，其实对于以农业为立国之本的早期国家来说，农事也是头等大事。"观象授时"是传说时代古帝王的重要政务，委派官员在观象台观测天象，确定农时和祭日，并颁告给臣民，什么时候春天来临，什么时候春播五谷，什么时候祭祀天地……在传说时代古帝王甚至还把历法作为禅让的遗嘱，《论语·尧曰》记载："尧曰：'咨！尔舜！天之历数在尔躬，允执其中。四海困穷，天禄永终。'舜亦以命禹。"意思是说，啧啧，你这位舜！上天日月星辰的运行之法已传授给你，你要很好地保有。你要知道如果天下饥荒，你的王位也就终止了。舜让位给禹的时候也说了这番话。

禹会村祭坛

在中国考古学中，许多著名遗址的名称本身就很有特色，一听名字就知有戏。如河南灵宝铸鼎塬遗址，相传是黄帝铸鼎的地方。《史记·封禅书》载："黄帝采首山铜，铸鼎于荆山下。"河南偃师尸乡沟遗址，相传是商王成汤所建的商代第一个都城所在。《汉书·地理志》载："尸乡，殷汤所都。"安徽蚌埠禹会村也是这样一处遗址，相传夏禹曾在这里会盟诸侯。

禹会村位于安徽省蚌埠市西郊 18 千米处，遗址坐落在淮河东岸的涂山南麓[1]。在 2007 ～ 2010 年的发掘中，清理出一个大型的祭祀台基。祭祀台基呈南北走向的长条形，长 108 米，宽 13 ～ 23 米，面积约 2000 平方米。台基是先挖槽，后分层堆筑而成，下部为厚 80 厘米的灰土，中部为厚 15 ～ 20 厘米的黄土，上部为厚 10 ～ 30 厘米的白土。台基的北部有一略呈"X"形的棱状凸起。凸起的土棱上部和南侧，有 5 个散落分布的柱洞。紧邻凸棱的南侧有一状若河道状的凹槽，宽 1.7 ～ 8.35 米。再南侧有一略呈长方形的烧土面，长 12.6 米，宽 7.1 米，面积约 90 平方米，东西各有一火塘。台基的中部和南部有一排柱坑，共计 35 个，跨度 50 米；柱坑宽窄相近，长短不一，坑长 1 ～ 2 米，宽 0.5 ～ 0.8 米，深 0.6 ～ 1 米；柱坑南北排列，柱距约 1 米，排坑西端对齐，东端错落；每一坑的西端均有一个圆形柱洞。排坑的北端有一覆斗状夯土台，高 1.25 米，底 1.85 米 ×1.4 米，顶 1.1 米 ×1.1 米。在"X"形凸棱和排坑之间，有 8 个散落分布的圆形圜底坑，坑径 2.5 ～ 4 米，深约 0.5 米。台基之上的凸棱、凹槽、烧土面、夯土台、排坑、圆坑等遗迹，都是在台基筑成后营建的。另有祭祀沟一条，位于祭祀台基的西侧，

1　中国社会科学院考古研究所、安徽省蚌埠市博物馆：《蚌埠禹会村》，科学出版社，2013 年。

图一　禹会村祭祀台基

亦呈南北向，长 35 米，宽 5 ～ 6 米，深 0.8 米。沟内有两个时期的堆积，主要是大量的草木灰、炭屑、火烧兽骨、石器以及大量的陶器碎片，下层堆积中出土至少 7 件作为灯具使用的陶盘[1]（图一）。《蚌埠禹会村》考古报告提供的遗址绝对年代是公元前 2400 ～ 2200 年，属于龙山时代晚期。

禹会村遗址的名称、祭祀性质以及所属年代，自然使人们联想到著名的禹会诸侯这一历史事件。《左传·哀公七年》载："禹合诸侯于涂山，执玉帛者万国。"杜预注《左传》："涂山在寿春东北。"寿春为今安徽寿县，寿县在蚌埠西南约 50 千米，蚌埠市怀远县城关镇东南 3.5 千米有涂山（图二）。今人徐旭生在其名著《中国古史的传说时代》一书中也以为"禹娶于涂山氏，涂山为今安徽怀远县东南淮水南岸的一座小山"。

禹因何而会诸侯于涂山？禹的一生主要做过两件大事：一件是成功治理了洪水，一件是征服了三苗部族。在这两件事情中，都有会盟活动。由于三苗地处长江中游地区，与淮河流域尚远，因此，禹会诸侯于涂山应该是与治理洪水相关。早期文献中，关于禹治理洪水的记载有很多。《诗经·商颂·长发》有："洪水茫茫，禹敷下土方。"西周中期豳公盨有与《诗经》印证的铭文："天命禹敷土"

1　参见拙文：《半坡翻唇盘是制陶托盘还是早期灯具》，《广州日报》2016 年 12 月 4 日 B1 版；另见本书《半坡翻唇盘》一文。

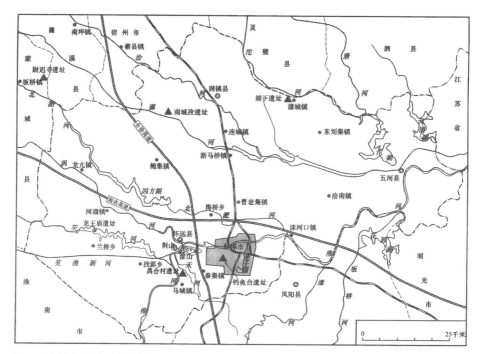

图二　禹会村遗址位置示意图

（图三）。《淮南子·齐俗训》记载："禹之时，天下大雨，禹令民聚土积薪择丘陵而处之。"《孟子·滕文公上》讲得最为详细："禹疏九河，瀹济、漯而注诸海，决汝、汉，排淮、泗而注之江，然后中国可得而食也。当是时也，禹八年于外，三过其门而不入。"禹的治水功绩得到了舜帝的充分肯定，《尚书·尧典》讲："（舜）帝曰：'俞！'咨禹：'汝平水土，惟时懋哉！'"意思是：舜帝对禹说，你治理洪水有功，要好好珍惜！在东汉画像石上，还出现了手持木耒治水的夏禹画像（图四）。

　　大禹治水是在黄河流域，怎么就与淮河流域的涂山相关了呢？黄河出孟津进入中原大地后，便因地势的低平和河床的淤积而南北摆动。黄河夺淮入海，在历

图三 豳公盨铭文拓片

图四 武梁祠画像石夏禹治水图

史时期发生过多次，有文献可考的不晚于东周[1]，最有名的是发生在南宋初年，建炎二年（1128 年）赵构为阻金兵南进，决开黄河，造成黄河夺淮入海。从此到1855 年黄河在铜瓦厢决口，改道北流，其间有 700 多年南流淮河的历史。史前时期的黄河夺淮入海，有学者结合地质学和考古学的研究认为[2]，距今 4600 年前后的龙山文化时期，黄河是走今淮北平原的废黄河故道入海的。黄河自走淮北平原后，由于长年的淤积，河床极不稳定，而在距今 4000 年前后，黄河又有一次大的南北改道，从淮北平原改为河北平原。这次的黄河夺淮入海，大约持续了600 年，几乎相当于整个龙山时代。

禹会村遗址的发掘者认为，禹会村祭祀台基就是夏禹治水会盟诸侯的场所，这既有历史文献记载的导引，又有考古遗迹性质的支持。由三层三色土筑起的台基，既不是一处房屋的基础也不是宫殿的台基，而是祭坛；台基上有两个火塘的烧土面，用火痕迹明显，是"燎祭"活动的遗留；方土台位于排坑的一端，与排坑成一条直线，应是主祭人的站立处；35 个长坑排成南北一列，是参与会盟的

---

1 岑仲勉：《黄河变迁史》，人民出版社，1957 年。

2 王青：《试论史前黄河下游的改道与古文化的发展》，《中原文物》1993 年第 4 期。

图五　祭祀沟内的鲧鱼陶塑

图六　祖辛铜器铭文中的"禹"字

"执玉帛者"的插旗处，壮观的 35 面旗帜与主祭台南北一线排列，剑指涂、荆两山之间的淮河口，再现了大禹"通大川、决壅塞"的治水壮举；位于祭祀台基西侧的祭祀沟实为垃圾沟，沟内堆满清扫的祭祀垃圾，沟内有两次垃圾的集中倾倒，即第 2 层和第 3 层堆积，两次清扫祭祀垃圾，说明祭坛上曾有过两次大型活动，应该是治水之前的宣誓和治水之后的庆功；遗址内出土的陶器文化因素多样，兼有山东境内和河南境内的龙山文化特征，同时还有长江下游的良渚文化和长江中游的石家河文化的特征，标志着参与会盟者的出处；第 2 层出土有一件残损陶塑鲧鱼（图五），《说文》认为"禹"为象形字，商代晚期祖辛铜器上的"禹"字，就是写成鲧鱼形[1]（图六），如此看来，古史辨领袖顾颉刚曾说过的"大禹是一条虫"，并非无稽之谈[2]。也有学者解释，该陶塑是被祭祀巫术所镇压的，象征洪水泛滥的祸首[3]。

上述情境，为我们描绘出这样一幅图画：距今 4200 年前，黄河下游的涂、

1　山东省博物馆：《山东长清出土的青铜器》，《文物》1964 年第 4 期。

2　见顾颉刚《与钱玄同先生论古史书》："至于禹从何来？禹与桀何以发生关系？我以为都是从九鼎上来的。禹，《说文》云'虫也，从厹，象形'。厹，《说文》云'兽足蹂地也'。大约是蜥蜴之类。我以为禹或是九鼎上铸的一种动物，当时铸鼎象物，奇怪的形状一定很多，禹是鼎上动物的最有力者，或者有敷土的样子，所以就算他是开天辟地的人。流传到后来，就成了真的人王了。"（载于《古史辨》第一册）顾颉刚的这一看法，后被鲁迅收入《故事新编》中的《理水》，赋予了稍许的讽刺意味。

3　何艳杰：《试论清华简"中"·禹会祭祀台基遗址·河图洛书》，《中原文化研究》2015 年第 6 期。

图七 禹会村祭坛与涂山对应效果图

荆二山脚下，是一望无际的茫茫洪水，烟波浩渺之中，耸立着一座岿然的祭坛；祭坛的北端燃烧着两堆熊熊的篝火，篝火旁陈放着牺牲的猪羊，鼎豆等祭器中盛满粟稻，祭坛上还散落着多盏灯火；尧舜禹部落联盟的酋长夏禹，登上覆斗状夯土台，他的身后是一字排列的猎猎作响的 35 面诸侯旗帜，每面旗下都站着一位手执玉帛的诸侯；彤云密布的天幕之下，他们面向淮水，迎着凛冽的寒风发誓：一定要战胜洪水（图七）。

至此，禹会村祭坛就是夏禹治水会盟诸侯的场所似乎可成定论了。但是，把后世文献记载的传说时代的事件与考古发现相结合，是很难做到无缝对接的。原因是传说时代的事实，在口耳相传的漫长岁月中难免走形失实，考古发现的遗迹现象，也有保存过程中的自然和人为破坏造成的缺失。在大禹治水传说与禹会村祭坛的对接上，就出现了这样的问题。首先，在年代上报告给出的绝对年代是公元前 2400～2200 年，虽属早于夏代的龙山时代，但距夏初的 2070 年（夏商周

图八　禹会村出土陶器

断代工程给出的年代）还至少相差 100 多年；从报告发表的器物看，虽然鬼脸式
盆形鼎、蛋壳陶杯等器物的年代可晚到龙山时代的晚期，但是高领鬶式盉、假腹
簋等器物的年代可早到大汶口文化和良渚文化的晚期，与中原地区相比，当不会
晚于龙山时代的早期（图八）。《大戴礼记·帝系》载："禹娶于涂山氏之子，谓之
女憍氏，产启。"如此，禹和启应是龙山时代末期和夏代初期的人。其次，该祭
祀台基 3 层累计，也高不过 130 厘米，不可想象在"汤汤洪水方割，荡荡怀山襄陵，
浩浩滔天"（《尚书·尧典》）的水势中，大禹怎能登此低矮的台基会盟诸侯？再次，
祭祀沟第 2、3 层出土的陶器，无论在组合的器类上，还是在同类器的具体形态

上都存在差别，这种差别反映的是两次祭祀活动的内容和形式的不同，还是两次祭祀活动的时间间隔较长造成的？文献记载大禹治水的时间不一，《孟子·滕文公上》载："禹八年于外。"《史记·夏本纪》载："乃劳身焦思，居外十三年，过家门不敢入。"如此十年左右的时间在陶器的形态上能否表现出如此差别？

小山尊形器

论及史前时期陶器刻印纹之精美，一定会举例小山陶尊[1]。该器是 20 世纪 80 年代中期在内蒙古敖汉旗小山遗址发现的，出在二号房址的地面上，编号 F2②：30，夹砂褐陶，器表有灰黑和浅褐斑，打磨光滑。口径 25.5 厘米，底径 10.6 厘米，领高 10.3 厘米，高 25.5 厘米。圆平唇，直领，端肩，腹分上下，小平底。陶尊的颈腹交接处有一周戳印纹，上腹满刻线纹图案，以单线刻出动物的轮廓，以细密网格填充轮廓内部。主体图案是鹿、猪、鸟三个动物的头部侧视，面向左侧，头尾相连，绕器一周，用背衬平行线表现云空，如腾云驾雾，翱翔于天宇。鹿、猪、鸟三个动物的表现方式都是头部具象，一望便知，躯体抽象，需作猜度。鹿，奋蹄腾空，背生双翅，长角细目；猪，猪首蛇身，长吻上翘，獠牙直竖，细眼卷耳，身躯弓起；鸟，鸟头云身，圜眼凤冠，长喙倒钩，展翅翱翔（图一、图二）。对于小山尊形器的性质与功能，报告认为，动物头像是由现实生活中的鹿、猪和鸟提炼而成，但猪首下作蛇身，鹿首和鸟首右侧纹饰则由羽翼抽象出来，它们已不是单纯现实动物形象的写照，而是人们创造的崇拜对象，神化了的灵物。这是把该器当作与史前宗教相关的用器或礼仪器具看待的。小山尊形器为代表的遗存与邻近的赵宝沟遗址为代表的遗存性质相同[2]，属于赵宝沟文化，距今年代为 6000 年前。

关于小山尊形器图案的解说主要有图腾和天象二说。主张图腾说者以朱延平

---

1   中国社会科学院考古研究所内蒙古工作队：《内蒙古敖汉旗小山遗址》，《考古》1987 年第 6 期。
2   中国社会科学院考古研究所：《敖汉赵宝沟——新石器时代聚落》，中国大百科全书出版社，1997 年。

的论述最为充分[1]。他认为，鹿是赵宝沟
文化先民的图腾，装饰鹿纹的陶器在
赵宝沟文化的遗址中已见到多处，其
中尤以敖汉旗南台地所出者最具代表
性，《南台地简报》共发表四件腹部刻
印有鹿纹的尊形器[2]，其中三件为二鹿
纹，一件为一鹿一鸟纹，其鹿的形象
风格均与小山尊形器上的鹿纹相同（图
三）。猪是红山文化先民的图腾，这可
以由红山文化有大量的玉猪龙的出土
为证，无须多言。鸟则是东邻新乐文
化和西邻上宅文化先民的图腾，新乐
遗址二号房址是部落首领的居所，房
内出有一件长约 40 厘米的鸟形木雕
"图腾柱"[3]；上宅文化中发现过一些被认

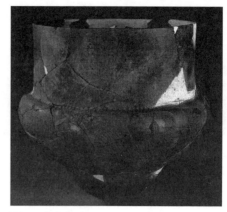

图一　小山尊形器

图二　小山尊形器图案展开图

为与祭祀有关的支脚状陶器，这些陶器顶部常做成鸟形，有喙有眼，刻羽状纹[4]。
在小山尊形器上，鹿、猪和鸟在画中所占空间大体相当，面向同一方向，表现为
平等协调；鹿和猪相距很近，鸟与它们距离较远，表现的是鹿和猪比较亲近，构
成一组，它们和鸟的关系比较疏远，鸟自成另一组。三个部族集团的图腾共存于
同一器物上，表现的是三部族的联盟，该器生动地再现了由图腾标志的人群间的
亲疏远近及和平共处关系。与鹿猪鸟图案尊形器共出于同一房址内的还有一件引

1　朱延平：《小山尊形器"鸟兽图"试析》，《考古》1990 年第 4 期。

2　敖汉旗博物馆：《敖汉旗南台地赵宝沟文化遗址调查》，《内蒙古文物考古》1991 年第 1 期。

3　沈阳市文物管理办公室、沈阳故宫博物馆：《沈阳新乐遗址第二次发掘报告》，《考古学报》1985 年
第 2 期。

4　北京市文物研究所、北京市平谷县文物管理所上宅考古队：《北京平谷上宅新石器时代遗址发掘简
报》，《文物》1989 年第 8 期。

图三　南台地鹿纹尊形器

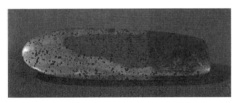

图四　小山石钺

人注目的精美石钺，是用罕见的凝灰质岩制成，中心有一宛如镶嵌的红色斑块，通体磨光，近顶处有一刻划人头（图四）。如此精美的象征王权的石钺与表象部族联盟的精美的鹿猪鸟图尊形器共出于同一房址内，表明两件器物的所有者，以及该房屋的主人无疑是部族的首领。

主张天象说者以冯时的论述最为充分[1]。他以古代文献中关于猪与北斗关系的记载为基点展开论述，认为掌握众生祸福生死的司命之神，原本为北斗之神，《说文》有以"豚祠司命"之说，《风俗通义》有祭祀司命"皆祠以猪"的记载，这反映了古人以猪象征北斗的古老观念。在小山尊形器的图案中，野猪位于中央的位置，南有鸟，北有鹿，猪既然是北斗的化身，那么，作为南北两象象征的鸟就为南宫张宿，鹿就为北宫危宿。因为，在中国天文学的传统中，北斗作为拱极星有与四宫星象相互拴系的特点。所以说，小山尊形器腹部刻印的猪鹿鸟图案是一幅史前时期的天象图。

除此两说外，还有人主张这是一幅生殖崇拜的图画，画中的猪是雄性野猪龙[2]。举例南台地出土的鹿纹尊形器，认为头尾相连的两鹿，后鹿奋力向前，努力追求前鹿的"玄牝之门"——母器。它刻画了地老天荒的自然景观，古朴粗犷的爱情生活，积极进取的心理状态，是原始生殖崇拜和先民觉醒意识的产物。

1　冯时：《中国天文考古学》，社会科学文献出版社，2001年。

2　布谷：《猪龙根三部曲》，《昭乌达蒙族师专学报》（汉文哲学社会科学版）1996年第1期。

泉护村鸟纹

鸟纹是庙底沟文化最富特征的图案。20 世纪 50 年代末，黄河水库考古队在陕西华县泉护村发掘出土一件残损过半的彩陶盆，在残存部分绘一残损过半的具象鸟纹[1]。在中国的考古发现中，鸟纹并不鲜见，然而与此残鸟纹完全相同的图案则再无发现。因此，此件残器上的

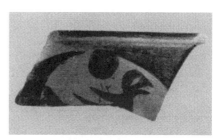

图一　泉护村鸟纹彩陶盆

图案就愈发珍贵了。残损的器物为卷沿盆，编号为 H160：402，侈口，弧颈，鼓腹；泥质红陶，黑彩；盆的颈部和上腹部绘鸟纹，鸟纹的左右外轮廓是弧边三角纹，弧边三角围起的圆圈中绘一展翅飞翔状的侧身鸟，鸟的颈背处绘有双翅，张嘴，翘尾，鸟眼以空白表现，鸟的头翅后上方绘一大大的圆点，鸟身以下残失（图一）。苏秉琦在排列泉护村遗址鸟纹图案时[2]，对这件残鸟绘出了复原图，把丢失的双腿绘成呈飞翔状的向后收起，整个图案表现的是太阳下的飞鸟或鸟负日飞行（图二）。

泉护村遗址的飞鸟图案，学者多以古代神话传说中的"金乌负日"来解释。《山海经·海外东经》讲："汤谷上有扶桑，十日所浴，在黑齿北。居水中，有大木，九日居下枝，一日居上枝。"意思是说，汤谷有一棵扶桑树，是十个太阳洗澡的地方，就在黑齿国的北面。在大海中有一棵扶桑树，九个太阳在树的下枝休息，一个太

1　北京大学考古学系、中国社会科学院考古研究所：《华县泉护村》，科学出版社，2003 年。

2　苏秉琦：《仰韶文化的若干问题》，《考古学报》1965 年第 1 期。

图二 复原飞鸟负日图案

图三 英庄画像石上的飞鸟负日纹

图四 成都画像砖上的飞鸟负日纹

阳停在树的上枝。《山海经·大荒东经》还讲："汤谷上有扶木，一日方至，一日方出，皆载于乌。"意思是说，汤谷有扶桑树，一个太阳刚刚回到这里，另一个太阳就从扶桑树升起，他们都是负载于三足乌的背上出巡的。河南南阳英庄汉代画像石上有一金乌负日图[1]，画的是飞翔于天的金乌展开双翅，抖开尾巴，背负一大大的太阳（图三）。四川成都汉画像砖上也有一幅金乌负日图[2]，画的是展开双翅和尾巴飞翔于天的金乌，背负一大大的太阳，太阳的中间还有一只飞翔的金乌（图四）。因为负日金乌的头画作人首，研究者认为这是传说中的羲和。《山海经·大荒南经》记载："有女子名曰羲和，方浴日于甘渊。羲和者，帝俊之妻，是生十日。"意思是说，有个女子叫羲和，正在甘渊中给太阳洗澡。羲和是帝俊的妻子，生有十个太阳。与这两幅汉代金乌负日图相同构图的彩陶图案——金乌与太阳合体，在华县泉护村遗址中也有发现。这件彩陶器标本号为 H1052：05，为彩陶卷沿盆，上腹绘有两鸟纹，其一圆头，长喙，瘦长身，展翅，扬尾，尾根部绘一象征太阳的大圆点（图五）。

在庙底沟文化中，彩陶上的鸟纹有两种表现形式，一种如泉护村 H160：402 彩陶盆上所绘从侧面观察的侧视鸟纹，还有一种是从正面观察的正视鸟纹。也是在 20 世纪 50 年代末，中国科学院考古所在山西芮城大禹渡村遗址采集到一件残

1 王建中、闪修山：《南阳两汉画像石》，文物出版社，1990 年。

2 闻宥：《四川汉代画像选集》，群众出版社，1955 年。

彩陶缸 [1]，缸的上腹部绘有散化的花卉纹，一个花蕊是以正视鸟纹表现的。鸟头为一圆点，鸟身为一弯月，弯月翘起的两端为展开的双翅，鸟身下有三条短线（图六）。对于鸟身下的三条短线，有人认为是三足，有人认为是两足加一尾。同样的腹下三短线的鸟纹图案还见于河南陕县庙底沟遗址（图七）和陕西华县泉护村遗址。

　　把正视鸟纹腹下三短线看作是鸟足的研究者，认为这就是传说中的"三足乌"。东晋郭璞注《大荒东经》"皆载于乌"言："中有三足乌。"《淮南子·精神训》称："日中有踆乌。"东汉高诱注："踆，犹蹲也，谓三足乌。"关于太阳中有三足乌的来历，《续汉书·天文志》刘昭注引张衡《灵宪》说："日者，阳精之宗，积而成鸟，像乌而有三趾。"清人王筠在《文字蒙求》中说："日中有黑影，初无定在，即所谓三足乌也。"今天的人们多以近代科学的太阳黑子解释，太阳中的三足乌是人们观测太阳黑子产生的臆想。太阳中有三足乌，也见于汉画。河南唐河针织厂汉墓壁画中 [2]，有一位于日中的三足乌（图八）。如果从神话中和汉画中的金乌位于太阳中看，庙底沟文化中的鸟纹也是处在太阳中，鸟纹外围由弧线和弧边三角绘

图五　泉护村彩陶上的飞鸟负日纹

图六　大禹渡村陶缸上的正视三足鸟纹

图七　庙底沟遗址陶片上的正视三足鸟纹

图八　唐河针织厂汉墓壁画中的三足乌

1　中国社会科学院考古研究所山西工作队：《晋南考古调查报告》，《考古学集刊 6》，中国社会科学出版社，1989 年；王仁湘：《关于史前中国一个认知体系的猜想——彩陶解读之一》，《华夏考古》1999 年第 4 期。

2　周到、李京华：《唐河针织厂汉画像石墓的发掘》，《文物》1973 年第 6 期。

图九　河姆渡一期飞鸟负日纹骨匕

图一〇　河姆渡二期飞鸟负日纹象牙蝶形器

图一一　凌家滩飞鸟负日纹玉鹰

出的圆形轮廓就是太阳，不过是以阴文表现的太阳。

飞鸟负日的题材，在史前时期的艺术创作中还有几例著名的作品。一是浙江余姚河姆渡遗址距今 7000 年的第一期遗存中，有一件双鸟连体共负一日的骨匕，骨匕的正面线刻出两组相同的图案，每一图案的中部是光芒四射的太阳，太阳的上部为火焰纹，两侧的二鸟连体，头向外侧伸出，圆眼，长钩喙（图九）。另一是在距今约 6000 年的河姆渡遗址第二期遗存中[1]，有一件双鸟连体共负一日的象牙蝶形器，是在象牙牌上线刻出双鸟太阳纹，太阳纹居中，镂空的圆心之外有五周同心圆，圆上部为火焰纹，太阳两侧是对称回头望顾的鸟纹，圆眼，长钩喙（图一〇）。还有安徽含山凌家滩遗址出土的玉鹰[2]，鹰做展翅飞翔状，侧面鹰头，圆眼，尖喙，扇形齿状鹰尾，展开的两翅两端各雕一猪头。背部为一三环相套的太阳纹，内刻八角星纹（图一一）。另外，山东莒县陵阳河遗址出土的大汶口文化陶尊上的刻符，其中有两个为、形，有学者也认为是飞鸟负日。

如果从距今 7000 年前的河姆渡第一期遗存的双鸟负日到距今约 5500 年的庙

1　浙江省文物考古研究所：《河姆渡——新石器时代遗址考古发掘报告》，文物出版社，2003 年。
2　安徽省文物考古研究所：《凌家滩——田野考古发掘报告之一》，文物出版社，2006 年。

底沟文化的飞鸟负日，再经距今约 5000 年的凌家滩飞鹰负日和陵阳河的飞鸟负日，再到汉代画像上的飞鸟负日是一脉相承的话，那么金乌负日的传说就是一个由来已久的古老故事。

红山玉龙

2012 年在台湾逢甲大学讲学期间，有学生问怎样看眼下文物市场的红山文化玉龙。我说：我虽不懂鉴定，但我敢肯定大部分是假的，因为在红山文化遗址或墓葬中，玉龙数量很少，规格低的遗址或墓地一般只出一或二件，如河北姜家梁遗址；规格高的也不过几件，如辽宁朝阳牛河梁遗址。红山文化的遗址能有多少呢？

规格最高的牛河梁遗址共出土玉龙 5 件 [1]，其中发掘品 3 件，采集品 2 件。1984 年发掘的第二地点 4 号墓出土 2 件，《牛河梁》发掘报告是这样描述的：N2Z1M4：2，淡绿色，微泛黄。通体精磨，光泽圆润，龙体一面有白色瑕斑，近耳部有一道裂纹。龙体卷曲如环，头尾切开似玦，体扁圆而厚，背上部钻单孔。兽首形，短立耳，两耳间起棱脊，目圆而稍鼓，吻部前凸，有鼻孔，口略张开，前额与吻部刻多道阴线。通体高 10.3 厘米，宽 7.8 厘米，厚 3.3 厘米（图一）。N2Z1M4：1，白色蛇纹岩。形体与 2 号接近，唯体较小，头尾未完全切断，头部刻划的线条粗简。通体高 7.9 厘米，宽 5.6 厘米，厚 2.5 厘米（图二）。2002 年发掘的第十六地点 14 号墓出土 1 件，M14：3，淡绿色，泛黄，耳部有土黄色斑沁，背部有裂纹，质较匀，光泽度较高；体扁圆厚重，卷曲呈椭圆形，首尾间切开。头部较大，前额微凸，圆弧形立耳稍外撇，两耳间起棱脊，面部以阴线雕出圆目、口及吻部皱褶，吻部前凸，长圆形鼻孔，嘴紧闭，嘴角微呲，颈部对穿一圆孔。通体高 9.69 厘米，宽 7.62 厘米，厚 2.61 厘米（图三）。

---

[1]　辽宁省文物考古研究所：《牛河梁——红山文化遗址发掘报告（1983 ~ 2003 年度）》，文物出版社，2012 年。

图一　牛河梁出土玉龙　　　　　图二　牛河梁出土玉龙　　　　　图三　牛河梁出土玉龙 M14：3
H2Z1M4：2　　　　　　　　　　H2Z1M4：1

目前已发现的红山文化玉龙中，以内蒙古翁牛特旗三星他拉出土者最为精美[1]（图四）。该玉龙是农民翻地时发现的，后由旗文化馆发表。玉龙完整无缺，墨绿色，体卷曲，呈"C"字形，高 26 厘米，龙体横截面略呈椭圆形。吻部前伸，略向上弯曲，嘴紧闭。鼻端截平，双鼻孔为对称圆洞。双眼凸起呈梭形，前角圆而起棱，眼尾细长上翘。额及颚底皆刻细密的方格网状纹。颈脊起长鬣，为扁薄片状，磨出浅凹槽，边缘收成锐角似刃，弯曲上卷，末端尖锐。龙尾内卷。龙背有对穿的单孔。

红山文化玉龙背颈处均有一穿孔，牛河梁第二地点 M4 随葬的两件玉龙位于墓主的胸前，学者大多认为其应是巫觋佩戴在胸前通天地的法器。

红山文化玉龙均是兽首和蛇身两部分的复合体，对于"蛇身"大家也多无异议，至于兽首究竟为何物以及其含义，大家的解释则多有不同。言其似猪者认为，红山文化已饲养家猪，猪是祭祀的常物，在祈天、求雨、祷丰的祭祀活动中，猪为沟通人神间的信物；言其似熊者认为，在牛河梁"女神庙"中出有熊泥塑，红山文化是黄帝部族的遗留，黄帝部族在古史传说中为"有熊氏"；言其似鹿者认为，

1　翁牛特旗文化馆：《内蒙古翁牛特旗三星他拉村发现玉龙》，《文物》1984 年第 6 期。

图四　三星他拉出土玉龙

与红山文化比邻的赵宝沟文化出有鹿龙纹陶尊形器，反映的是一种鹿图腾崇拜和祖先崇拜。因为红山文化玉龙整体呈卷曲状，有的学者认为源自金龟子的幼虫——蛴螬。

龙被视为中华民族的图腾，距今5000年前的红山文化玉龙一经被确认，自然就能引起海内外的格外重视，相关文章层出不穷，难以一一叙及。

大墩子八角星纹

中国史前时期有一种神秘的纹样，或被绘制在彩陶上，或被戳印在白陶上，或被刻划在玉器上，流行时间很长，分布范围很广，这就是八角星纹。

1963 年，在江苏邳县大墩子遗址出土的彩陶盆[1]上发现了八角星纹。该盆为泥质红陶。侈口，上腹微鼓，下腹内收，小平底。上腹部施以红色陶衣为底，再于其上用白彩绘出七个二方连续分布的八角星纹，八角星中部露出方形红地，周围以黑线勾勒出轮廓，在每两个八角星纹之间，又画两道白色竖纹，腹下部有一周白色弦纹，连续分布的八角星纹占据了器腹的大部，醒目耀眼，为彩陶盆的主体图案。口缘部则先施白衣为底，再以红、黑二彩绘出弧线三角纹、线条纹和圆点纹（图一）。

在目前的发现中，年代最早的八角星纹是湖南洪江高庙遗址出土的（图二），距今约 8000 年。八角星纹乍一出现就有着浓重的神秘色彩，该八角星纹是刻划在陶釜的肩部，现仅存陶器的残片，作为载体的陶釜已无法复原。高庙遗址的发掘主持人是这样描绘的[2]：四组八角星纹呈二方连续分布，八角星纹以龙头纹间隔；图案由上下两层划纹组合成一个双手外张的人形，上层以八角形表现人头，八角形以八条短弧线连接而成，星内有一圆形，圆形内有一四条短弧线连接而成的四角星，八角星外是由弧线绘出的天穹；下层人体无下肢，胸腰用圆圈和折线填充，双臂用双头鸟表现。整幅画像构思诡谲，俨然如太阳神。

1　南京博物院：《江苏邳县四户镇大墩子遗址探掘报告》，《考古学报》1964 年第 2 期。

2　湖南省文物考古研究所：《湖南洪江市高庙新石器时代遗址》，《考古》2006 年第 7 期。

图一　大墩子八角星纹陶盆

图二　高庙八角星纹

图三　绰墩八角星纹陶纺轮

安徽含山凌家滩玉器上的八角星纹也颇具神秘色彩[1]，一件刻在玉鹰上，一件刻在玉版上。玉鹰做展翅飞翔状，头和嘴琢磨而成，眼睛用一对钻的圆孔表示，两翅各雕一猪（熊）头似飞翔状。腹部刻画出一圆圈纹，内刻八角星纹。八角星内又刻一小圆圈，圈内有一小圆孔。大圆圈上部雕出侧面鹰头，圆眼，尖喙；下部雕出扇形齿状鹰尾。玉版夹在玉龟的背甲和腹甲之间，两面精磨，长方形，体扁薄，四边有 21 个圆孔；版面正中刻出同心两圆圈，小圈内刻出八角星纹，大小圈之间以直线划出 8 个区域，每一区域内琢出圭形纹饰一个。大圈外沿圆边与玉版四角琢出 4 个圭形纹饰。玉鹰的两翼兽头或是猪或是熊，鹰猪（熊）合体，表现的是氏族联盟；玉版夹在玉龟腹内，是占卜的工具，即古谶纬书上所讲的"元龟衔符"。

史前时期发现的八角星纹还有许多，诸如在江苏昆山绰墩遗址中，八角星纹刻划在陶纺轮上（图三）；在山东泰安大汶口遗址出土的一件彩陶豆上（图四），器腹一周也用白彩绘出八角星纹，八角星之间也间以两条竖线纹，无论布局还是纹样形状均与大墩子彩陶盆毫无二致；在高庙文化晚期的湖南安乡汤家岗遗址中，还有几例以篦点戳印在白陶盘底的八角星

1　安徽省文物考古研究所：《凌家滩——田野考古发掘报告之一》，文物出版社，2006 年。

纹；凌家滩遗址还出有八角星纹陶纺轮。此外，上海青浦崧泽遗址出土豆和壶上的压划八角星纹、江苏澄湖良渚文化古井中双耳壶上的八角星纹刻符、江苏海安遗址和武进潘家塘遗址陶纺轮上的八角星纹，等等。远在内蒙古东部的敖汉旗小河沿南台地遗址中，出土的一件彩陶器座上也有彩绘八角星纹（图五）。

图四　大汶口八角星纹陶豆

如同满天星斗般分布的八角星纹一样，学界对八角星纹的象征意义的诠释也是众说纷纭。

太阳说[1]。太阳是世间万物的灵魂，对太阳的崇拜是自然崇拜的最初形式，辐射线和圆圈组成的纹样，表现的都是古人对太阳的观察。凌家滩玉鹰、玉版上的八角星纹都是由辐射的八角和内圈圆形组成，大墩子彩陶盆八角星纹的内侧虽为方块纹，但是其口沿上的一周短线纹表现的正是太阳的光芒。

图五　南台地八角星纹陶器座

方位说。在解释凌家滩玉版时[2]，有学者认为古代有一种把大地分为八方的观念，《淮南子·地形篇》曰："天地之间，九州八极。"高诱注："八极，八方之极。"八角星的八个角所指就是八极所在。在谈到山地族群与平原族群的方位观时[3]，有学者

1　李锦山：《八角形纹饰与太阳神崇拜》，《农业考古》2000 年第 1 期。
2　饶宗颐：《未有文字以前表示"方位"与"数理关系"的玉版——含山出土玉版小论》，《文物研究》第六辑，黄山书社，1990 年。
3　郭静云、郭立新：《从新石器时代刻纹白陶和八角星图看平原与山地文化的关系》，《东南文化》2014 年第 4 期。

认为山地狩猎族群对空间的认知依靠确定的参照物；平原地区的人们以自己身处的位置或聚落为中央，标注出日出、日落、日中与夜中为东南西北，以此再划四方为"八方"。

织机说[1]。把江苏武进潘家塘出土陶纺轮上面的八角星纹与今日四川成都的"丁桥织机"部件羊角——"滕花"做比较，两者之间的一致性，令人惊诧不已！八角星纹应该是"台架织机"上最有代表性的部件——"卷经轴"两端八角十字花扳手的精确图像。八角星纹刻画到纺轮上，是史前纺织工艺的一种标记与象征。

花朵说[2]。有天文考古研究的学者认为，从图案的总体形象看，八角星纹就是绽放的花朵，开花结果，是农业获得丰收的象征。大汶口文化中的大墩子彩陶盆等，源自庙底沟文化，该文化的先民们尤其喜爱花卉图案，最终精炼出八角星纹图案，反映了先民们对于农业生产与观象授时密切关系的认识。

"巫"字说[3]。有古文字学家认为，八角星纹符号是"巫"字。古文的"巫"字呈十字形，是两个"工"字以直角交叉重叠而成。"工"即古代的"矩"，"巫"就是操"矩"测量天地者。凌家滩玉版以八角星纹——"巫"为中心的整个图案，表现的是一种天圆地方的宇宙观念。

超新星爆发说[4]。有学者在自然科学类的杂志上发表文章，认为新石器时代的八角星形象可能来自一次距离地球很近而非常明亮的超新星的爆发，约 1 万年前船帆座的超新星或可作为这次事件的首选者。

既然八角星纹是一种不止装饰在一种器物上的纹样，这些器物又彼此不存在演变承袭的关系；既然八角星纹存在于多种考古学文化中，这些考古学文化彼此不存在承袭演变，甚至缺乏联系和影响，那么，我们是否就应想到八角星纹的文化内涵也不单一，是否也不该用一种诠释涵盖所有的八角星纹的内涵呢？

---

1 王孖：《八角星纹与史前织机》，《中国文化》1990 年第 1 期。

2 陆思贤、李迪：《天文考古通论》，紫禁城出版社，2000 年。

3 李学勤：《论含山凌家滩玉龟、玉版》，《中国文化》1992 年第 1 期；《良渚文化的多字陶文——吴文化历史背景的一项探索》，《苏州大学学报·吴学研究专辑》1992 年第 1 辑。

4 赵复垣、徐琳、张承民：《新石器时代八角星图案与超新星爆发》，《科技导报》2013 年第 23 期。

凌家滩玉鹰

安徽含山凌家滩遗址以出土一批史前时期的玉器而闻名，其中玉人、玉龟、玉版和玉鹰都十分惹人眼球，成为探索史前时期原始宗教、天文历法和社会制度不可多得的宝贵资料。

玉鹰是 1998 年发掘时发现的，出在第二十九号墓葬中[1]。灰白色泛青绿点，表面抛光润亮。鹰做展翅飞翔状，头和嘴琢磨而成，眼睛用一对钻的圆孔表示，两翅各雕一猪头似飞翔状。腹部刻画出一圆圈纹，内刻八角星纹。八角形内又刻一小圆圈，圈内有一小圆孔。大圆圈上部雕出侧面鹰头，圆眼，尖喙；下部雕出扇形齿状鹰尾。高 3.6 厘米，宽 6.35 厘米，厚 0.5 厘米（图一）。

图一 凌家滩玉鹰

关于该玉鹰的认知，其主体形态为鹰或隼类猛禽，大家没有异议，双翅的两端为猪，也是多数学者的意见（个别有认为是貘者），关于中部的大小同心圆及圆内的八角星纹，学者也多认为是太阳的象征。由此可知，这所谓的"玉鹰"实

---

1 安徽省文物考古研究所：《凌家滩——田野考古发掘报告之一》，文物出版社，2006 年。

图二　河姆渡双鸟朝阳牙雕

际是鹰、猪、太阳三体合一的兼体形象。关于玉鹰的内涵，以李修松的解释最为详尽[1]，他认为玉鹰的鹰形来源于比邻的大汶口文化，是其文化的所有者少昊氏的族徽——鸷鸟，内刻八角形的圆形代表太阳，合之则为"鸷鸟负日"，与大汶口文化另一族徽

——昊为同义。至于猪，则是凌家滩遗址大汶口文化饲养的主要家畜。2007年的凌家滩发掘，在一座墓葬的墓口处发现一件大型玉雕猪形器，长约72厘米，宽32厘米，重达85千克。杨伯达认为，该三位一体的玉牌是鹰、猪、太阳三部落联合体的复合性"图腾"[2]。杨伯达的这一认识与俞伟超关于凌家滩玉璜的认识不谋而合，他认为凌家滩的玉璜有"合符"现象，即将一件玉璜从中间切割为两半，并作出一个类似榫卯结构的结合，使得其可分可合，有两件玉璜一端为鸟首，另一端为"不可名状"的兽首，这两件玉璜应是鸟氏族与兽氏族联姻的信物[3]。巧合的是，出土玉鹰的墓葬还出有三件玉人，难道分别代表三个氏族吗？

与凌家滩玉鹰相像的雕饰最早见于浙江余姚河姆渡遗址，在该遗址距今约6300～6000年的第二期遗存中，有一件引人注目的蝶形牙雕（图二）。《河姆渡》发掘报告称[4]：该版上下部已残，两角圆弧。正面磨光后阴刻图案。正中钻一圆窝为圆心，外刻同心圆五周，圆外上部刻象征烈日的"火焰"纹，两侧各刻对称的回头望日的鹰嘴形鸟。鸟头中心钻小圆窝为眼睛，鸟头外侧钻有小圆孔3个。背部制作较粗糙。长16.6厘米，残宽5.9厘米，厚1.2厘米。该雕版被称作"双鸟

1　李修松：《试论凌家滩玉龙、玉鹰、玉龟、玉版的文化内涵》，《安徽大学学报》（哲学社会科学版）2001年第6期。

2　杨伯达：《关于凌家滩出土史前古玉的管见》，《凌家滩文化研究》，文物出版社，2006年。

3　俞伟超：《凌家滩璜形玉器是结盟、联姻的信物》，《凌家滩玉器》，文物出版社，2000年。

4　浙江省文物考古研究所：《河姆渡——新石器时代遗址考古发掘报告》，文物出版社，2003年。

朝阳",亦可称作"双鹰望日"。在河姆渡遗址还出有一件猪纹盆及诸多的猪形泥塑。

凌家滩遗址的鹰、猪、太阳三体合一的兼体形像，河姆渡遗址的双鸟朝阳牙雕及猪纹盆，都表现出鹰、猪、太阳三者的密切关系，这又意味着什么呢？

凌家滩玉龟

在中国，乌龟这种与人类生活密切相关的两栖动物，被赋予了太多的文化内涵，区区千字短文，实难尽书。在考古学上，最著名的要数殷墟刻在龟甲上的文字——甲骨文。史前时期，安徽含山凌家滩遗址出土的距今约5600～5300年的玉龟也很著名。

这件玉龟是第四号墓葬出土的，发现在墓主人的腹部。《凌家滩》发掘报告是这样记述这件玉龟的[1]：透闪石，灰白色泛黄。由背甲和腹甲组成。背甲，圆弧形，琢磨出背脊和背上龟纹，两边各钻2个圆孔，两孔间琢磨出凹槽，尾部对钻4个圆孔。腹甲平底两边略向上斜弧，两边与背甲对应处也钻2圆孔，尾部1圆孔。背甲和腹甲上的圆孔都应是拴绳固定之用。背甲长9.4厘米，高4.6厘米，宽7.5厘米，厚0.65厘米；腹甲长7.9厘米，宽7.6厘米，厚0.55厘米（图一）。下葬时，玉龟腹、背甲之间还夹有一个长方形玉版。玉版为透闪石，牙黄色，两面精磨，长方形，体扁薄，两端各有5个圆孔，两边之一有9个圆孔，另一边有2个圆孔。版面正中刻出两同心圆圈，小圈内刻出八角星纹，大小圈之间以直线划出8个区域，每一区域内琢磨出圭形纹饰1个。

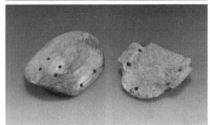

图一　凌家滩M4出土玉龟

1　安徽省文物考古研究所：《凌家滩——田野考古发掘报告之一》，文物出版社，2006年。

大圈外沿圆边与玉版四角琢磨出 4 个圭形纹饰。长 11 厘米，宽 8.2 厘米，厚 0.3 厘米（图二）。

图二 凌家滩 M4 出土玉版

关于这件玉龟和玉版的功用，著名考古学家俞伟超和张忠培都有专文论述，他们都把与玉龟和玉版认定为卜卦的器具。俞伟超从玉龟做成背甲和腹甲，又在两者相对的部位对着钻孔并琢磨凹槽分析，认为玉龟的使用方法应该是：在对钻的圆孔之间穿绳，用以固定背甲和腹甲，两半玉龟甲分开时把某种物件放入玉龟甲内，用绳子把两半玉龟栓紧，摇动玉龟后解开绳子取出物件，观察物件的状态，占卜者据此解释吉凶。夹在两半龟甲之间的玉版上的八角形图案象征太阳，大圆内的八个圭纹象征八方社神——地母，整块玉版就是被凌家滩人崇拜的神像。玉龟与玉版同出，就是在神祇面前进行龟卜，卜问部落的重大事情[1]。关于玉版夹在玉龟中，饶宗颐讲："这和历来最难令人置信的各种纬书所说的'元龟衔符''元龟负书出''大龟负图'等荒诞不经的神话性怪谈，却可印证起来。"[2]

龟在中国古代是通神的灵兽，以龟占卜求问吉凶，见于方悫《礼记集解》："麟体信厚，凤知治乱，龟兆吉凶，龙能变化。"《尚书·虞书·大禹谟》：帝（舜）曰"禹，官占惟先蔽志，昆命于元龟。"说明在传说时代的舜时就已有用龟卜卦的事情。夏殷两代沿用龟卜，《史记·龟策列传》："略闻夏殷。欲卜者，乃取蓍龟。"

在考古发现中，龟用于占卜是大约距今 8000 年的前仰韶时代，河南舞阳贾湖遗址有 23 座裴李岗文化墓葬随葬了龟甲[3]，出土时也是背甲和腹甲扣合成完整龟壳，龟壳内藏有石子（图三）。到了距今大约 5000 年的仰韶时代晚期，以龟随葬

---

1 俞伟超：《含山凌家滩玉器和考古学中研究精神领域的问题》，《文物研究》第五辑，黄山书社，1989 年。

2 饶宗颐：《未有文字以前表示"方位"与"数理关系"的玉版——含山出土玉版小论》，《文物研究》第六辑，黄山书社，1990 年。

3 河南省文物考古研究所：《舞阳贾湖》，科学出版社，1999 年。

图三 贾湖出土龟甲及石子

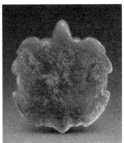

图四 牛河梁出土红山文化玉龟

已是比较常见的现象。燕山北侧的红山文化墓葬中发现有玉龟多件（图四）。属于大汶口文化的江苏邳县大墩子44号墓葬出土的两副龟甲，分别装着骨锥和骨针，龟甲的边缘也有钻孔。

张忠培对凌家滩玉龟做了进一步的研究，他认为出土玉龟的墓葬位于祭坛处，在多达133件随葬品中，引人注目的除玉龟、玉版外，还有10件玉钺和16件石钺，钺在古代是军事权力的象征，《左传·成公十三年》云："国之大事，在祀与戎。"因此墓主人是一位既握神权又掌军权的王者[1]，古代社会发展至此，国家的雏形业已形成。李济曾认为，中国古代的龟卜源于骨卜（有猪、羊、牛等肩胛骨占卜）[2]，但从考古发现上看，龟卜要远远早于骨卜，骨卜最早见于甘肃的马家窑文化，年代大约与凌家滩同时。

在中国龟文化中，神龟蒙受"乌龟""王八""绿帽子"之冤，从天上跌落地下，大约是宋元以后的事情。

1　张忠培：《窥探凌家滩墓地》，《文物》2000年第9期。

2　李济：《城子崖（山东省历城县龙山镇之黑陶文化遗址）》之序二，中央研究院历史语言研究所，1934年。

薛家岗列刀

周代实行天子、诸侯、卿、大夫、士、庶人的等级制度，并且有着与此相应的礼乐制度，体现在考古发现中最明显的就是列鼎制度。汉代何休注《公羊·桓公二年传》有解释："礼祭天子九鼎，诸侯七，卿大夫五，元士三也。"对此，俞伟超、高明的《周代用鼎制度研究》有很好的阐述[1]。所谓"列鼎"，就是在一组鼎中，每个鼎的形制、花纹相同，但大小不同，尺寸依次递减，形成有规律的序列。然而，周代的这种列器制度，早在史前时期就已出现则是近年的研究成果。

1979 年至 1982 年，安徽潜山薛家岗遗址的发掘，清理了新石器时代墓葬150 座。在距今大约 5000 年的一批墓葬中，普遍随葬多孔石刀[2]。少数墓葬随葬 1件，如 M1 随葬 1 件 7 孔石刀，M8 随葬 1 件 5 孔石刀。多数墓中随葬 2 件及以上，如 M47 随葬 9 孔、7 孔、5 孔、3 孔石刀各 1 件，M58 随葬 9 孔、5 孔、3 孔、1 孔各 1 件，M44 随葬 13 孔、11 孔、5 孔、3 孔石刀各 1 件。这些石刀形制统一，多为砂质板岩制成，呈青灰色或灰黄色，器体扁平，较薄，呈长方形或斜梯形，磨制精细，刃口锋利且有崩损，器身上钻有 3 ～ 13 孔不等，孔为单面钻或双面对钻（图一）。器体随孔数的多少而长短不一，孔数较多者，如 13 孔的 M44：11长达 50.9 厘米（图二），9 孔的 M47：8 长达 46.9 厘米，而两者最厚处仅 0.6 厘米。部分石刀的钻孔周围绘有红色花纹，大多脱落，仅留红彩痕迹。M58：3 的红彩残痕最为清晰，其两面钻孔周围均有一致的花果形图案（图三），且该图案也普

1　俞伟超、高明：《周代用鼎制度研究》，《北京大学学报（哲学社会科学版）》1978 年第 1、2 期；1979 年第 1 期。

2　安徽省文物考古研究所：《潜山薛家岗》，文物出版社，2004 年。

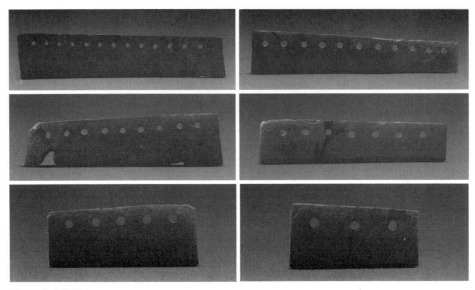

图一　薛家岗列刀

图二　M44 出土 13 孔石刀

图三　M58 出土红彩石刀

遍出现在薛家岗墓葬中大量随葬的石钺上。

　　对于奇数的偏执，是这些石刀的又一大特殊之处，除 M49 中随葬一件为 4 孔外，其余均为 1 ～ 13 的奇数孔。根据专家对制作工艺进行的研究，这些石刀的钻孔遵循了一套完整的程序[1]，具体分为正面定孔位、选钻具、正面下钻、背面定孔位、背面下钻、取石芯、打磨内孔边缘等步骤，并且通过比较孔间距与左右边距，很可能在定位过程中采用了先定位中间一孔、再逐个定位的方法。由此看来，M49：7 的 4 孔偏于一侧，另一侧留有再钻一边孔的余地，其最初很有可能是根

1　朔知、杨德标：《薛家岗石刀钻孔定位与制作技术的观测研究》，《中国历史文物》2003 年第 6 期。

据 5 孔来定位的。那么，薛家岗石刀的钻孔为何如此执着于奇数呢？这自然让人们想到周代的用鼎制度，在周代列鼎制度中，对于鼎数的规定也是奇数，两者在此点上暗合是否有着礼制的传承？奇数为阳、偶数为阴的观点，一般认为是阴阳八卦学说流行后古人奉行的数字哲学，其是否源于史前时期的人类？

薛家岗遗址的多孔石刀并不为其独有。随葬石刀的薛家岗墓葬大约相当于长江下游地区的良渚文化时期，良渚文化的前身是崧泽文化。在宁镇山地崧泽文化时期就有了多孔石刀的生产，如南京北阴阳营墓地 [1]M131 出土的 7 孔石刀，金坛三星村墓地 [2]M609 出土的 7 孔石刀等。崧泽文化的多孔石刀与薛家岗文化的多孔石刀形态风格不同，薛家岗者扁薄平直，崧泽者圆厚弯弧。江淮地区考古学文化的格局表明，薛家岗文化从早到晚始终受其东邻崧泽文化和良渚文化的影响。因此，薛家岗文化的多孔石刀也应是在崧泽文化的影响下而产生的。

良渚文化是中国史前一支文明化程度很高的文化，其文化内涵已表现出一定的等级结构。与其同时的薛家岗遗址中，这种体积大又涂朱的多孔石刀，很难想象是作为日常生活的实用器来随葬的，而是死者生前社会地位的标志。有学者研究 [3]，薛家岗石刀的多寡及石刀孔数的多寡与陶器的多少成正比，且随着墓葬的分布位置，石刀孔数的多少由北向南递减，多者位北，

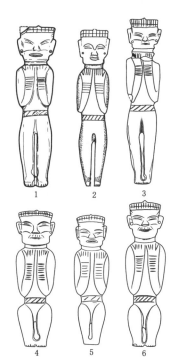

图四　凌家滩遗址玉人

1　南京博物院：《北阴阳营——新石器时代及商周时期遗址发掘报告》，文物出版社，1993 年。
2　江苏省三星村联合考古队：《江苏金坛三星村新石器时代遗址》，《文物》2004 年第 2 期。
3　卜工：《历史选择中国模式》，科学出版社，2009 年。

图五　良渚文化邱承墩 5 号墓葬随葬列璧

少者位南。这样的现象表明，石刀孔数的多寡与墓主人生前社会地位的高低相关。随葬石刀数量多、孔数多的墓葬位北，墓主人当具有更高的身份和地位，随葬石刀数量少、孔数少的墓葬位南，墓主人的身份和地位则较低。如以后世周礼的列鼎制度衡量之，史前时期薛家岗 M44、M47 等墓中孔数递减的奇孔石刀则可称之为"列刀"。

　　史前时期的列器，不仅见于薛家岗文化的列刀，还见于安徽潜山凌家滩遗址的玉人，主要是由人臂上的横向刻纹数目体现的（图四）；著名的良渚文化的玉琮是由琮的节数体现的，玉璧是由大小体现的（图五）；另外还有鸡公山文化高矮不一的列瓶等。

大地湾陶抄

1983 年，在著名的甘肃秦安大地湾遗址仰韶时代晚期的 901 号房址中，出土 2 件似由小口尖底瓶下半部改制而成的带把斜口器——陶抄[1]。我曾专门撰文论证其为史前时期的量器[2]。

发掘报告是这样描述陶抄的：夹粗砂红陶，圆形长体呈簸箕状，整体似尖底瓶的下半部，前端为大圆形开口，似簸箕，后端渐收呈小圆锥形器底，外有一环形把手或为圆柱形器柄。一件口径 22.3 厘米，长 36 厘米，高 24.6 厘米；另一件口径 17.8 厘米，长 46 厘米，高 15.7 厘米（图一）。

图一　秦安大地湾出土陶抄

继大地湾遗址的发现之后，陶抄又陆续在陕西花楼子、扶风案板和山西河津固镇发现 3 件（图二）。到目前为止，从仅仅发现 5 件的微少数量看，陶抄当非日常生活用具。这 5 件陶抄通长在 36 ～ 46 厘米之间，在造型上，分前斗后柄两部分，前斗部宽，用以盛物，斗口斜抹，便于盛撮。后柄部细圆或另加提梁，便于握提，其作用同于当代居民使用的簸箕、撮子和抄。

1　甘肃省文物考古研究所：《秦安大地湾——新石器时代遗址发掘报告》，文物出版社，2006 年。
2　许永杰：《陶抄的考古情景分析》，《新果集——庆祝林沄先生七十华诞论文集》，科学出版社，2009 年。

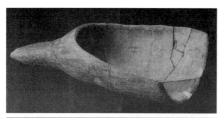

图二　扶风案板、河津固镇出土陶抄

图三　战国秦商鞅铜方升

这5件陶抄的出土情境分析是：①陶抄出土于大型遗址——聚落考古学的视野中的"中心聚落"当中。②陶抄的出土遗迹均有不同寻常之处，大地湾遗址F901被誉为"原始殿堂"，两件陶抄与红陶衣四足盆形鼎、四鋬尊形罐及漏斗状器盖、条形盘集中出于前堂；在花楼子陶抄与刻文兽骨共出；在扶风案板陶抄与陶塑人像共出；在固镇陶抄与大量储藏器共出。③陶抄与储藏或储藏器关系密切，几个出有陶抄的房址或灰坑均伴有陶瓮共出。

之所以把陶抄认定为量器，主要理由一是陶抄前斗后柄的器形同于战国秦汉时期的量器，比如战国秦商鞅铜方升（图三）、秦始皇诏铜椭量、新莽始建国铜方升、新莽始建国元年撮等。二是抄、撮是古量器见于文献记载。《孙子算经》上卷："量之所起，起于粟，六粟为一圭，十圭为一撮，十撮为一抄，十抄为一勺，十勺为一合，十合为一升，十升为一斗，十斗为一斛，斛得六千万粟。"三是经实测大地湾陶抄及与其共出的几件特殊器物，所盛黍物有正比例关系：10条形盘＝1铲形抄，2铲形抄＝1箕形抄，5箕形抄＝1四鋬尊形罐，这与历史时期及当代少数民族使用的系列量器相符。

把陶抄定义为量器，在我们的眼前便可展现这样的场景：当历史发展到距今约5000年的仰韶时代晚期，位于清水河畔的公共会所——原始殿堂内，专管量器的公职人员，在收获的时节于前堂用陶抄等量器征收粮农缴纳的谷物，存放于

图四　大地湾遗址 901 号房址出土器物的情境

1、2. 瓮罐（T904⑤A：1、T904⑤A：2）　3、4. 陶抄（F901：10、F901：16）　5. 四足盆形鼎（F901：2）
6. 条形盘（F901：4）　7. 四錾尊形罐及漏斗状器盖（F901：14）

置有储藏器的后堂；待需要时，再将存放在后室的谷物提到前堂，发放给那些从
事脑力劳动、非农业劳动和饥馑者；出入粮库的谷物均需记账（图四）。可以判定，
这种在由专人掌管"官量"，用以调剂剩余劳动和社会再分配的社会，应该是人
类社会发展到复杂社会的情景。

寺墩玉琮

琮、璧、钺是良渚文化殓玉葬中的"三大件"，玉琮在良渚文化的发现中，可谓数量颇多。良渚文化的玉琮若论最精美者，当为被誉为"琮王"的浙江余杭反山M12：98 玉琮。若论节数最多者，当为国家博物馆的一件藏品，多达 19 节[1]（图一），而正式见诸报道的则是江苏武进寺墩遗址所出的 M3：16 玉琮，有 15 节之多。

武进寺墩三号墓葬是一座殓玉葬的大墓[2]，共出土玉璧 24 件、玉琮 33 件（图二）。玉琮皆透闪石（软玉）琢制而成，玉色以黛绿、淡青为主，钙化严重者呈灰白色，有火烧痕迹者带褐色。节数有 15、13、12、11、9、8、7、6、5、4、3、2、1 节者，其中，节数 15 节的 M3：16 等多节玉琮未做详细的文字介绍。四号墓葬出土的一件玉琮被认为是该墓地最精美的一件，该玉琮系透闪石琢制，乳白色隐现翠绿、赭红色斑纹。扁方柱筒形，外方内圆，孔为两面对钻，两端有矮短圆口的射。外分四面，每面由 1.5 厘米宽的直槽分为两块，中部有 0.3 厘米的横槽，分为上、下两节。上节饰象征兽面纹四组，下节饰形象兽面纹四组，皆精雕细刻，线条匀称，图案繁缛。下节的形象兽面纹，作圆眼、

图一   19 节玉琮
（中国国家博物馆藏）

---

1   中国历史博物馆：《中国通史陈列》，朝华出版社，1998 年。

2   南京博物院：《1982 年江苏常州武进寺墩遗址的发掘》，《考古》1984 年第 2 期。

宽鼻、阔嘴的形象，在眼睑、鼻、嘴上以及鼻下、边框上，刻有细密匀称的云纹、弧线、横竖短条直线组成的饰带。上节的象征兽面纹，由圆眼、阔嘴构成，在嘴部、长横档之间、边框上，刻有细密匀称的云纹、弧线、横竖短条直线组成的饰带（图三）。

良渚文化的玉琮大小不一，大者节数达 19，小者节数仅 1。大小不一，节数不等的玉琮当有用途的不同。《周礼·考工记·玉人》讲："璧琮九寸，诸侯以享天子。""璧琮八寸，以覜聘。""驵琮五寸，宗后以为权。大琮十有二寸，射四寸，厚寸，是谓内镇，宗后守之。驵琮七寸，鼻寸有半寸，天子以为权。""瑑琮八寸，诸侯以享夫人。"意思是说，璧琮长九寸，诸侯用以享献天子。瑑璧瑑琮八寸，用作覜聘。系有丝条的琮，径五寸，王后用作秤锤。大琮径十二寸，刬出的角两旁相对共为四寸，厚一寸，称为内镇，王后执守。系有丝条的琮，径七寸，鼻一寸半，天子作为秤锤。瑑

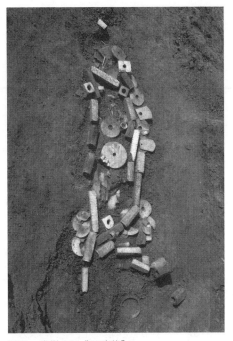

图二　寺墩 M3 "玉殓葬"

图三　寺墩 M4：1 玉琮

琮八寸，诸侯用以献享朝聘国国君的夫人。在古代文献还把玉琮的功用直接说成是祭器，《周礼·春宫·大宗伯》曰："以玉作六器，以礼天地四方。以苍璧礼天，以黄琮礼地，以青圭礼东方，以赤璋礼南方，以白琥礼西方，以玄璜礼北方。"明

确说玉璧是礼天的祭器，玉琮是礼地的祭器。《周礼·春官·典瑞》曰："疏璧琮，以敛尸。"说的是用璧和琮为死者随葬，这也是良渚文化"殓玉葬"名称的由来。

尽管古代文献对于玉琮的用途有明确的记载，今天的研究者还是就其功用展开了热烈的讨论。

在目前诸多有关玉琮和玉璧的象征意义的解释中，将其与天地、阴阳、男女性具相联系的最多，这些看法是源于东汉郑玄注《周礼》。《周礼·春官·大宗伯》："以苍璧礼天，以黄琮礼地。"郑玄注曰："礼神者必象其类：璧圜，象天；琮八方，象地。"张光直认为[1]，玉琮外方像地，内圆像天，中间通透，是一种贯串天地的法器，史前时期贯穿天地是巫师的专有职能，玉琮外表所刻动物是巫师通天地的助手，玉是具有灵气的材质，随葬玉琮的良渚文化大墓主人，就是手握法器通天地的巫师，同时也是一位拥有政治权利的社会上层。年轻学者认为[2]，在新石器时代晚期，天地交感化生万物的阴阳观念已经出现，天地、乾坤、父母、男女等概念已植根于先民的灵魂深处，璧、琮分别象征着地母之女阴和天神之阳具。人类学家凌纯声认为[3]，琮来源于生殖器——"祖"或"主"，新石器时代的陶祖、石祖和后来的铜祖，都是圆形、圆锥形的，而其中的"平头"的祖就很像玉琮。

将玉琮认作是良渚文化的图腾柱，是对于琮功用认识的一个主要观点。从事良渚文化研究的老一代专家牟永抗有这种认识[4]，新一代专家刘斌也持这种看法[5]，他们以为琮的祖形应源于刻有神像的图腾柱，如同美洲印第安人将图腾分层雕刻在木柱上一样，良渚人也将其图腾——神人分层雕刻在玉柱上。玉器专家邓淑苹也将玉琮称为良渚文化的图腾柱，认为玉琮在实际运用时，是套于圆形木柱的上

1 张光直：《谈"琮"及其在中国古史上的意义》，《文物与考古论集》，文物出版社，1987 年。
2 刘铮：《璧琮原始意义新考》，《古代文明》2012 年第 4 期。
3 凌纯声：《中国古代神王与阴阳性器崇拜》，《中国的边疆民族与环太平洋文化》，台北联经公司，1979 年。
4 牟永抗：《良渚玉器上神崇拜的探索》，《庆祝苏秉琦考古五十五年论文集》，第 191 页，文物出版社，1989 年。
5 刘斌：《良渚文化玉琮初探》，《文物》1990 年第 2 期。

端的[1]。

　　玉琮在发现之初，还被当作财富的象征。余杭反山发掘简报认为[2]，玉璧是当时的权贵财富的一种象征。有学者认为，琮璧本是家里的陈设品，用作陪葬是象征财富和权力，琮璧还可作为赠品或交换物[3]。

　　关于良渚文化玉琮的性质与功能的观点非本区区短文所能叙尽的，比较有影响的还可举如下诸说。

　　中霤说。法国学者吉斯拉认为[4]，琮为家屋"中霤（烟筒）"的象征，为家庭中祭拜的对象，《礼记·月令》有"其祀中霤"，《白虎通义·卷二》有"五祀者，何谓也？谓门、户、井、灶、中霤也"的记载。

　　法器说。除境外学者张光直外，还有大陆学者王巍[5]，他认为良渚文化的玉琮是与原始宗教巫术活动有关的器物，它被放置于墓中随葬，很可能具有保佑死者平安吉祥，避祛凶邪的意义。

　　宇宙观说。持此观点的学者认为[6]，玉琮是中国古代"方位观"与通天行为的象征物，玉琮上的截面被设计成上不顶天、下不着地的形式，实为一种宇宙空间表达法，四组纹样则是空间方位的暗示。

　　近年卜工在其《文明起源的中国模式》系列著作中阐述的关于玉琮的认识颇有新意[7]。在反山和瑶山的墓葬中，玉琮多是出在死者的手臂附近，玉琮内空的圆孔穿有短木棍，是手握之物；玉琮上雕刻出的"神人纹"是傩徽，装柄刻徽的玉琮是指挥傩舞的傩棒。傩舞可用于军事训练，演习方阵。高体玉琮是用于军事指

1　邓淑苹：《新石器时代的玉琮——由考古实例谈古玉鉴定》，《故宫文物月刊》第 34 期，1981 年。
2　浙江省文物考古研究所反山考古队：《浙江余杭反山良渚墓地发掘简报》，《文物》1988 年第 1 期。
3　殷志强：《太湖地区史前玉器述略》，《史前研究》1986 年第 3、4 期。
4　参见滨田耕作著，胡肇椿译：《古玉概说》，中华书局，1936 年。顾颉刚认为，所谓"中霤"实如今日蒙古包顶部对着灶址的天窗——"烟口"，见顾颉刚：《史林杂识初编·中霤》，中华书局，1963 年。
5　王巍：《良渚文化玉琮刍议》，《考古》1986 年第 11 期。
6　许边疆：《从"神人兽面纹"看良渚文化玉琮形制》，《南京艺术学院学报》（美术与设计版）2013 年第 4 期。
7　卜工：《文明起源的中国模式》，科学出版社，2007 年；《历史选择中国模式》，科学出版社，2009 年；《中国模式解读早期中国》，科学出版社，2011 年；《中国 DNA》，科学出版社，2014 年。

图四　芮城清凉寺玉琮

图五　成都金沙玉琮

图六　三门峡虢国墓地玉琮

挥的，节数的多少与指挥的人数相关，具有"军阶"的意义。

良渚文化发明玉琮的影响是深远的。史前时期的陕西神木石峁、山西芮城清凉寺（图四）、广东曲江石峡；历史时期的河南偃师二里头、江西新干大洋洲、河南安阳殷墟妇好墓、四川广汉三星堆、成都金沙（图五）、河南三门峡虢国墓地（图六）等，都可以见到良渚玉琮的身影。

反山神徽

在造型奇特、意象生动的良渚
文化刻纹系统中，有一类专用于玉
器的半人半兽形象的特殊刻符，被
学界称为神徽。解读神徽意象以及
对其所涉及的良渚先民精神世界的，
长久以来都是良渚文化研究的热门
话题。

图一　反山 M12：98 琮王

最具有代表性的完整"神徽"，
雕刻在浙江余杭反山墓地中最高等
级的第十二号大墓出土的玉琮上[1]。
该玉琮出土时位于墓主头骨一侧，体量特大，分 4 节，重约 6500 克，被誉为"琮
王"（图一）。神徽图案雕刻玉琮四个面的直槽内，上下各一，周身总共 8 个。此
神徽形象是各类良渚玉器上类似构图中，刻画最繁缛、元素最齐备、结构最完整
者。神徽单体高约 3 厘米，宽约 4 厘米，运用浅浮雕与细线刻两种雕刻技法，表
现了一位半人半兽、亦人亦神的"神人"形象。此神人脸庞为倒梯形浅浮雕，怒
目圆睁、鼻翼宽厚、咧嘴龇牙，俨然一副狰狞的表情。其头顶为宝盖形浅浮雕冠
帽，帽上镶插羽翎为饰。上肢由细线刻绘，抬臂弯肘、五指平伸，恰指向胸腹前
的兽面。兽面以浅浮雕所表现的眼、鼻和嘴凸出器表，其神态与神人面部如出一辙，
其口中伸出的上下獠牙令人心生敬畏。兽面以下又由细线刻绘出屈肘的前肢与利

1　浙江省文物考古研究所：《反山》，文物出版社，2005 年。

图二 玉琮上的神徽

爪，与神人的上肢呼应。神人的上肢、兽面的前肢与浅浮雕的冠帽内缘、兽面眼鼻等部位，均布满细密的卷云和细线，使人面与兽面融为一体，也给整个图案增添了神秘诡谲的色彩。在同一玉琮四个角的角尺形凸面上，以转角为中轴线展开，跨两节为一组，各角又有上下两组略经简化的神徽图案，其神人面与兽面分刻于两节上，兽面两侧还有两个带尖喙的鸟首状图案（图二）。

同墓内共出的其他玉琮以及玉钺，玉权杖帽、玉镦上，亦雕刻完整的神徽，另在半圆形饰、玉锥、柱形器和大量的琮形管上，可见简化的神徽（图三）。

以雕刻有神徽纹样的玉器下葬，反山大墓的墓主也有以神自比的意图。因为，在墓主头骨上方或附近所见的冠形玉饰，应是墓主生前的头顶饰物，冠形玉饰与神徽上神人头顶所带之物形状相似。那么，墓主就是自比神人了。

神徽形象是严谨构思下的产物，繁简程度不一的神徽，遵循着相同的构图原则，显然已达到高度的程式化，其所表现的意象也应是一致的。有学者将良渚文化神徽与商周青铜器上的饕餮纹相比较，指出两者的相同点。第一，形象的相似。不仅体现在兽面的刻画上，更体现在不同层次浮雕效果的处理和云雷形地纹的运用上。第二，逻辑相似。在两者简化的过程中，均选择以双目作为标志性特征以指代其整体。第三，意义相似。青铜器是夏商周三代最为重要的礼器，而玉器则是良渚文化最为重要的礼器，其蕴含的是对神灵、对王权、抑或对祖宗的敬畏，都是通过创造虚拟的形象而对人产生约束。

作为神徽载体的 M12：98 琮王，是一件与其他玉琮有别的玉器。具体表现在这样几个方面：①壁厚孔小，高 8.8 厘米，射径 17.1 ～ 17.6 厘米，孔径仅有

图三 反山 M12 其他玉器及所雕刻神徽

4.9 厘米，形呈扁矮的方柱体，宽阔而硕大，区别于其他玉琮的壁薄孔大。②重约 6500 克，是所有玉琮中最重的一件。③琮体四面中间由约 5 厘米宽的直槽一分为二，由横槽分为四节，四个正面的直槽内都刻琢有神像形纹，精美繁缛且独特神秘，为其他玉琮所未见。更为独特的是：此琮侧视为琮，俯视则如璧。学者们都认为是琮璧合二为一的特殊礼玉。李学勤说[1]："那种琮（琮王）有一个很明显的特点：你从侧面看是一个玉琮，但从上面看就是一个玉璧，是按照璧的形式做的。很多人都知道璧是礼天的，琮是礼地的，这个大玉琮是把天和地结合起来的……讨论良渚文化的朋友有这样的想法，我个人也是这样的想法。"邓淑苹女士更是由此推测出璧、琮的使用方法[2]：在竖立的琮上方平置以璧，以木棍贯穿圆璧和方琮的中孔，组合成一套通天地的法器。可以支持璧琮合二为一看法的是古文献中有相关的记载，《周礼·考工记·玉人》："璧琮九寸，诸侯以享天子。""璧琮八寸，

1　李学勤：《走出疑古时代》，长春出版社，2007 年。
2　邓淑苹：《由"绝地天通"到"沟通天地"》，《故宫文物月刊》第 67 期，1988 年。

以眺聘。"这里的璧琮既非璧，亦非琮，且又以八寸、九寸这样的尺度给它一个规格，应当指的是一件器物。另据王仁湘讲[1]："考古中也确实发现过这样的琮与璧，璧之好可以套接在琮之射上。"更为重要的是，琮王这种"合二为一"的特性与中国古代阴阳观念中的"交感"思想正相吻合。

神徽是反山玉琮王上的主题纹饰，关于其象形和寓意，学者们见解可以归结为两类[2]。

一类认为神徽的形象是一个整体，是一位神人合一的形象。上部梯形图案是戴有羽冠的神人首部；中部是双臂和躯干，双臂分张折于胸侧，躯干以人面表现，圆目位于腋下，宽鼻位于胸腹，张口位于裆部；下部是踞坐的腿足。此图案是一个有两个面孔的人形。

一类认为神徽的形象是两部分，是人兽共处的形象。人头和双臂是上部，表现的是人，可以从手上看出；躯干和双腿是下部，表现的是兽，可以从兽爪上看出。至于下部的兽为何兽，则有虎、龙、猪龙、鸟等不同理解。

1　王仁湘：《琮璧名实臆测》，《文物》2006 年第 8 期。

2　岳洪彬、苗霞：《良渚文化"玉琮王"雕纹新考——兼论圆柱式玉琮的社会功能》，《考古》1998 年第 8 期；黄建康：《良渚文化神徽解析》，《东南文化》2006 年第 3 期。

陶寺龙盘

中国人自诩龙的传人，对龙有着特殊的情感，每有史前时期与龙相关的发现，都会让大家兴奋不已。史前时期有关龙的发现已有很多，山西襄汾陶寺遗址龙纹盘是其一例。

1978～1980年间，山西襄汾陶寺遗址的发掘，在距今大约4200年的大墓中发现了彩绘龙盘[1]。根据报告描述，陶寺墓地有10座墓各出陶盘1件，属于泥质陶，具有大敞口、斜直腹、平底的特征，器表印有篮纹或绳纹，内壁多涂陶衣并磨光。其中有4件，口径比其他陶盘更大，约40厘米，内壁陶衣上绘有红彩盘龙纹。4例盘龙图案的程式化程度很高，龙的躯体均由外向内盘绕，龙首位于陶盘的边沿处，头上有一角，口中衔有一穗状物。排除由于彩料剥蚀造成模糊不清的情况，4件盘内的龙纹也并不是完全相同。比如，M3072：6的龙纹大约盘绕两周，以红彩与黑底的间隔来表现龙躯体的鳞片（图一）；M3073：30的龙纹盘绕至盘中心约五周，以红彩与黑底间隔表现的龙鳞上点缀红白两色的圆点（图二）。另外两件的龙纹色彩脱落较甚，图案不很清晰，总体上与M3072：6类似，画工稍粗疏。龙盘在墓中摆放的位置并不确定，但通常与大口罐、木豆、木俎靠近，据此推测，盘在陶寺墓地中象征盛食器具，由于盘内壁施以彩绘，不能实用，因此，这类彩绘龙纹盘应是超越了实用价值的礼器。

在史前的考古发现中，最早的龙的形象是砾石堆塑的19.7米长的龙，距今大

1　中国社会科学院考古研究所、山西省临汾市文物局：《襄汾陶寺——1978~1985年考古发掘报告》，文物出版社，2015年。

图一　陶寺遗址 M3072∶6 出土陶盘　　　　图二　陶寺遗址 M3073∶30 出土陶盘

图三　阜新查海砾石堆塑龙

约 7300 年，发现于辽河流域的辽宁阜新查海遗址兴隆洼文化聚落中[1]（图三），该遗址陶器残片上还发现有贴塑的类似龙的蜷曲躯体。在年代稍后的赵宝沟文化中[2]，敖汉小山遗址发现刻有龙、虎、鹿图案的陶尊。年代再后的红山文化，龙的形象则用到了玉器的雕琢上，出现了著名的"玉猪龙"[3]（图四）。在黄河中游，河南濮阳西水坡遗址出土的三组蚌塑龙、虎图[4]（图五），属于后冈一期文化，年代距

1　辽宁省文物考古研究所：《查海——新石器时代聚落遗址发掘报告》，文物出版社，2012 年。
2　中国社会科学院考古研究所内蒙古工作队：《内蒙古敖汉旗小山遗址》，《考古》1987 年第 6 期。
3　辽宁省文物考古研究所：《牛河梁——红山文化遗址发掘报告（1983～2003 年度）》，文物出版社，2012 年。
4　河南省文物考古研究所、濮阳市文物保护管理所：《濮阳西水坡》，中州古籍出版社、文物出版社，2012 年。

今约 6000 年，因为与古史传说中的帝丘和颛顼相联系，曾引起学界和社会的广泛关注。与西水坡年代大约同时，在长江流域的湖北黄梅焦墩遗址，也发现一条长达 4.5 米的卵石堆塑的龙[1]。

在上述的发现中，前仰韶时代的龙是用砾石或蚌壳在地面上堆塑而成，仰韶时代早期出现刻划在陶器上的龙，仰韶时代晚期出现玉雕刻而成的龙，进入龙山时代出现彩绘在陶器上的龙。这些龙的形态也各不相同，较早的查海、西水坡、焦墩堆塑龙像鼍（鳄鱼），晚些的小山刻划龙、红山玉龙则似猪，最晚的陶寺龙则近蟒。龙是一

图四　牛河梁出土红山文化玉龙

种虚构的生物，出现在不同时间、不同地域、不同考古学文化中，由不同的人们共同体所创造，创造各有所本，形象也就各不相同。这种差别是在漫长的历史岁月中，逐渐消失而趋同的。

与其他龙形象相比，陶寺的龙具备以下特点：第一，有明确的考古学文化及相对年代归属，即属于龙山时代早期偏晚阶段；第二，有明确的享用者，即大墓的主人；第三，具象程度高，形象接近现代人对龙的认知；第四，不是偶一为之的单一个体，表现方式稳定。陶寺遗址是一个高规格的大型聚落，出土器物群除本文化的器物外，还包含齐家文化、大汶口文化、良渚文化、红山文化、屈家岭 – 石家河文化等不同区系考古学文化的因素。陶寺遗址早期的大型墓葬中，随葬了一系列制度化的礼器，有鼍鼓、土鼓、特磬的成套乐器，案、俎、豆、盘等彩绘木器，玉钺、玉琮、"V"形石厨刀等玉石器，足见墓主的身份地位之高。因此，可以肯定陶寺龙纹盘是属于高等级聚落中贵族所特享礼器。

从陶寺所属的时代，甚至西水坡所属的时代起，龙这一人们创造出的生物，就与社会的高层人士相联系了。这很容易让人联想起那些铸有龙纹的商周青铜重

1　陈树祥：《黄梅发现新石器时代卵石摆塑巨龙》，《中国文物报》1993 年 8 月 22 日第 1 版。

图五　濮阳西水坡蚌壳堆塑龙

器和绘有龙纹的明清御用瓷器。陶寺遗址因其所处的时代，因其所属的地望，因其一系列的重大发现，而被很多人看好是传说时代古帝王唐尧的都城平阳。历史时期皇帝是真龙天子，传说时代的古帝王是否也是龙的化身？

北福地陶面具

世界上最有名的面具当数出在埃及帝王谷公元前 14 世纪的小法老图坦卡蒙墓穴中的黄金面具了。图坦卡蒙黄金面具以其自身的精美和共出的大量宝藏以及神秘的"图坦卡蒙的诅咒"[1] 让全世界为之震撼（图一）。世界上著名的面具还有出自希腊公元前 16 世纪迈锡尼墓中的所谓"阿伽门农"[2] 金面具（图二）。在中国，著名的金面具则有出自四川广汉三星堆的商代晚期金面具（图三），出自内蒙古奈曼旗辽代陈国公主墓的公主与驸马的金面具等（图四）。然而，中国河北易县北福地出土的距今 8000 年的陶面具却鲜为人知。

2003 ～ 2004 年，河北省文物研究所在太行山东麓的易县北福地遗址发掘出145 片陶制面具的残片，据此复原了 12 件陶面具[3]。这些陶面具属于这个遗址的第一期遗存，多出在废弃的房屋和灰坑中，是利用残破的夹云母直腹陶盆残片改制而成的。制作者使用阴刻与阳刻线条、凹块面和凸块面浮雕以及镂空手法来表现人面和兽面，制成的面具或作单纯人面、或作人面与兽面结合的神态，大者与真人面部相当，小者约 10 厘米左右。《北福地》发掘报告是这样介绍的：F2：1 面具，宽 6.6 ～ 13.2 厘米，高 20.5 厘米，下凹部分构成椭圆形大眼眶，其与阴刻弧线之间的凸弧线为眼眉，镂空为眼睛，双眼斜立，弧形三角凸块面为鼻子，上有镂刻圆窝为鼻孔，减地椭圆形凹下块面为圆角长方形口部，中间一凸起块状表现舌头，

1　刻在陶瓷碑上的法老的咒语："谁干扰了法老的安宁，死亡就飞到他的头上。"两年后，资助发掘的卡纳冯伯爵因蚊虫叮咬而死亡。几年后，卡那冯伯爵的夫人也因蚊虫叮咬而死亡。一位南非富翁参观过图坦卡蒙墓后，掉进了风平浪静的尼罗河，溺水而亡。

2　该墓的年代为公元前 16 世纪，而阿伽门农则生活在公元前 13 世纪。

3　河北省文物研究所：《北福地——易水流域史前遗址》，文物出版社，2007 年。

图一　图坦卡蒙黄金面具

图二　"阿伽门农"金面具

图三　三星堆金面具

图四　陈国驸马金面具

图五　北福地 F2：1
陶面具

图六　北福地 F12：7 陶
面具

口下刻划纹表现胡须。表情严肃庄重，但不狰狞（图五）。F12：7 面具，宽 11.3
～ 14.3 厘米，高 18.6 厘米，宽额下为尖弧形条状眉弓，镂空菱形双眼，椭圆形
阴刻大鼻子，上有坑点鼻孔，口部微张，露出上下两排牙齿。技法简单，但栩栩
如生，表情憨态可掬，生动如猪（图六）。

　　北福地的史前时期陶制面具虽不如历史时期的金面具精美，但是其历史价值
和学术意义却不在其下。北福地出土的陶面具要较图坦卡蒙金面具和"阿伽门农"
金面具早 4000 余年，这表明中国历史时期金属面具不应是西方传入的，中国的
面具有着自身的传承和文化内涵。北福地的陶制面具与其后的洪江高庙白陶上的
獠牙图形、良渚文化玉琮上的神人徽记以及三星堆青铜时代的金面具、陈国公主

墓的金面具，甚至与近代流行于我国南方地区的傩面都是一脉相承的。可以认为，北福地陶面具是我国最早的原始宗教法器。

8000 年前，北福地的先民们在日落后，聚集在村落的广场上 [1]，围着熊熊的篝火，带着陶制的似人、似猪、似猴、似鬼神的面具，且歌且舞，驱邪驱鬼，祈雨祈丰。

1　北福地遗址清理出面积约 100 平方米的祭祀场，场地上摆设有 9 组由陶容器、石工具、玉饰品组成的组合祭器。

兴隆洼石雕像

位于内蒙古自治区敖汉旗的兴隆洼遗址是我国史前时期的一处重要遗址，以该遗址命名的"兴隆洼文化"是分布在内蒙古西拉木伦河流域和辽宁省西辽河流域的前仰韶时代考古学文化，年代为公元前 6200 年至公元前 5400 年。继发现由成排的房屋组成围壕聚落和精美的玉玦后，又发现 1 件石雕人像[1]（图一）。

图一　兴隆洼石雕像

这件石像虽貌不惊人，学术意义却很重大。它是用阴线镌刻在一块椭圆形的石柱上，高约 10 厘米，通体扁平，下端平，上端弧，仅刻出两个圆圈表示眼窝，眼上方刻出网格表示头发，没有鼻口，上下肢都用线刻，上肢合抱胸前，下肢横腿盘坐，四肢与身躯比例失调，原始古朴，浑厚端庄。

属于兴隆洼文化的石雕像还发现几件。林西白音长汗遗址发现一件[2]（图二），栽置在 19 号房址灶坑的后侧，整体做屈身蹲踞状，孕妇特征隐约可

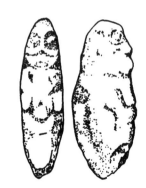

图二　白音长汗石雕像

辨，圆雕，眼嘴清晰，裸体，凸乳，鼓腹，双臂下垂，贴于身侧，下端打制成楔

1　张乃仁、田广林、王惠德：《辽海奇观———辽河流域的古代文明》，天津人民出版社，1989 年。
2　内蒙古自治区文物考古研究所：《白音长汗——新石器时代遗址发掘报告》，科学出版社，2004 年。

形，便于栽立。通高 36.6 厘米，胸阔 10.8 厘
米。林西西山遗址发现两件[1]，出在一房址以北
20 米处，皆为花岗岩雕琢，不光滑，女性。制
作手法和造型基本相同，眼嘴凹下，鼻子凸起，
乳房高耸，鼓腹。下肢被一方形尖足石柱替代，
背部较平，微内凹。大的石雕人像通高 67 厘米，
小的通高 40 厘米。不同之处是大的石雕人像
耳部凸出明显，小的则不明显；大的双臂交叉
腰腹之间，小的则分开向上弯曲，颈胸前凸雕
半圆形项饰(图三)。这几件石雕的整体风格是：

图三　西山石雕像

手法稚拙粗犷，造型古朴简洁，注重眼、鼻、口、乳、手等部位的雕刻，白音长
汗和西山的石雕还特别强调丰乳凸腹的女性特征。

　　对于兴隆洼文化石雕像含义的解释，大家的说法也不尽相同。学者多将其看
成是祖先崇拜的物质载体，立论的根据一是石雕像大多出在房屋内或是距房屋不
远，与居民的生活起居、宗教信仰密切相关；二是石雕像表现的是女性形象，高
耸的乳房和凸起的腹部，喻示着生育、繁衍和女性旺盛的生殖能力，具有明显的
生殖崇拜的含义。祖先崇拜的对象是女性"老祖母"，这是因为兴隆洼文化还处
在社会发展的较早阶段，当时的女性在社会生产和社会生活中都占有重要的地位，
是所谓的"母系社会"。由于处在社会发展的较低阶段，人们的思想意识和精神
生活都还比较简单，所以兴隆洼文化的石雕祖先神，可能同时还兼具火神、丰收神、
生育保护神等多重神格。

　　石雕女神像在国外出现在旧石器时代的晚期，其中最著名的是出在奥地利维
林多夫距今约 3 万年的奥瑞纳文化的石灰石雕像（图四），该雕像被誉为"史前
维纳斯"，雕像刻意突出的女性部位以及雕刻之精美都远在兴隆洼文化的石雕像

1　王刚：《从兴隆洼石雕人像看原始崇拜》，《昭乌达蒙族师专学报》(汉文哲学社会科学版) 1998 年
第 3 期。

图四　维林多夫石雕像

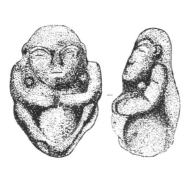
图五　滦平后台子石雕像

图六　东山嘴陶塑像

之上。燕山山麓及北侧是我国出土史前时期雕塑人像比较集中的地区，兴隆洼文化之后的赵宝沟文化和红山文化都有较多发现。其中出在河北滦平后台子赵宝沟文化的孕妇石雕像（图五）和辽宁喀左东山嘴祭坛的陶塑大型孕妇像残件（图六），明显可以看出与兴隆洼文化石雕像之间的文化传承——祖先崇拜在生殖、繁衍、祈丰意义上的反映。

牛河梁泥塑与兴隆沟陶塑

距今 5000 年的红山文化文明是以"坛、冢、庙"为标志的。"坛"是指辽宁建平东山嘴遗址的祭祀场地，"冢"是指辽宁凌源与建平交界处牛河梁遗址随葬精美玉器的大型积石墓葬，"庙"是指牛河梁遗址出有大型人物泥塑的建筑基址。

牛河梁泥塑人头像（图一）出于建筑基址的主室西侧[1]，高 22.4 厘米，面宽 16.5 厘米，与真人头部大小相当。头顶以上残缺，从鬓角处的竖行系带推测，

图一　牛河梁泥塑人头像

额顶原有箍饰。眼嵌淡灰色玉石为睛，炯炯有神，印堂圆凸，眼角上挑。右耳完整，左耳残缺，近耳垂部位有耳饰穿孔。低鼻梁，大鼻头。大嘴外咧，颌尖丰满。颧骨高凸，面涂红彩。从下面和背面的残断处观察，此泥塑应是一高浮雕的人像头部，原贴于建筑的墙壁处。

"女神"塑像究竟代表了红山人怎样的神灵观念？发掘者将该泥塑断定为女性，是因为建筑基址内还发现有泥塑的女性乳房等部位，出有该雕塑的建筑基址也因此被称作女神庙，后来又将女神与古史传说中的女娲相联系。有的学者认为，

1　辽宁省文物考古研究所：《牛河梁——红山文化遗址发掘报告（1983～2003 年度）》，文物出版社，2012 年。

女神庙高踞山顶，又位于周围红山文化遗址的中心区域，女神像已经越过村落或氏族的范围，而成为部落或部落联盟的共奉祖先。学者大多认为，红山文化是以农业为主要生计的社会，红山文化先民崇拜的女神像，是土地神的形象，牛河梁遗址是祭祀最高神土地神为中心的圣地。有的学者认为，牛河梁是红山文化的中心遗址，女神庙供奉的女神应该是全部落的女始祖。

图二   兴隆沟陶塑人像

继牛河梁人泥塑发现之后，2012年，又在内蒙古敖汉旗兴隆沟遗址发现一陶塑人像[1]（图二）。出于红山文化的房址中，是用泥质红陶捏塑成型后烧制而成，通高55厘米，其中头长20.7厘米，身高33.08厘米。内部中空呈筒状，外表通体磨光，局部施黑彩。陶人双腿弯曲，双脚相对，盘腿而坐。双臂自然下垂，臂肘弯曲，双手交叠，右手在上，搭放在双脚上。头部戴冠，冠正中有一圆孔，长发利落地挽起，并用条带状饰物捆扎，形成横向的发髻，在额顶正中还有一个横向长条状饰物。面部五官清晰、神态逼真、额顶饱满，眼眶周围内凹，双目呈圆形，炯炯有神，双眉及眼球施黑彩。鼻梁挺直，鼻头略宽，鼻孔与内侧中空部通连。脸颊明显向内凹陷，外侧线条分明，口部隆起，呈呼喊状，人中清晰可见，下颌呈圆弧状。双耳略呈椭圆形，圆形的耳孔与内侧通连，耳垂处还钻有圆形小孔。脖颈竖直，右侧的脖筋明显，双肩较平，锁骨清晰可见。乳头微凸，右侧稍高，左侧稍低。腹部较平，肚脐眼用小圆孔表示，与腹部内侧通连。

该陶塑学者多认为是男性老者（背部微驼），是红山文化晚期的巫者或王者

1　刘国祥、田彦国：《敖汉兴隆沟发现红山文化罕见整身陶人》，《中国文物报》2012年7月18日第1版。

图三　天门邓家湾陶塑人像

形象[1]。他双腿盘坐，双手紧握，搭放在双脚上，张嘴呐喊是在为群体祈福或传达神明的意志，完全是巫师作法神态；头部的冠饰是部落首领才有的"王冠"；塑像出在房屋内，表明其同时还兼有祖先崇拜的职能。栩栩如生的陶塑雕像，说明此人在红山文化社会中有着广泛的影响力和绝对的领导权力，生前应是王、巫、先祖三位一体的人物。有学者认为这男性老者是"家主"，甚而是"国主"[2]，其根据是该陶塑出土于房址内的灶址附近，《礼记·郊特牲》有"家主中霤而国主社"的记载。但是，也有学者认为该陶塑虽不是表现生育的孕妇形象，但从其微凸的双乳判定，还应是女性。她的身份是"女祝"，主要掌管祭灶、祭门、祭户之职[3]。这样一个陶人塑像，也许是为了纪念和祭祀当时一位已故的著名"女祝"。

最后还要说的是，在湖北天门邓家湾遗址出土的石家河文化大量陶塑中，也有形象与兴隆沟陶塑相近者，只是逼真程度和精美程度要差很多（图三）。

1　吴霞：《内蒙古赤峰兴隆沟遗址新出整身陶人初探》，《赤峰学院学报》（汉文哲学社会科学版）2013年第6期；张国强、刘晓琳：《红山文化敖汉陶人探析》，《赤峰学院学报》（汉文哲学社会科学版）2013年第10期。
2　田广林、周政、周宇杰：《红山文化人形坐像研究》，《辽宁师范大学学报》（社会科学版）2015年第5期。
3　冯时：《敖汉旗兴隆沟红山文化陶塑人像的初步研究》，《纪念孙作云教授百年诞辰暨古代中国历史与文化国际学术研讨会论文集》，河南大学，2012年。

半坡人面鱼纹盆

见到本文介绍的这件器物图片时（图一），人们会感到眼前一亮——似曾相识！经常看中央电视台的读者都会知道，这彩陶盆内绘制的人面鱼纹是《探索与发现》栏目的徽标。

这件人面鱼纹彩陶盆现藏于中国国家博物馆，是1955年发掘陕西西安半坡遗址时发现的，是半坡文化的典型器物。遗憾的是，西安半坡的发掘报告[1]缺少对该件器物的完整介绍，从散见的文字和发表的器物图片观察，该器应是这样的：泥质红陶，黑彩，沿外卷，腹微深，底略平，内表光滑，外表粗涩，沿面和盆内饰彩。沿面以黑彩箭头和短直线分为四个单元，盆内壁及近底处绘制人面纹和鱼纹各二，两两相对，两条鱼纹是

图一　半坡人面鱼纹盆

以线条勾出的简笔画。两个人面纹面部为圆形，头顶三角状发髻，发髻外围以类似鱼鳍的带刺三角形装饰。额头右半部涂黑，左半部为黑色半圆形。眼睛细而平直，似闭目状。鼻梁挺直，成倒"T"字形。嘴巴以留空的手法用对顶三角表现，左右两侧各有一条变形鱼纹，鱼头与人嘴外廓重合，似乎是口内同时衔着两条大鱼。双耳处有相对的两条小鱼，从而构成形象奇特的人鱼合体图案。在两个人面之间，有两条大鱼作相互追逐状。整个画面构图自由，极富动感，图案简洁并充

---

1 中国科学院考古研究所：《西安半坡——原始氏族公社聚落遗址》，文物出版社，1963年。

满奇幻色彩。

图二 姜寨人面鱼纹盆

相似的人面鱼纹盆还在临潼姜寨遗址发现（图二）。该彩陶人面鱼纹盆，图案神秘莫测令人回味无穷。据统计[1]，有关的研究文章不下数十篇，关于其含义有近 30 种不同的观点，主要有图腾说、神话说、祖先形象说、婴儿出生说、生殖崇拜说、原始信仰说、巫师形象说、面具说、黥面文身说、摸鱼图像说、权力象征说、太阳崇拜说、月相图说、原始历法说、飞头颅精灵说、外星人形象说等。林林总总，难以尽举。

发掘半坡遗址和执笔《西安半坡》发掘报告的石兴邦主图腾说[2]，半坡遗址坐落在浐河东岸的二级台地上，在半坡遗址以鱼作为纹样绘制的彩陶数量极多，可以说鱼纹是半坡文化最有代表性的图案，另外在遗址中还采集到鲤鱼的骨骼，出有鱼叉、鱼镖等渔猎工具，鱼在半坡居民的日常生活中占有极大的比重，鱼自然也就成为半坡居民的图腾，人鱼结合则寓意着鱼生人，半坡人的祖先是鱼。哈佛大学人类学系教授张光直认为[3]，人面鱼纹盆上的人面是史前时期的巫师形象，《山海经》中的巫师形象常作"珥两青蛇"状，人面鱼纹盆的人像作"以鱼贯耳"状，应是半坡社会巫师的形象，而且很可能是画的一个掌管祈渔祭的巫师，画在盛鱼或用于祈渔祭的器皿之内。美学家朱狄也有相同的认识[4]，人面形象是人面具，其与鱼结合，表现的是半坡巫师佩戴面具舞蹈，祈求捕鱼丰收。民族考古学家李仰

1 刘云辉：《仰韶文化"鱼纹""人面纹"内含二十说述评——兼论"人面鱼纹"为巫师面具形象说》，《文博》1990 年第 4 期。
2 石兴邦：《半坡氏族公社》，陕西人民出版社，1976 年。
3 张光直：《中国远古时代仪式生活的若干资料》，《"中央研究院"民族学研究所集刊》1960 年第 9 期。
4 朱狄：《艺术的起源》，社会科学出版社，1982 年。

松认为[1]，人面鱼纹彩陶盆大多覆盖在婴儿瓮棺的上面，是当时人们埋葬儿童的一种葬具，半坡人为了繁衍子孙后代，就产生了生育巫术，人面纹画的是正从母体分娩出来的婴儿头像——圆圆的脸，小小的鼻子，闭着眼睛，头像两侧的两条小鱼是生育巫术的反映，象征婴儿出生就能听到巫师的呼唤，知道自己是鱼图腾的后裔。还有一些学者有相近的看法，人面鱼纹盆是扣在下葬小孩的瓮棺上面的，人面鱼纹盆作为葬具反映了一种宗教信仰和宗教仪式，把它放在小孩的棺上，以人和鱼结合，两两相对，循环往复，反映的是生殖崇拜内容。最为奇特的外星人形象说的主张者认为[2]，人面鱼纹的形象十分奇特，在原始社会的人群中无法找到与之相同人的形象。因此，是半坡居民将外星人画在了彩陶上，人面鱼纹是外星宇航员戴的帽子。

半坡人面鱼纹盆留给今人以无限的遐想，中央电视台将半坡文化的这件彩陶鱼纹盆作为《探索与发现》栏目的图标，可谓慧眼识珠！

1   李仰松：《仰韶文化婴首、鱼、蛙纹陶盆考释》，《北京大学学报（哲学社会科学版）》1991年第2期。
2   张广立：《中国史前时代神像与天外来客形象》，《飞碟探索》1982年第3期。

大地湾人头彩陶瓶

　　大地湾遗址的诸多彩陶中,最为靓丽的一件当属人头彩陶瓶[1]（图一）。这件彩陶瓶是在大地湾遗址正式发掘前发现的采集品,原藏于秦安县文化馆。该器为泥质红陶制成,全器呈葫芦形,分为器口和器身两部分,器口为圆雕人头,以贴塑和刻划的方法做出脑后散落的披发和额前整齐的刘海,眼、鼻孔和嘴都镂刻成孔洞。杏核眼,蒜头鼻,尖下颌,环状耳残一,耳中部有一圆孔,似耳孔,也似垂系饰物的穿孔。器身略呈卵形,中腹外鼓,下腹内收,小平底,腹中部两侧的双环耳已残失。器身涂浅红色陶衣,上绘黑彩图案,图案分为三层,是由弧边三角、直线和勾叶纹样组合成的花卉纹。雕塑成的头部与躯体的区分和转折关系处理得很好,五官的位置安排得准确恰当。雕塑人头和彩绘瓶身的比例接近 1∶7,与普通人的头身比例相同,因此陶瓶的整体造型显得十分协调。口径 4 厘米,底径 6.6 厘米,高 29 厘米。雕塑人面的神情恬静温柔,配之以耳部的饰物,腹部的圆鼓,有理由相信该器塑造的是一位孕身少妇。

　　在以彩色陶器为文化特征的诸仰韶文化中,半坡和庙底沟是两支最为重要的文化。半坡文化的文化特征是鱼纹彩色陶器,庙底沟文化的文化特征是鸟纹和花卉纹彩色陶器。大地湾遗址出土的这件人头彩陶瓶器身绘满花卉纹,应属庙底沟文化所有,但在大地湾报告中却将其定为该遗址的第二期半坡文化,依据的是该瓶整体造型近于葫芦,而葫芦瓶又是半坡文化晚期阶段史家类型的典型器物,在陕西临潼姜寨遗址的史家类型遗存中有多例器表绘制鱼纹的葫芦瓶（图二）。如此,大地湾人头彩陶瓶就是由半坡文化的器形和庙底沟文化的纹样构成的器物,这样

1　甘肃省文物考古研究所:《秦安大地湾——新石器时代遗址发掘报告》,文物出版社,2006 年。

图一 大地湾人头花卉纹彩陶瓶　　　　图二 姜寨鱼纹彩陶瓶

一件集两文化特征于一身的器物，其文化性质该怎样认定？关于半坡文化和庙底沟文化的年代关系，考古学界一般认为是前者早于后者，但是在这件器物上看，由于两文化的因素共存于一器，应该理解成年代同时。人头彩陶瓶以反证的身姿出现在两者年代关系的论坛上，为考古学界深入探讨这一问题提供了一份很好的材料。半坡文化和庙底沟文化两种文化因素表现在同一器物上的例子还有一些，如宝鸡北首岭彩陶细颈瓶上绘制的鸟衔鱼、武功游凤细颈瓶上的鱼吞鸟等。

雕塑人头的发式是额前为整齐的短发，脑后为散落的披发，这与中原汉族传统的结发束髻不同，中国古代常以"披发左衽""箕踞反言"来形容北方和西北方的少数民族。《淮南子·齐俗篇》说："胡、貉、匈奴之国，纵体拖发，箕踞反言。"《后汉书·西羌传》记载，羌人的首领爰剑，在秦厉公时为秦所拘执。后来得以逃脱，"既出，又与劓女遇于野，遂成夫妇。女耻其状，被发覆面，羌人因以为俗"。又载："羌胡披发左衽，而与汉人杂处。"羌人世居甘青地区，大地湾居民发式与文献记载中的羌人相同，或许表明他们在族谱上的一致性。

　　葫芦又称匏、瓠、壶，是一年生爬藤植物。葫芦在中国人的生活中占有很重要的地位，汪灏《广群芳谱》讲："匏为之用甚广，大者可煮作羹，可和肉煮做荤羹，可蜜煎作果，可削条作干。小可作盒盏，长柄者可作喷壶，亚腰者可盛药饵，苦者可治病。"成熟的葫芦壳坚、腹空、体轻，打开顶端，掏去籽瓤后，便是很好的容器，其小口大腹的形态，特别适合盛装液体。葫芦在我国有着悠久的种植历史，《诗经·豳风·七月》有："七月食瓜，八月断壶"的诗句；早在距今7000年前的浙江余姚河姆渡遗址中，就发现有葫芦籽。以陶土模仿葫芦制成生活用具，是先民很自然的创造。葫芦因其连绵的藤蔓、饱满的形态、丰富的种子、累累的果实，在中华传统文化中被赋予了无数的内涵。民俗学前辈钟敬文说[1]：葫芦是中华文化中有丰富内涵的果实，它是一种人文瓜果，而不仅仅是一种自然瓜果。在诸多的文化象征意义中，首推以藤蔓绵延、瓜果累累寓意人类的生育与繁衍。周民族史诗《诗经·大雅·绵》在记述民族起源时咏到："绵绵瓜瓞，民之初生。"意思是说，大瓜小瓜藤蔓长，周族人民初兴旺。在中国的创世神话中，作为人文始祖的伏羲和女娲就是葫芦的化身。对古代文学颇多研究的闻一多在对诸多伏羲、女娲与葫芦的传说梳理之后认为[2]："总观以上各例，使我们想到伏羲、女娲莫不就是葫芦的化身，或仿民间故事的术语说，是一对葫芦精。于是我注意到伏羲、女娲二名字的意义。我试探的结果，伏羲、女娲果然就是葫芦。""至于为什么以始祖为葫芦的化身，我想是因为瓜类多子，是子孙繁殖的最妙象征，故取以相比拟。"大地湾遗址所属的天水相传是伏羲的故乡，现天水市区有始建于明成化年间的国家级文物保护单位伏羲庙。相传正月十六是伏羲诞辰，这一天，远远近近的人们都聚到这里，祭奠中华民族的人文始祖，庙会隆重而盛大。如果与中华民族的创始神话相联系，孕妇形象的葫芦形人头彩陶瓶出现在距今约6000年的大地湾遗址就恐非偶然了。

1　转引自游琪、刘锡诚：《葫芦与象征》，商务印书馆，2001年。

2　闻一多：《伏羲考》，上海古籍出版社，2009年。

沟堡人面筒形器

在沟壑纵横的吕梁山南端，在临近壶口瀑布的黄河岸边，一座残损过半的房屋地面，出土了一件烟熏火燎的筒形器（图一）。

这件陶器因器表有镂空和堆塑手法做出的人面而被报告称作"人面形器"[1]。该器是用泥质灰陶制成，陶质疏松。外形如一倒扣的盆，上小，底大，上下通透，斜壁微内曲，出土时顶部盖一石板。器表磨光，人面的眼和口用镂空表现，圆眼，椭圆口，左侧嘴角下斜。头部两侧与双眼同高处，各有一个相同大小的圆孔，似为表现人耳，脑后有一上弦月状的镂孔。眼和口的外侧用泥条堆塑出面部轮廓，眼上部的泥条向上弯出，状若两道弯眉，口下部的泥条向下垂弧，巧妙地表现出下颚。嘴唇、眼眶、眼眉和部分面部轮廓的泥条有脱落，直挺而微微右斜的鼻梁和耸起的颧骨也是用泥堆塑而成。顶径 18 厘米，底径 26 厘米，高 18.6 厘米。人面的形象古朴，表情滑稽，出土时器物下部的烟熏火燎痕迹明显。

出土人面筒形器的房屋背山面谷，坐东朝西，仅存后半部分，开有门道的前半部分已随断崖塌落到沟下。房屋的结构是圆角方形半地穴式，面阔 4.5 米，进深残存 1.6 米，墙壁残高约 0.5 米。房屋的地面和墙壁有用火烧烤留下的厚约 5～7 厘米的烧结硬面。紧挨东壁的正中部是残破的灶址，灶面上有厚约 5 厘米的灰烬，灰烬内夹杂木炭和烧过的兽骨。灶址的两侧和前面满是陶片，复原后有釜、罐、钵、瓮、缸等 9 件陶器，人面筒形器出在灶址的北侧，紧邻灶址。另外还有陶环、石条、石刀、石凿等遗物，石条长 70 厘米，宽 18 厘米，厚 8 厘米，出在灶址南侧近墙角处。

---

1   王京燕：《远古的馈赠——山西吉县沟堡遗址人面筒形器的发现》，《文史月刊》2016 年第 3 期。

图一　沟堡人面筒形器　　　　　　图二　南李王村陶灶

　　沟堡的发掘报告认为，人面筒形器上下通透，陶质疏松，显然不具备实用功能，不是日常生活用具，而应是富含宗教寓意，用于祭祀的器物。沟堡遗址所在的吕梁山区沟壑纵横，空间狭促。遗址靠近水源，宜于居住，适于农耕，具备基本的生存条件。但是活动范围有限的平缓处，只适于小规模的人群居住，少者几家，多者也不过十余户。沟堡遗址所出的人面筒形器展示了一种家内祭祀的模式。

　　山西学者田建文进一步认为[1]，这种家户祭祀是今天的灶祭，筒形器上的人面就是灶祭的对象——"灶君"。人面筒形器出在房屋的最后部，这里是祭祀灶君的地方。古代把一个房屋的最深、最暗的地方叫作"奥"。《韩诗外传》有："孔子曰：'窥其门，不入其中，安知其奥藏之所在乎？'"意思是说，站在门外，不入门内，怎么知道奥藏在哪儿呢？"奥"是祭祀灶君的位置，这可从《论语·八佾》的记载中看出："王孙贾问曰：'与其媚于奥，宁媚于灶，何谓也？'"意思是说，与其谄媚于奥，毋宁谄媚于灶。《礼记·礼器》对于灶祭的内容和形式有比较明确的记载："燔柴于奥。夫奥者，老妇之祭也。盛于盆，尊于瓶。"意思是说，在奥这个地方焚烧柴火，盆内盛装食物，瓶内盛装酒水，用以祭祀老妇人。后世的灶神、灶君、灶王爷都是由老妇人演变而来的。陕西长安南李王村一座东汉墓葬内出土一件陶灶，方形灶门的右侧有一头戴高冠的妇人形象，有人认为这妇人就是早期的灶君（图二）。

1　田建文：《山西吉县沟堡发现的早期"灶君"》，《寻根》2007 年第 2 期。

图三　杨官寨镂空人面覆盆形陶器

图四　杨官寨涂朱砂人面像

将沟堡人面筒形器认定为灶祭的器物，还可以从出土情境上得到支持，一是残破的灶址内有大量的焚烧物，这与文献中讲到的"燔柴于奥"是一致的；一是人面筒形器的器表烟熏火燎的痕迹十分明显，表明其与灶火有密切关系；一是位于屋内墙角处的长石条应是陈放祭品的供案，这也与文献中的"盛于盆，尊于瓶"相合。

沟堡人面筒形器属于庙底沟文化，距今约6000年，这可以从与其共出的釜、大口缸、钵、夹砂罐等陶器的形制特征上得到确认。与沟堡人面筒形器相似的器物目前仅见一件，是在陕西高陵杨官寨遗址发现的，出在庙底沟文化时期的西门址附近的环壕内[1]。相关报道称其为"镂空人面覆盆形陶器"（图三），为泥质红陶制成；器形与沟堡所出者相同，只是顶端不通透。器表涂满红色陶衣，以镂空的手法做出双眼和嘴，眼和嘴均作弯月状，鼻梁是堆塑出的，细而挺直。人面形象古朴，神情温顺。此外，在杨官寨遗址的一座灰坑中，还出土一件陶塑（图四），似为一容器的底部，以堆塑和镂空的手法做出一人面。脸部轮廓以泥条堆出，下颌明显，双眼和嘴以镂空做出，呈椭圆形，堆塑的鼻梁细挺，颧骨圆而凸起。神情肃穆，略显呆滞，似为老妇人像。

沟堡和杨官寨人面形器的发现，说明小家庭灶祭——祭祀灶君在中国由来已久。在距今约5000年的甘肃秦安大地湾遗址仰韶晚期遗存中，一座小房屋灶塘的后侧近墙处的地面上，用黑色颜料绘出一幅祭祖画，画的下部是一个长条祭案，

1　陕西省考古研究院：《陕西高陵县杨官寨新石器时代遗址》，《考古》2009年第7期。

上面陈列着叫不出名字的动物，上部是一双舞蹈着的男女[1]。灶塘是家庭取暖、炊事、照明和议事的场所，是房内的中心和最重要的设置，佤族民谚说"火塘是房子的心脏"，在我国西南的民族志中保有很多灶祭的记载。沧源佤族的一日三餐，都要在火塘的锅庄石上供奉食物，呼喊祖先一起用餐，同时献祭给火神"詹巴拉"享用，祈求得到祖先神灵和火塘神灵的庇护。苗族在火塘边置一条木凳，作为祖先用饭的座位，每逢节日或有酒肉时，都要进行祭祀。白龙江流域的白马藏人，火塘的正上方置一神柜，神柜和火塘间被认为是神圣的地方，不允许横着穿过，在吃饭前，须先举行简单的祭祖仪式。

1　甘肃省文物考古研究所：《秦安大地湾——新石器时代遗址发掘报告》，文物出版社，2006年。

师赵村"骨架式"人像罐

在甘青地区出土的仰韶时代彩陶器中，不乏彩塑结合的人像彩陶器。其中，秦安大地湾遗址的人头形器口彩陶瓶，柳湾遗址的"双性人"彩陶壶，均堪称精品。不仅备受学界关注，

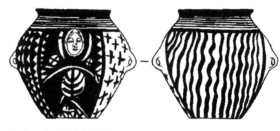

图一　师赵村人像罐

也广为公众熟知。天水市师赵村遗址，在20世纪80年代进行的考古工作中，也采集到一件精美的人像彩陶罐，却罕见专门的论述。

这件彩陶罐[1]口径14.3厘米，底径9.9厘米，高23厘米，是甘青彩陶中常见的泥质黑彩红陶，陶质细密紧致（图一）。虽然是采集所得，没有原生的出土单位作为年代判定的支撑，但仅从锯齿纹的装饰纹样上，也能看出其早已脱离了马家窑文化的器形和纹饰。报告将其定为与半山文化相当，基本可信，距今应有4500～4000年。器形为侈口短颈，深腹平底，鼓腹略偏下处装有一对器耳，双耳之间有一侧中腹以上近肩部，浮雕一完整人首。柳叶形细眉，枣核形眼，鼻梁高耸，口微张，头顶有半圆形发髻，中部穿孔。按照发掘报告的描述，头部以下的黑彩表现的是人的躯体和四肢。由于人像周围的黑彩较为紧凑，很难廓清整个人物的外轮廓，但人的腹部有一处椭圆形留白是很明确的，以下可能为对勾的双腿。报告将腹部留白内的图案解释作"树枝"，则可能在一定程度上影响了此件

1　中国社会科学院考古研究所：《师赵村与西山坪》，中国大百科全书出版社，1999年。

图二　安特生采购彩陶钵内人像　　　　图三　马厂文化蛙人纹

彩陶罐的"走红"。

　　那么，除了"树枝"，人像腹部的图案还可作何解读？张光直的理解，该图案表现的应为人的肋骨。早年他在《仰韶文化的巫觋资料》[1]一文中，引用了瑞典学者安特生20世纪初于甘肃临洮采购的一件彩陶钵的俯视图（图二），将其称为"骨架（或X光）式人像"。他认为，骨架式人像代表着巫觋式的宇宙观，或萨满式的世界观，参照一些近现代原始民族中的巫术思想，骨架的状态象征"死者再生"。相比之下，师赵村的人像罐较安氏采购彩陶钵的骨架形象，要生动丰富许多，像极了一位身着装饰有肋骨图案衣物的女性萨满[2]。这位萨满面容清秀，发髻整齐，双臂斜向下摊直，手指张口，盘膝而坐，身前的衣饰绘有肋骨，脑后可能佩戴着向两侧外展的羽翅，双肩还插有"十"字形法器，微微启口，似乎念着古老的咒语。

　　马厂文化中，还有一类风格与此极为相似的图案，通常被称为"蛙人纹"或"神人纹"。图案元素较丰富的，常常有圆形的头部、直线形躯干、折线形四肢和张开的爪；元素较简洁的，往往省略头部，甚至省略躯干、爪子，仅留有折线象征完整的形象（图三）。其中，有的图案较为丰满，而有的图案均为单线条勾勒，与图二的人骨架风格更为接近。但是，我们有足够的理由相信，"蛙人纹"与"骨

1　张光直：《仰韶文化的巫觋资料》，《中国考古学论文集》，生活·读书·新知三联书店，1999年。
2　曲枫：《大地湾骷髅地画的萨满教含义》，《北方文物》2011年第3期。

架式"人像是两类不同的图案，具有不同的意义，甚至具有不同的功能。前者是普遍存在的一类图案，在马厂文化的随葬彩陶器上很常见。虽有拟人的成分，但表现得相对隐晦。该图案的程式化程度极高，虽然个体间有较大的差异，但在直观上很容易找到共性。后者则较为罕见，但其表现的是明确的"人"。在现有的各种研究半山马厂彩陶图案的著作中，没有给这种图案一个单独的分类，而就上文所举的两件标本来看，也很难将其划归为一类。因此，将"骨架式"人像绘于彩陶器上，很有可能是出于特殊的目的，而绘有这种图案的彩陶器，当有特殊的功能。

遗憾的是，囿于采集品具有脱离原生情境的劣势，我们无法还原它们的归属。即使可以依赖民族学为我们提供的这些重要线索，我们仍然不能确定其形象占有者是否为"巫"或者"萨满"，抑或其本身就是表现的"巫"或者"萨满"的形象。

仰韶村陶祖

陶祖是近代中国考古学开展伊始就发现的史前器物之一。

1921 年，北洋政府农商部矿政顾问瑞典学者安特生发掘河南渑池仰韶村遗址时，发现两件类似蘑菇状的陶质标本[1]（图一）。标本一 K.6458，陶质棕色，表面黑晦，像是容器上的把手，接于器壁的一端，有残断痕迹，整体略做蘑菇状，菌盖的伞沿起棱，菌柄细长。标本二 K.6459，其陶质陶色与标本一相同，形状与标本一近似，菌柄上粗下细，近根处内束，全长 12 厘米。瑞典汉学家高本汉根据印度 Mohenjo Daro 的发现，识别出这两件标本是男性生殖器模型陶祖[2]。就象形程度而言，1982 年甘肃秦安大地湾遗址出土者更接近男性生殖器。该器标本号为 T800 ④: 74，泥质红陶，阴茎以下残断，龟头顶端有沟状出尿口，残长 3.5 厘米，属于仰韶晚期遗物，年代距今约 5000 年[3]（图二）。由于安特生当年发掘仰韶村时，是按着平均深度下挖的，因而将不同时期的考古遗存混在一起，笼统地命名为仰韶文化，从这两件标本的陶色看，应为仰韶晚期遗存，与大地湾遗址所出者年代相同。

陶祖是男性生殖崇拜的物化表现，对陶祖的崇拜是对祖先的崇拜。汉字的"祖"，从示，从且。示，为祭祀；且，为男性生殖器之象形，与陶祖形状形同。从甲骨文到金文，到草书的"祖"字，均写成男根的形状，即"且"。古代文献《礼记 · 檀弓上》云："夫祖者，且也。"郭沫若在《释祖妣》一文中认为[4]，男根就是

1　J. G. Andersson, Researches into the Prehistory of the Chinese, *BMFEA*, No.15, 1943.

2　J. G. Andersson, Prehistoric Sites in Honan, *BMFEA*, No.19, 1947.

3　甘肃省文物考古研究所：《秦安大地湾——新石器时代遗址发掘报告》，文物出版社，2006 年。

4　郭沫若：《释祖妣》，《郭沫若全集 · 考古编 1》，科学出版社，1982 年。

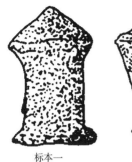 

标本一   标本二

图一 仰韶村出土陶祖

图二 大地湾出土陶祖

祖先。张光直在《中国远古时代仪式生活的若干资料》中也讲[1]:"中国古代的祖字,本来是个性器的图画,亦即祖先牌位的原形。"人类学家凌纯声在《中国古代神主与阴阳性器崇拜》中说[2]:"中国三千年来'文以载道'的文字,自甲骨至草书的祖字,尖柱形的代表男根。""以尊祖敬宗,孝为百行先为传统文化的民族,崇拜性器代表祖先。"

马克思主义社会发展史观认为,原始社会经历了由母系社会到父系社会两个发展阶段。与生殖崇拜相关的遗物在中国考古发现中,表现出的时间性与马克思主义理论是一致的,即前仰韶时代到仰韶时代早中期,发现的多是与女性崇拜相关者,从仰韶时代的中晚期开始到龙山时代,发现的多是与男性崇拜相关者。与女性崇拜相关者,多是丰臀、肥乳、鼓腹的雕像,诸如内蒙古敖汉兴隆洼、林西白音长汗、林西西山等遗址的兴隆洼文化女性石雕像,河北滦平后台子的赵宝沟文化孕妇石雕像,辽宁喀左东山嘴祭坛的红山文化大型陶塑孕妇像等。与男性崇拜相关者,多是实物大小的陶祖,除上举仰韶村和大地湾的陶祖外,还有陕西铜川李家沟、宝鸡福临堡、扶风案板、华县泉护村、西安客省庄,甘肃甘谷灰地儿、永靖张家嘴、临夏姬家川,山西万荣荆村、襄汾大柴,河南汝州北刘庄与中山寨、

1 张光直:《中国远古时代仪式生活的若干资料》,《"中央研究院"民族学研究所集刊》1960 年第 9 期。
2 凌纯声:《中国古代神主与阴阳性器崇拜》,《"中央研究院"民族学研究所集刊》1959 年第 8 期。

淅川下王岗与下集、信阳三家店，以及山东潍坊鲁家口、湖北京山屈家岭等遗址出土的陶祖。

男女生殖崇拜的转变，一是人类对于自身生理现象认识的进步，从只知其母不知其父，到既知其母也知其父；二是人类社会的进步，男女在社会生产中发挥作用的变化带来的男女在社会生活中地位的变化。当社会演进到仰韶时代的晚期，男子在社会劳动中的作用已超出女子，继而导致男性家长在氏族中的财产继承、姓氏传承、婚后居住等方面的主导地位的形成，男子在社会生活中拥有了高于女子的地位，父系社会也完成了对母系社会的替代。男性生殖崇拜的物化表现——陶祖的出现就是人类开始进入父系制社会的一种标志。考古学中，在某一遗址中发现了陶祖，就可以认为该陶祖所属的考古学文化已经进入父系社会发展阶段。

大地湾地画

1982 年秋，正是大地湾遗址发掘如火如荼时。一天中午，大家等待赵建龙吃饭已多时，才见他踱着方步回来。进院后，他一脸得意地说：发现画了。史前时期的画作发现哪是一般的发现？我们一干人等扔下饭碗，直奔工地。

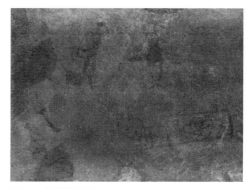

图一　大地湾地画

画，发现在山腰的第五发掘区411 号房址内，位于室内灶后侧的地面上，因而称其为"地画"（图一、图二）。后来发表的报告是这样记录的[1]：地画位于室内后壁的中部居住面上，由黑色颜料绘制而成。长约 1.2 米，宽约 1.1 米。地画中有人物和动物图案。上部正中一人，头部较模糊，犹如长发飘散，肩部宽平，上身近长方形，下身两腿交

图二　大地湾地画摹本

叉直立，似行走状。左臂向上弯曲至头部，右臂下垂内曲，手中似握棍棒类器物。此人的右侧，仅存黑色颜料的痕迹，系久经摩擦脱落，推测也应为一人。上部正

1　甘肃省文物工作队：《大地湾遗址仰韶晚期地画的发现》，《文物》1986 年第 2 期。

中人物的左侧，也绘一人物，头近圆形，颈较细长而明显，肩部左低右高，胸部突出，两腿相交直立，似行走状。其左腿下端因居住面破坏而残缺。左臂弯曲上举至头部，右臂下垂也作手握器物之状。两人相距 18 厘米。在正中人物的下方绘一略向右上方斜的黑线长方框。框内画着两个头向左的动物。左边的一个略小，头近圆形，头上方有一只向后弯曲的触角，身躯呈椭圆形，有弧线斑纹，身上绘有两条向后弯曲的腿，身后还有一条向下弯曲的长尾巴。右边的一个略大，头为椭圆形，头上有三条触角形弧线呈扇形分散，长条形身躯上有弧形斑纹，身上绘有向不同方向弯曲的四条腿，身下侧有四条向前弯曲的腿。在人物的左下方，还绘有反"丁"字形图案，并见模糊的黑颜料残迹。

　　大地湾地画一经报道，便惹得学界一片热议，对其含义的阐释可谓异彩纷呈，大致有如下三种观点。

　　发掘报告持祖先崇拜说。"地画下部方框内的动物很难断定为何种动物，但它和上部人物图案——祖神，是有密切联系的，应是代表其供奉神灵的牺牲之物"。持相近观点的学者还认为，大地湾地画中的神人和动物图腾，都是氏族的祖先神，以不同的方面构成了作为祖先神的共同体，一起被氏族人们所祭祀供奉；上部为舞蹈形象，下部为丧葬形象。下部长方框为长方形墓穴，框内为两个仰卧屈肢的人，是一种埋葬形式；上部两舞者表达悼念之情。

　　巫术说的学者认为[1]，是"驱赶巫术"的场面，巫觋手持法器，举起左手臂，嘴里念着咒语，环绕着木棺走动（木棺内画两个害人生病的鬼像），念完咒语，还要在病人身上用尖状法器乱戳乱刺，从而使病魔脱身。持巫术说的学者，还有人解释为人形和动物形是一种对应的关系，表现的是人群战胜动物群的巫术画；地画中的巫师似在一个葬仪中舞蹈，行法祈使死者复生；地画表现的是萨满的通神仪式，地画是对萨满的 ecstasy 状态（指萨满与神灵沟通时，其心醉神迷、神志

1　主要有李仰松：《秦安大地湾遗址仰韶晚期地画研究》，《考古》1986 年第 11 期；尚民杰：《大地湾地画释意》，《中原文物》1989 年第 1 期；张光直：《仰韶文化的巫觋资料》，《中国考古学论文集》，生活·读书·新知三联书店，1999 年；曲枫：《大地湾骷髅地画的萨满教含义》，《北方文物》2011 年第 3 期。

恍惚的意识状况）的描绘，两个巫师借舞蹈进入到 ecstasy 状态之中，两具骨架是萨满在 ecstasy 状态下灵魂出游在另一世界中时身体血肉被清除而只余骨骼的情景的描述。

生殖和性崇拜说的学者认为[1]，这两组地画构成了一组完整的性内容，上面那个男性手持勃起的生殖器，向下方走来，下面一组地画中的两女性，裸体仰身卧在"床上"。持此说的学者，还有人认为这组地画是一幅野合画，站立的二人系一男一女，均未著衣物，男子手扶生殖器迎向女子，女子亦反迎之，方框内的二人，一仰一卧，又是一组性交形式；画面上的两个人物都是男性，史前时期存在以快乐为目的的性关系——同性恋；以服用某种繁殖力强的昆虫求丰育，以勃起的男根强调男性在生殖活动中的作用及对强盛生殖能力的崇拜。

对于大地湾地画的众多解释，很难评定其孰确孰误，这也恰恰是考古学的魅力！

1　主要有于嘉芳、安立华：《大地湾地画探析》，《中原文物》1992 年第 2 期；吕恩国、刘学堂：《大地湾地画再考》，《考古与文物》1995 年第 3 期；邵明杰：《大地湾地画新考》，《内蒙古文物考古》2009 年第 2 期；陈星灿：《大地湾地画和史前社会的男性同性爱型岩画》，《东南文化》1998 年第 4 期。

柳湾人像彩陶壶

　　1974 年，青海省乐都县柳湾墓地的考古工作中，采集到一件十分罕见的彩陶壶[1]，现收藏于中国国家博物馆。2012 年，央视四套的《国宝档案》节目，曾为它做过一集专题纪录片。甘青地区的史前彩陶出土量巨大、纹饰繁缛、争奇斗艳，为何这件彩陶壶出类拔萃，格外引人入胜呢？

　　首先，这件彩陶壶属于彩绘与陶塑集于一体，从制作工艺上讲就是那些仅绘或仅塑的陶器所不能比拟的。根据发掘报告的描述[2]，该器整体较高，小口，短颈，上腹部圆鼓、下腹部斜收，平底，最大腹径以下装有一对小耳。陶质为泥质红陶，口部至双耳上方施红色陶衣，绘黑彩。颈部为交叉斜线纹，鼓腹两侧绘有一对内填网格的圆圈纹，圆圈纹之间绘一简化的蛙人纹，或称"神人纹"，再下绘一周裙带纹。与蛙人纹相对的另一面，尚可见蛙人纹中象征腿部的带爪折线，而原本的身躯部位却是一尊捏塑的裸体人像。人面塑于壶颈部，双目细小，上有黑彩绘出的眉毛，鼻梁挺直，口半开，耳郭较大。身躯与人面比例失调，明显经过压缩处理，胸前有尖凸的乳头，乳头中部偏下似为肚脐，双臂环抱于腹部，肘凸出，五指分开，指尖相对处为夸张表现的生殖器官，双腿向外撇。乳头和肘凸以黑彩点绘，足部亦似有黑彩涂绘的痕迹。从器形和图案上看，该彩陶壶无疑是马厂文化的典型器（图一、图二）。

　　史前时期的陶塑人像，在各地不同考古学文化中时有出土，不乏精品。但如

1　青海省文物管理处考古队、北京大学历史系考古专业：《青海乐都柳湾原始社会墓葬第一次发掘的初步收获》，《文物》1976 年第 1 期。

2　青海省文物管理处考古队、中国社会科学院考古研究所：《青海柳湾——乐都柳湾原始社会墓地》，文物出版社，1984 年。

图一　柳湾人像彩陶壶

图二　柳湾人像彩陶壶正面、侧面及背面线图

柳湾彩陶壶这般，全身形象完整、刻画生动的作品，还属少数。对于柳湾出土的这件人体彩陶壶的讨论，主要集中在陶塑人像的性别上，以及有男性或女性或双性的寓意上。第一次报道该器的发掘简报将其定性为男性，并以此作为马厂文化为父系社会的证明。但是继简报后的研究文章，又有了不同意见，认为陶塑人像是女性[1]，两种意见的分歧原因在于其第二性征所表现出的特点有些"模棱两可"。第三种意见是双性，李仰松将人像的臂弯解读为女性的乳房，认为其与胸前男性的乳头并存是两性复合的象征，反映出原始社会中的婚姻形态已出现一夫一妻制[2]。但他仅仅认为生殖器表现的性别可男可女。而周庆基则认为人像的生殖器既有阴茎又有阴唇，象征着男女合体[3]，他将此人像解读为"双性神"偶像，代表了祈求生育和丰产的原始宗教信仰。宋兆麟在《民间性巫术》[4]一书中，对"两性人"的讨论也使用了这一标本作为考古资料证据，认为是父权制逐步建立过程中，原始先民从崇拜女阴向崇拜男根过渡的产物。

　　客观上讲，如果不能明确地指出人像具有分属于男女的性征，那只能说明在今人眼中人像的性别模糊，而并不等于其设计之初就具有表现"雌雄同体"的愿望。

1　张广立、赵信、王仁湘：《黄河中上游地区出土的史前人形彩绘与陶塑初释》，《考古与文物》1983年第3期。

2　李仰松：《柳湾出土人像彩陶壶新解》，《文物》1978年第4期。

3　周庆基：《柳湾出土陶壶上"双性象"的宗教意义》，《史学月刊》1987年第2期。

4　宋兆麟：《民间性巫术》，团结出版社，2005年。

图三　高陵杨官寨出土陶祖

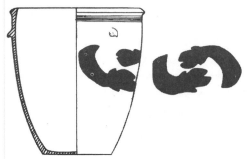

图四　汝州洪山庙出土彩绘男根

事实上，此件陶塑人像的艺术风格偏于写实，性器官虽有所夸大，但还是能突显女阴的特征，反而与史前时期明确为男性阳具的艺术形象（图三、图四）有较大的差距。至于其面部表情粗犷、双臂健壮有力的特点，对于性别的判断均无说服力。由于是采集品，此件彩陶壶脱离了原生的遗迹单位，失去了出土情境中保留的大量信息。比如，倘若用于随葬的话，与其他器物的共存关系如何？墓主是男是女？有无特殊的摆放位置？是否属于某些特定级别或承担特殊角色的个体？这些问题已无从回答。

从彩陶壶本身来看，仍有一些耐人寻味的宝贵信息值得提取。首先，鼓腹的壶身造型与躯体的配合，最易令人联想到妇女的孕肚。其次，人像的塑造代替了原本属于"蛙人纹"的画面，说明"蛙人纹"与人像应具有某种对应关系，而蛙则恰恰具有原始先民所崇拜的旺盛的生殖能力。第三，人像生殖器官的夸大表现，与身躯被压缩的做法形成对比，显然具有突出表现生殖器官的意图。如此看来，"生殖""丰产""孕育生命"应是柳湾人像彩陶壶最想表达的主题，其所反映的，应是柳湾先民对于人类自身的增殖或物产增殖的愿望。至于是否已经涉及对生殖过程中两性活动的关注、对男性在生殖过程中所起作用的关注，则言之尚早。

游邀鸭形壶

山西忻州游邀遗址发掘期间，我从北京外出归来，陈雍老师指着地上一堆待拼对修复的陶片考我，我说这是鸭形壶。因为，这种器物在山西虽然是第一次发现，但是在甘肃却有好几例。这件鸭形壶复原后的样子是：泥质灰陶，器壁薄而均匀；器表素面磨光，灰黑中透闪光泽；体态丰满，无头，粗直颈，隆背，凸胸，圆腹，丰臀，短尾上翘，腹下有四锥状短空

图一　忻州游邀鸭形壶

足，两两相对；口径 20～21.5 厘米，体长 37.5 厘米，高 33.5 厘米（图一）。该器属于夏代早期，距今约 4000 年[1]。

考古发现中的鸭形壶,早于游邀鸭形壶者,散见于甘青地区的半山–马厂文化。康乐边家林遗址出过一件[2]，报告将其称作"异形器"，高 12.8 厘米，口径 6 厘米。泥质红陶。无头无足，曲颈前倾，隆背，凸胸，圆腹，丰臀，短尾勾翘，腹两侧各有一半环耳，象征鸭之双翼，平底；中腹以上绘制黑彩，颈部绘宽带纹，体背的主体图案是连续折线纹和交错锯齿纹。永昌鸳鸯池墓地出过三件[3]，报告称"鸭

1　忻州考古队：《忻州游邀考古》，科学出版社，2004 年。
2　临夏回族自治州博物馆：《甘肃康乐县边家林新石器时代墓地清理简报》，《文物》1992 年第 4 期。
3　甘肃省博物馆文物工作队、武威地区文物普查队：《甘肃永昌鸳鸯池新石器时代墓地》，《考古学报》1982 年第 2 期。

图二　马桥鸭形壶（两件）

图三　黄土仑鸭形壶

形罐"，其中一件为泥质红陶，高 10.2 厘米。无头无足，小口外侈，曲颈前倾，颈中有一小附耳，隆背，凸胸，圆腹，丰臀，两侧有翼，后部有尾，侧翼和后尾下垂，端刻沟槽，呈分瓣状。通体黑彩绘出方格纹。

　　与游邀鸭形壶年代大约同时者，在河南偃师二里头遗址和上海马桥遗址有发现。二里头遗址有一件[1]，报告称作"鸭形鼎"，夹砂灰陶。无头，大口外侈，弧颈直立，斜背，凸胸，圆腹，瘦臀，扁錾状短尾上翘，背上有一宽桥状提梁，位于尾颈之间，腹下有三锥状短足，两前一后。颈下一周饰点状戳印纹，腹部通饰斜绳纹，桥耳上饰麦穗状戳印纹。马桥遗址发现可复原的鸭形壶 14 件[2]，是出土数量最多的遗址（图二）。其中一件为泥质灰褐陶，口径 8.8 厘米，高 10.08 厘米。无头无足，敞口，粗高颈，平背，凸胸，扁腹，腹下微圜，瘦臀，短尾上翘，颈尾之间安有一桥状提梁。颈饰弦纹，腹部通饰竖绳纹，提梁上贴附乳丁。一件为泥质灰陶，口径 8.2 厘米，高 10.6 厘米。无头，敞口，粗高颈，凸胸，扁腹，瘦臀，腹下有假圈足，尾部上翘，翘尾与颈部之间安有一桥状提梁。颈部饰弦纹，弦纹间饰两周云雷纹，提梁上饰云雷纹，体腹素面。

　　晚于游邀鸭形壶者，在商代晚期的福建闽侯黄土仑遗址出有四件[3]，报告将其称作"鬶形壶"。其中一件为泥质灰硬陶（图三），口径 7 厘米，高 16 厘米。无

1　中国科学院考古研究所洛阳发掘队：《河南偃师二里头遗址发掘简报》，《考古》1965 年第 5 期。

2　上海市文物保管委员会：《上海马桥遗址第一、二次发掘》，《考古学报》1978 年第 1 期。

3　福建省博物馆：《福建闽侯黄土仑遗址发掘简报》，《文物》1984 年第 4 期。

图四　平洋鸭形壶

图五　灵寿鸭形壶

头无足，敞口，细颈直立，背微隆，瘦臀，短尾勾翘，肩部两侧各有一卷云状鋬翼，壶口至后背间安有一桥状提梁，平底。颈部饰凸棱文和云雷纹，腹部通饰拍印方格纹和菱形雷纹。

鸭形壶在汉代东北的嫩江流域也有一些发现，其中以泰来平洋墓地所出者最为精美[1]（图四）。该器口径 11 厘米，高 28.8 厘米。无头有足，直口，高直颈，背微隆，腹较扁，凸胸，瘦臀，圜腹下有三个锥状短足。颈部近口处有四个对称乳丁，体两侧各有一象征羽翼的扁鋬，扁鋬的外端有四个圆孔，体后部有一扁鋬短尾。颈中部和体上部饰粗疏篦点纹，图案为横平行线内加短竖平行线。

鸭形壶在不同考古报告中，尽管名称不完全相同，但都认为：长颈或直或曲，卵形体态圆鼓丰满，体侧有双翼，有的双翼外端还有插羽毛留下的小圆孔，身后有短尾，大多腹下还有短足，这些特征无疑仿自水禽鸭。在河北灵寿战国中山遗址中[2]，出有较多的形态逼真的鸭形壶（图五），鸭身为扁腹壶，上部有矮领器口，口上有器盖，盖上有立鸟。前端有长曲颈鸭头，圆眼，长嘴。后端有鋬状尾，微上翘。下部有双足，为象形蹼状。

鸭形壶虽数量不多，但是时间宽度大，分布范围广。时间上从新石器时代晚期开始出现，一直延续至两汉时期；地域上从西北的黄土高原到东南的长江下游，

1　黑龙江省文物考古研究所：《平洋墓葬》，文物出版社，1990 年。
2　河北省文物研究所：《战国中山国灵寿城——1975～1993 年考古发掘报告》，文物出版社，2005 年。

从岭南的南海之滨（深圳咸头岭遗址出土一件）到北疆的嫩江之畔，都留下了她的身影。但就一处遗址、一种考古学文化来说，数量并不多，因此鸭形壶不应是简单的日常生活用器。在忻州游邀遗址中，与鸭形壶同出于一座灰坑的器物还有四鸟喙状实足鼎、高领单耳罸、高领单耳鬶等，都是遗址内仅见的"异形器"，据此判定这座灰坑是用于祭祀活动的"祭祀坑"，鸭形器等组合器物是用于祭祀活动的祭器。尽管有的研究者试图排定不同时间、地域、文化的鸭形器的谱系关系，但是鸭形器时间跨度大、分布地域广、所属文化多、器物形态杂的特点，表明其不应是同源同系的亲缘器物。

　　出土鸭形器最多的地区一是长江下游，一是嫩江流域，这两个区域有着共同的环境：降水充沛，气候湿润，湖沼密布，渔产丰富，水禽多样。分布在这两区域内的考古学文化中，有着大量与渔猎生计相关的遗存，生产工具中的鱼镖、鱼叉、鱼钩、网坠，生活用具中的水禽图案、水禽造型等。鸭形器就应是仿鸭创造出的器物。如果鸭形器不是用于日常生活而是用于礼仪活动的话，那么就可能是当地人们的鸟禽崇拜意识在物质创造中的体现。即便是在干旱的大西北，出有鸭形壶的永昌鸳鸯池遗址，其遗址的名字已经清楚地告诉人们，这里曾是鸳鸯等水禽的栖息乐园。

大汶口象牙雕筒

在山东泰安大汶口遗址中，发现了 10 件象牙雕筒[1]，为象牙的外皮制成，有三种样式。一种是器表镂空花纹，如 M59：11，出土时已朽蚀残损，并发生变形，周身剔地透雕出规则的镂孔，为四方连续的花瓣纹，一侧有 6 个穿孔，高 9.7 厘米。一种是器表有多道凸弦纹，如 M13：付 4，周身雕出五道弦纹，器壁一侧开裂，裂缝两侧有对称小孔五对，似为捆扎裂缝用，高约 6 厘米，筒径约 7.5 厘米。一种是器表饰三周凸弦纹，如 M10：1，保存较好，上下通透，截面略呈圆形，器表的顶部、底部和中部雕出三周弦纹带，弦纹带上各有弦纹三至四道，高约 14.5 厘米，径约 12 厘米。第三种样式的象牙雕筒还在邹县野店遗址和曲阜东魏庄遗址各发现一件（图一）。邹县野店 M62：47[2]，上稍细，下微粗，中空，外部刻有三组平行线，将全器分为上、下两段。上段有四个等距小窝，原为镶嵌绿松石者，出土时已脱落。曲阜东魏庄[3]，置于右手旁，椭圆状，口稍大于底，外壁在口、腹、底处共刻出三周弦纹，底部有小孔，表皮剥蚀，筒已断为六块，断裂处有对称之小孔。筒内装"骨锥"两件。

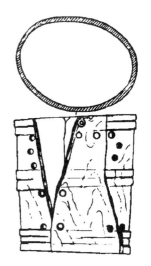

图一　东魏庄出土大汶口象牙雕筒

1　山东省文物管理处、济南市博物馆：《大汶口——新石器时代墓葬发掘报告》，文物出版社，1974 年。

2　山东省博物馆、山东省文物考古研究所：《邹县野店》，文物出版社，1985 年。

3　中国科学院考古研究所山东工作队、曲阜县文物管理委员会：《山东曲阜考古调查试掘简报》，《考古》1965 年第 12 期。

关于象牙雕筒的用途，学术界有不同的理解。有学者依据象牙雕筒所在遗址和墓葬的性质推测[1]：一是像大汶口遗址这样的中心聚落，才有制作象牙雕筒技能的人；一是像 10 号墓这样拥有较多财富的显贵，才能拥有象牙雕筒。10 号墓墓主人是成年女性，墓坑长 4.2 米，宽 3.2 米。随葬尊形鼎、袋足鬶、三足盉、高柄杯、彩陶背壶等各类陶器达百余件。此外，还有石斧、玉钺、头饰、项饰、玉臂环、玉指环、象牙梳、象牙管、骨雕筒、石笄、獐牙、猪头、鳄鱼鳞板等，该墓是大汶口墓地随葬品最丰富的一座。对象牙雕筒用途研究比较充分的是杨晶[2]，她依据象牙雕筒出土情境的分析

图二　海安青墩有柄穿孔陶斧

认为，内径不大于 4 厘米的较小者，是玉钺或石钺的木柄尾端饰件——镦，这种情况有江苏海安青墩有柄穿孔陶斧的实例[3]（图二）；内径大于 4 厘米的较大者，应是用于宗教活动的法器，如东魏庄等内装有"穿孔骨锥""刻槽骨条"的象牙雕筒。与这一现象相近似的是，同属于大汶口文化的江苏邳县大墩子 44 号墓葬出土的两副龟甲中，分别装着骨锥和骨针，而这一现象则被认为是龟卜。象牙雕筒内装有骨条或骨锥的现象，还很容易使人想到含山凌家滩墓地出土的内盛石子的玉龟，中国古代骨牙质的算筹，以及今天摇卦用的内盛卦签的卦筒等。杨晶进而推测，只出作为玉石钺柄端镦用的象牙雕筒的墓葬的主人，应是部族的军事首领；只出作为法器用的象牙雕筒的墓葬的主人应是巫觋；两种象牙雕筒共出的墓葬的主人，应是集军权与神权于一身的"显赫人物"。

广州因有海上通商贸易之便，与北京、苏州并称中国三大象牙雕刻的中心。20 世纪 80 年代末，由于全球禁止象牙贸易，广州的牙雕工艺陷入无米之炊的窘地，

1　吴汝祚：《大汶口文化璋牙勾形器和象牙雕筒文化含意考释》，《东南文化》1988 年第 1 期。

2　杨晶：《大汶口文化的骨牙"雕筒"》，《故宫博物院院刊》2003 年第 1 期。

3　南京博物院：《江苏海安青墩遗址》，《考古学报》1983 年第 2 期。

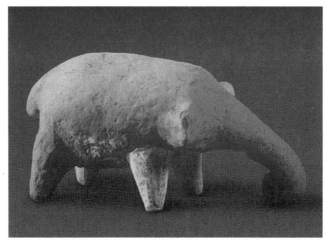

图三　邓家湾陶象

濒临衰竭。那么，5000 年前地处黄河下游的大汶口文化象牙雕筒原料，也是像广州一样来自远方吗？继大汶口文化之后的山东龙山文化不见象牙雕器，也是因为原料的枯竭而中断的吗？黄河流域最早的象发现于山西襄汾丁村，是旧石器时代中期的亚洲象的化石[1]；其次是河南新蔡诸神庙和练村集发现的距今 1 万年前的象骨[2]；再次是湖北天门邓家湾遗址石家河文化时期发现有陶塑象[3]（图三），最后是河北阳原丁家堡水库发现的距今 3000 年前象骨，大致相当于夏末商初[4]。到了商代晚期，象在黄河流域的存在就有了较多的证据。首先是在商王朝都城的殷墟遗址，考古发现有象的遗骨[5]。其次是甲骨文中有许多与象有关的记载，关于猎象的记载，

1　裴文中、吴汝康、贾兰坡等：《山西襄汾县丁村旧石器时代遗址发掘报告》，科学出版社，1958 年。

2　裴文中：《河南新蔡的第四纪哺乳类动物化石》，《古生物学报》1956 年第 1 期。

3　湖北省文物考古研究所、北京大学考古学系、湖北省荆州博物馆石家河考古队：《邓家湾：天门石家河考古报告之二》，文物出版社，2003 年。

4　贾兰坡、卫奇：《桑干河阳原县丁家堡水库全新统中的动物化石》，《古脊椎动物与古人类》1980 年第 4 期。

5　德日进、杨钟健：《安阳殷墟之哺乳动物群》，《中国古生物杂志》丙种第 12 号，第 1 册，1936 年；杨钟健、刘东生：《安阳殷墟之哺乳动物群补遗》，《中国考古学报》第 4 册，商务印务馆，1949 年。

如"□今夕其雨，获象"[1]；关于驯象的记载，如"丙寅㞢贞乎象风𤔔"[2]，大意是让象用鼻子或牙齿摇动树木，使果子落地。再次是文献中有殷人服象的记载，如《吕氏春秋·古乐篇》："商人服象，为虐于东夷。"再如《禹贡》中所述九州之一的豫州，徐中舒以为：《禹贡》豫州之豫，为象、邑二字之合文"豫当以产象得名，与秦时之象郡以产象得名者相同"[3]。关于黄河流域商代有象，罗振玉有比较好的一段论述[4]："象为南越大兽，此后世事。古代则黄河南北亦有之。'爲'字从手牵象，则象为寻常服御之物。今殷墟遗物，有镂象牙礼器，又有象齿，甚多，卜用之骨，有绝大者，殆亦象骨，又卜辞卜田猎有'获象'之语，知古者中原有象，至殷世尚盛也。"史前时期，黄河流域的气候条件适合象的生存，在大汶口遗址中还有一旁证，那就是在遗址中还发现有现今生存于长江流域的中小型獐、竹鼠和鳄鱼，生存于东南亚热带丛林的犀牛、獏和圣水牛。

倘若，大汶口文化的象牙雕筒原料原产于本地，那么黄河流域今天的气候条件和史前时期相比，就发生了很大的变化；倘若大汶口文化的象牙雕筒原料来自遥远的南方甚至更远的地区，那么在距今约 5000 年前的大汶口文化就已发生了远距离的产品交换或礼仪往来。在大汶口遗址还有一个饶有趣味的发现，M110墓主腰侧随葬龟背甲和腹甲各一，经中国科学院古脊椎动物与古人类研究所鉴定，为地平龟甲壳，而地平龟现生存于北美和中美洲。

1　郭沫若：《卜辞通纂》，科学出版社，1983 年。

2　董作宾：《小屯（第二本）殷虚文字：乙编（图版）》六九〇，中央研究院历史语言研究所，1948 年。

3　徐中舒：《殷人服象及象之南迁》，《中央研究院历史语言研究所集刊》第二本第一分，1935 年。

4　罗振玉：《殷墟书契考释》，1915 年永慕园刊本，收入罗振玉撰：《殷虚书契考释三种》，中华书局，2006 年。

城子崖卜骨

今天人们一提到用动物肩胛骨占卜，首先想到的是殷墟出土的刻有甲骨文的卜骨。其实早在史前时期，黄河流域的人们就已经普遍使用动物的肩胛骨占卜了。首先打开人们视野的是山东章丘城子崖遗址的发掘[1]，1930 年和 1931 年两个年度的发掘，共发现卜骨 16 片，属于龙山文化时期的下文化层有 6 片，包括牛胛骨 4、鹿胛骨 1、不明者 1。牛胛卜骨的骨脊和边缘多经刮削修治，骨面多经磨光，有钻痕和灼兆；鹿胛卜骨和不明骨料卜骨未经刮削和磨光处理，骨面有灼兆，无钻痕。

史前时期卜骨的发现是城子崖遗址发掘的一项重要收获，对此，发掘主持人李济先生在《城子崖》报告的序言中有大段的论述："城子崖最可注意之实物为卜骨。由此，城子崖文化与殷墟文化得一最亲切之联络。""骨卜习俗之原始及其传播在现代民俗学中仍为一未解决之问题。讨论这个问题的，大概都追溯到中国三代的龟卜为止。但殷墟发掘已经证明中国的龟卜还是从骨卜演化出来的。殷墟所出的卜用的骨实比卜用的龟多。就那一切技术说，已到极成熟的时期，故殷商时代这种习俗必具极长期之历史背景。这种历史的背景在那中国的北部及西北部分布极广的新石器时代仰韶文化遗址中，毫无痕迹可寻。但在城子崖遗址，却找出来了。因此，我们至少可以说，那殷商文化最重要的一个成分，原始在山东境内。"

从这大段论述中，我们今天依然能够感受到李济先生于字里行间洋溢出的兴奋。但是有几点需要予以说明：一是关于殷墟的龟甲占卜是从兽骨占卜演化出来的说法。殷商时期，龟卜和骨卜是两个并行的占卜方式，《周礼·春官·筮人》有这样的记载："凡国之大事，先筮而后卜。"从考古发现看，使用龟甲卜筮吉凶、

1　傅斯年等:《城子崖（山东历城县龙山镇之黑陶文化遗址）》，中央研究院历史语言研究所，1934 年。

图一　贾湖出土龟甲及石子

图二　富河沟门出土卜骨

预测未来要比使用兽骨早很多。距今约 8000 年前的河南舞阳贾湖遗址，就出有内藏石子的龟壳 [1]（图一）；距今约 5000 年前的安徽含山凌家滩遗址，出有内藏石子的玉龟 [2]；江苏邳县大墩子墓葬中，出有内藏骨锥和骨针的龟甲 [3]。卜筮的方法却是观察龟甲内的石子或骨条的状态，与灼烧龟甲观察裂痕状态不同，与后世的算筹为同一系统，应属"筮"法，而灼烧龟甲应属于"卜"法。现在虽然还不能说殷商的龟卜起源于史前的龟筮，但也不能说其起源于史前的骨卜。

二是关于卜骨出现的年代。城子崖遗址出土的卜骨距今约 4000 年，属于龙山时代的晚期或夏代早期，就今天的考古发现看，这绝对不是最早的。现今最早的卜骨是内蒙古巴林左旗富河沟门遗址所出者 [4]，距今约 5300 年，约与仰韶时代晚期同时，是利用鹿或羊的肩胛骨制成的，仅有灼痕（图二）。甘肃武山傅家门遗址出土者 [5]，距今约 5000 年，属于仰韶时代晚期，使用的是羊、猪、牛的肩胛骨，器身不加修饰，有灼无钻，骨面有简单刻划符号。再晚一些的是甘肃灵台桥

1　河南省文物考古研究所：《舞阳贾湖》，科学出版社，1999 年。
2　安徽省文物考古研究所：《凌家滩——田野考古发掘报告之一》，文物出版社，2006 年。
3　南京博物院：《江苏邳县四户镇大墩子遗址探掘报告》，《考古学报》1964 年第 2 期。
4　中国科学院考古研究所内蒙古工作队：《内蒙古巴林左旗富河沟门遗址发掘简报》，《考古》1964 年第 1 期。
5　中国社会科学院考古研究所甘青工作队：《甘肃武山傅家门史前文化遗址发掘简报》，《考古》1995 年第 4 期。

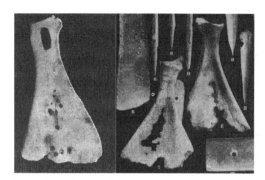

图三　皇娘娘台出土卜骨

村遗址出土者[1]，距今约 4500 年，属于龙山时代早期，共计 17 片之多，是利用羊和猪肩胛骨制成的，少经修整，有灼无钻。城子崖卜骨所属的龙山时代晚期，卜骨在中国北方的山东、山西、河南、河北、山西、甘肃、内蒙古、辽宁等地区已很普及，其中尤以甘青地区的齐家文化为最，仅武威皇娘娘台遗址就出土 39 件之多[2]（图三）。

　　三是关于山东龙山文化与殷商文化的关系问题。由于考古材料的积累，已排除了两者之间的亲缘关系。现今考古学界一般认为，小屯商代晚期文化的前身是郑州二里冈早商文化，二里冈早商文化的前身是下七垣先商文化，下七垣先商文化的前身是后冈二期龙山文化。这几支考古学文化都有较多的卜骨出土，永年台口遗址出土后冈二期文化卜骨 1 件，牛肩胛骨制成，未经修治，仅有灼痕[3]；辉县琉璃阁遗址下七垣文化的一个灰坑中出土卜骨 17 片，大部是牛肩胛骨，少数是猪肩胛骨，骨脊经修治，灼钻兼用[4]；郑州二里冈遗址出土早商卜骨 175 块，有牛、猪、羊、鹿和狗的肩胛骨，骨脊和骨臼经修治，灼钻兼用[5]。这些发现表明，商人的卜骨占卜习俗是有自身传统的。

　　李济先生在《城子崖》序言中还说："单就卜骨言，除了孕育殷商期中国早期的朝代文化外，后来又东传至日本，北至通古斯及西伯利亚之海滨民族；历史

1　甘肃省博物馆考古队：《甘肃灵台桥村齐家文化遗址试掘简报》，《考古与文物》1980 年第 3 期。

2　甘肃省博物馆：《甘肃武威皇娘娘台遗址发掘报告》，《考古学报》1960 年第 2 期；《武威皇娘娘台遗址第四次发掘》，《考古学报》1978 年第 4 期。

3　河北省文化局文物工作队：《河北永年县台口村遗址发掘简报》，《考古》1962 年第 12 期。

4　中国科学院考古研究所：《辉县发掘报告》，科学出版社，1956 年。

5　河南省文化局文物工作队：《郑州二里冈》，科学出版社，1959 年。

期间的鞑靼民族也侵染了这个习惯；以后西播，直到爱尔兰、摩洛哥一带。"西方学者把广泛流行于世界各地使用兽骨的占卜，分为东、西方两个系统，东方系统是对骨进行烧灼，看所造成的痕迹裂纹的形状，借以确定吉凶；西方系统则省去烧灼，仅观察骨的形状、厚薄或者纹理[1]。想要把全球范围内骨卜的产生和传播都搞清楚，可是十分庞大的课题，绝非一日一人之功可以完成的。

1　李学勤：《甲骨占卜的比较研究》,《比较考古学随笔》, 广西师范大学出版社, 1997 年。

第六章

部族冲突

邻人的财富刺激了各民族的贪欲，在这些民族那里，获取财富已成为最重要的生活目的之一。他们是野蛮人：进行掠夺在他们看来是比进行创造的劳动更容易甚至更荣誉的事情。以前进行战争，只是为了对侵犯进行报复，或者是为了扩大已经感到不够的领土；现在进行战争，则纯粹是为了掠夺，战争成为经常的职业了。在新的设防城市的周围屹立着高峻的墙壁并非无故：它们的壕沟深陷为氏族制的墓穴，而它们的城楼已经耸入文明时代了。

——恩格斯《家庭、私有制和国家的起源》

城头山栅栏

澧县位于湖南省西北部，北连长江，南通潇湘，西控九澧，东出洞庭，自古就有"九澧门户"之称。澧阳平原上雄踞着一座被誉为"华夏第一城"的城头山城址，这是一座始建于大溪文化早期，距今约6000年的史前城址（图一）。城头山城址的城墙有附设的栅栏，这在中国的史前考古发现中尚属首次。《澧县城头山》报告在介绍 T6352、T6351、T4351、

图一 城头山城址全景俯瞰

T4352 四个探方的剖面时，附带对栅栏做了简略的介绍[1]，8B 层层面上，可见 21 个东西向排列的柱洞，应是防护设施栅栏。柱洞成一行排列在一条沟槽内，从最东一个柱洞到最西一个柱洞长 6.2 米，沟槽在最东一个柱洞处还向东延伸 7 米，沟槽宽 20 厘米，柱洞直径在 10 ～ 20 厘米之间。在 8A 层层面上，还有两条 1 米长的沟槽，槽内有 9 个柱洞。报告没有介绍柱洞的间距和深度，从报告的线图中观察，有的紧紧挤挨在一起，有的大约间隔 10 ～ 50 厘米，保存深度不一，约在 20 ～ 50 厘米之间（图二）。

1　湖南省文物考古研究所：《澧县城头山——新石器时代遗址发掘报告》，文物出版社，2007 年。

图二   城头山城墙栅栏柱洞

城头山城址有过四次大规模的营建，第一次是距今 6100 年的大溪文化一期，是在原有的汤家岗文化的环壕聚落的基础上兴建的，重新开挖环壕并堆筑土垣，土垣叠压在以前的环壕上，底宽 8 ~ 10 米，高 1.6 ~ 2 米，在墙头或墙体外侧设有木质栅栏。环壕向外推出并开挖在聚落周边，壕沟口宽 12 米，深 2.2 米，在南部的环壕内还出土了船桨、船艄等，表明环壕已是"护城河"。第二次是大溪文化二期，是在前期城墙的基础上再次扩大，重新构筑一道更高更宽的城墙并挖出更宽更深的沟。第三次和第四次是屈家岭文化的早期和中期，加大了城墙的构筑力度，墙高和壕宽都已达到甚至超过十米，高大的城墙和宽深的护城河构成一道难以逾越的防御屏障。研究者认为，在大溪文化一期时，由于环壕深度和土垣高度均接近或超过一个正常人的身高，防御作用明显。因此，这一期环绕城头山聚落的土垣和围沟已经成为城墙与城壕，城头山城址也称得上名副其实的中国史前最早的城址[1]。从城头山城址的建筑时序上看，附设栅栏只是见于第一期，这一时期的城墙高仅约 2 米，稍高于成年男人的身高。从第二期开始增高加厚城墙，城墙高达十米时则不再附设栅栏。栅栏的功用是为了加高城墙的高度，提高其防御功能，这是显而易见的。

壕和墙是一体的防御设施，因此史前时期的环壕聚落都应有相应的"环墙"，如果不是有意把挖出的土运往他处的话。20 世纪 50 年代发掘半坡遗址时，就曾在北部大围沟外沿发现一段呈带状分布的堆积，长约 20 米，高约 1 米，土质纯净而坚硬，显然就是壕边的土垣。挖一条壕沟时，将挖出的土翻到壕边，就可以

1 裴安平：《中国史前的聚落围沟》，《东南文化》2004 年第 6 期；郭伟民：《城头山城墙、壕沟的营造及其所反映的聚落变迁》，《南方文物》2007 年第 2 期。

图三　黑龙江友谊凤林城址环壕和土垣　　　图四　日本吉野里环壕聚落的木制寨门和栅栏

堆出一道土垣，壕沟的深度和土垣的高度是成正比的，壕浅则墙矮，壕深则墙高。在城头山城址修筑之前的汤家岗文化时期，就有环绕聚落的壕沟和土垣，壕沟深约 0.5 米，土垣高不足 1 米。史前时期的环壕聚落壕沟和土垣大约都是这等规模，比如距今约 8000 年的敖汉兴隆洼聚落，壕宽不足 2 米，深不足 1 米，如此规模的壕沟和土垣很难说其防御功能有多么强大。20 世纪末我在黑龙江做七星河流域聚落考古时，就曾为大多城址的城墙高不过 2 米，城壕深不过 2 米而困惑不解（图三）。后来到日本九州考察弥生时代的环壕聚落时，看到他们复原的城址（图四）才恍然大悟，原来在低矮的土垣上是有附加防御设施——木栅栏的[1]。后来我们在集贤县的一处山地城址，也发现了墙头上的长方形木桩遗迹。城头山城址虽然只是在一段城墙上发现有木质栅栏的柱洞遗迹，但是我们有理由相信，那时的城墙上都应该建有栅栏这样的附属防御设施。

　　大溪文化时期的城头山城址的环壕、城墙及附属的防御设施栅栏，对于抵御洪水的威胁是没有什么实质意义的，它应该还是用于防御外部族的侵扰的。经典作家认为，史前时期部族之间以掠夺财富为目的的战争，是原始社会的末期军事民主制时代的特征。大溪文化早期城址栅栏对于防御功能的强调，为学界提出了耐人寻味的问题：是距今 6000 年的大溪文化早期，已经进入氏族社会的末期？还是在早于军事民主制阶段之前，原始社会就已存在激烈的部族冲突？

1　许永杰：《考察日本弥生时代环壕聚落的两点启示》，《中国文物报》2003 年 1 月 17 日第 1 版。

游凤鱼吞鸟与北首岭鸟衔鱼

半坡文化最富特征的彩陶图案是鱼纹，庙底沟文化最富特征的彩陶图案是鸟纹。鱼纹或鸟纹一般是单独绘制在半坡文化或庙底沟文化的器物上，但是后来陆续发现一些鱼纹和鸟纹共绘在同一件器物上的彩陶器。

图一　游凤鱼吞鸟细颈瓶　　　图二　北首岭鸟衔鱼细颈瓶

陕西武功游凤彩陶细颈瓶[1]，小口如花苞状，腰以下向内收敛，平底，在口唇上绘辐射状的条形花纹，细颈瓶凸鼓的上腹部用黑彩绘出鱼鸟图案，鱼为图案化的鱼纹，头部夸张，鱼口大张，吞噬小鸟。小鸟仅绘出头部，落入鱼口的交错利齿中。整个画面竭力渲染鱼的雄健有力和鸟的渺小可怜（图一）。

陕西宝鸡北首岭彩陶细颈瓶[2]，细颈瓶为细泥红陶，小口作花苞状，折腹，下腹内收，平底。瓶口顶部绘四道黑彩，凸鼓的上腹部用黑彩绘出鸟鱼图案。鸟为长喙的水鸟，振翅躬身，啄衔鱼尾。鱼为方头鲶鱼，弯身回头，怒向水鸟。整个画面努力表现水鸟与鲶鱼激烈争斗的场景（图二）。

从事史前考古学研究的学者一般认为，在原始社会，任何一种艺术形式的存

1　西安半坡博物馆、武功县文化馆：《陕西武功发现新石器时代遗址》，《考古》1975 年第 2 期。
2　中国社会科学院考古研究所：《宝鸡北首岭》，文物出版社，1983 年。

在都不是为了纯艺术的目的，而是受当时的人群组织、生产方式以及由此形成的
审美观念的制约，在生产力水平不高的新石器时代，只有有利于人们生存，能够
加强氏族的集体感和维护共同利益的行为才被认为是美的。他们进而认为，绘制
在陶器上的动植物图案是彩陶主人所属氏族或部落的图腾徽记，尤其是动物图案
更应是图腾。作为半坡遗址的发掘主持者和报告编写者石兴邦就有这样的认识[1]：
如果彩绘花纹确是氏族的图腾标志，仰韶文化的半坡类型与庙底沟类型就是分别
属于以鱼和鸟为图腾的不同部落氏族。

　　半坡文化和庙底沟文化是公元前四千纪史前中国仰韶时代最为重要的两支考
古学文化，半坡文化主要分布在陕西的渭河流域，庙底沟文化分布范围则要广阔
得多，它是以陕晋豫三省临近地区为中心，南及长江，北抵河套，东滨渤海，西
达河湟。在 20 世纪相当长的时期内，多数考古学者都相信半坡文化早于庙底沟
文化，庙底沟文化是由半坡文化演变而来的。随着半坡和庙底沟两文化的遗存共
出在同一考古单位内的现象不断增加，越来越多的学者相信它们是年代相同、地
域相邻的两支不同谱系的考古学文化，这一认识从鱼纹和鸟纹共同绘制在同一件
器物上的现象，可以得到很好地理解。

　　细颈瓶是半坡文化最富特征的典型器物。宝鸡北首岭细颈瓶上的水鸟与鱼争
斗图，表现的是以鱼为图腾的半坡部族与进犯至渭河腹地的以鸟为图腾的庙底沟
部族的势均力敌的战争；武功游凤细颈瓶上的大鱼吞鸟图，表现的则是以鱼为图
腾的半坡部族对前来进犯的以鸟为图腾的庙底沟部族的胜利。大口缸是庙底沟文
化最富特征的典型器物，那件出于河南临汝"伊川缸"上的著名的"鹳鱼石斧图"，
表现的则是以鸟为图腾的庙底沟部族西征对以鱼为图腾的半坡部族的胜利。

　　有学者把史前时期的考古学文化遗存同古史传说相联系[2]，他们认为半坡文化
是炎帝部族创造的文化，庙底沟文化是黄帝部族创造的文化。如是，那么武功游

1　中国科学院考古研究所、陕西省西安半坡博物馆：《西安半坡——原始氏族公社聚落遗址》，文物
　出版社，1963 年；石兴邦：《半坡氏族公社》，陕西人民出版社，1979 年。
2　黄怀信：《仰韶文化与原始华夏族——炎、黄部族》，《考古与文物》1997 年第 4 期。

凤细颈瓶上的大鱼吞鸟图和北首岭水鸟衔鱼图则真实地再现了黄帝部族与炎帝部族长期争斗导致融合的史实。《大戴礼记·五帝德》载："黄帝，少典之子也，曰轩辕……抚万民，度四方，教熊罴貔豹虎，以与赤帝（炎帝）战于阪泉之野，三战，然后得行其志。"钱穆认为[1]，阪泉之战的发生地在今晋南的解县盐池附近。晋南恰是庙底沟文化的老家，半坡文化在这里也有著名的东庄类型遗存。鱼纹与鸟纹同器真实地再现了以鱼为图腾的炎帝部族与以鸟为图腾的黄帝部族，因争夺重要的生活必需品——盐资源，而发生的惨烈的阪泉之战。

也有学者不认可鱼和鸟为半坡文化与庙底沟文化的图腾的认识，他们认为[2]，在世界各地民族志材料中，从未有将敌方或姻亲氏族的图腾与本氏族图腾复合绘于同一器物之上的先例。尤其是像北首岭遗址出土的那件细颈瓶，竟将敌对氏族的图腾侮辱本氏族的图腾——水鸟衔鱼绘制在本氏族最典型的器物上，更是无法理解。因此提出了"生殖繁衍说"。武功游凤细颈瓶上的鱼鸟同器，表现的是鱼鸟图腾氏族的母子关系——鸟氏族是从鱼氏族中新分离出来的小氏族。具体的解释是：鱼表示女性生殖器，有转生巫术功能，在此基础上加一只代表男性的鸟，便为转生巫术的鱼图案中成功地注入了性交的含意。

1　钱穆：《国史大纲》，商务印书馆，2010 年。
2　何努：《鸟衔鱼图案的转生巫术含意探讨》，《江汉考古》1997 年第 3 期。

阎村鹳鱼石斧图

　　1978 年秋，河南汝州阎村社员种树时，在不到 30 平方米的范围内，挖出了 11 座瓮棺葬[1]。这些作为瓮棺葬具的陶器大部分是陶缸，其中一件陶缸上画有鹳叼鱼和有柄石斧的大型彩陶画，发现者将其称作"鹳鱼石斧图"（图一）。

　　这件陶缸高 47 厘米，口径 32.7 厘米，底径 19.5 厘米。夹砂红陶，敞口，圆唇，深腹，平底，底下有一圆形钻孔，沿下有四个对称的鸟喙状泥突，腹部一侧画有一幅高 37 厘米，宽 44 厘米的彩画，画面约占缸体面积的二分之一。画幅左边为一只向右侧立的白鹳，细颈长喙，短尾高足，

图一　鹳鱼石斧图陶缸

通身洁白。白鹳衔鱼，鱼头、身、尾、眼和背腹鳍都画得简洁分明，全身涂白，不画鳞片，应该是白鲢一类的细鳞鱼。因为鱼大，衔着费力，所以鹳鹳身稍稍后仰，头颈高扬，表现了动态平衡的绘画效果。鹳和鱼的眼睛得到了完全不同的处理：鹳眼画得很大，目光炯炯，俨然是征服者的气概；鱼眼则画得很小，配合僵直的身体，显得已无力挣扎。竖立在右边的斧子，圆弧刃，中间有一穿，捆绑在一个竖立的木棒上端，木棒上有四个圆孔，用以穿绳固定斧子，木棒中部有"X"形符号，握柄处用尖状器刻画出绳索花纹。

1　临汝县文化馆：《临汝阎村新石器时代遗址调查》，《中原文物》1981 年第 1 期。

著名史前考古学家严文明专门撰文阐释鹳鱼石斧图的寓意[1]。他说：这幅画最发人深思的地方，是把鹳衔鱼和石斧这两类似乎毫不相干的形象画在一起，并且画在专为装殓成人尸骨的陶缸（棺）上，显然这不能看作是一般的艺术作品。出土陶缸的伊洛——郑州地区，史前时期人们共同体是一个部落联盟，阎村遗址是这个联盟的中心部落，而画有鹳鱼石斧图的陶缸应当是该部落的酋长——多半是对建立联盟有功的第一任酋长的瓮棺。在酋长的瓮棺上画白鹳衔鱼，决不单是为了好看，也不是为着给酋长在天国玩赏。这两种动物应该都是图腾，白鹳是死者本人所属氏族及部落的图腾，鲢鱼则是敌对氏族及部落的图腾。这位酋长生前必定是英武善战的，他曾高举那作为权力标志的大石斧，率领白鹳氏族和本联盟的人民，同鲢鱼氏族进行殊死的战斗，并取得了决定性的胜利。当时的画师极尽渲染之能事，把画幅设计得尽可能地大，选用了最强的对比颜色。他把白鹳画得雄壮有力，气势高昂，用来歌颂本族人民的胜利；他把鲢鱼画得奄奄一息，俯首就擒，用来形容敌方的惨败。为了强调这场战斗的组织者和领导者的作用，他加意描绘了最能代表其身份和权威的大石斧，从而给我们留下了这样一幅具有历史意义的图画。

严文明的解释可谓"图腾说"。此外，"现实艺术造型说"的解释也比较有影响。持此观点的学者认为，史前艺术家为了表达自己的感情和见解，理想和愿望，借着陶缸的表面来进行描写现实的创作。河中的鱼类是远古时期居民的重要食物来源，鹳鱼石斧图反映的是原始人们祈求渔猎收获的愿望，画面的主体思想就是"老鹳捉鱼"。张绍文从艺术的角度做出生动地描绘[2]：在那苍茫原野，茅屋几间，清流河岸，绿草无边之中，点点白鹳，姿态各异。正当朝霞初露，满空寂静之时，突然一支老鹳叼起一条鱼儿，互相挣扎着……这个生动的镜头，被画家一下子抓住了。它那可爱的动态，促使着富有感情的画家把它描绘在新制的陶缸上。

---

1 严文明：《鹳鱼石斧图》跋，《文物》1981 年第 12 期。
2 张绍文：《原始艺术的瑰宝——记仰韶文化彩陶上的〈鹳鱼石斧图〉》，《中原文物》1981 年第 1 期。

宁家庄彩陶权杖头

　　1982 年笔者去秦安大地湾遗址发掘路过天水时，见到了市文化局新近收进的一件球形彩陶器（图一）。该器后来在《考古》杂志上做了报道[1]，可惜照片的质量不好，完全不能彰显其精美。这件彩陶器是西和县宁家庄村民取土时发现的，是一个用泥质红陶做成的扁球，由上下两个钵形半圆体对接而成，球体中部的对接处尚遗有一道对接缝。扁球的上半部向外圆鼓，下半部弧状急收。通高 7.8 厘米，上半部高 4.2 厘米，下半部高 3.6 厘米，最大径腹 12 厘米。球体内部中空，上下两端各有一个圆孔，上孔小，下孔大，上孔径 2.1 厘米，下孔径 3 厘米。在橘红的器表上用黑彩绘满图案，图案由弧线和圆点构成，上半部为不对称的花卉纹，下半部为以十字纹均分的四只背向高飞的变体鸟纹。从花卉纹和鸟纹可以判定，这是属于仰韶时代庙底沟文化的遗物。彩陶球形器的内部中空，上下孔之间可以用木棍类的条状物穿过，推测该器是穿在棍棒上的，彩陶球形器与棍棒组成的器物是权力象征的"权杖"。

　　报告认为，宁家庄的彩陶权杖是氏族或部落的原始宗教崇拜信仰物，为氏族或部落的首领或酋长专用。他们凭借手中执掌的蕴含着神圣力量的权杖，就可以带领族人从事祭祀和争斗等活动。在埃及图坦卡蒙法老的墓内，随葬两件真人大小的鎏金塑像，塑像人手持金色权杖，显得威严而华贵。在新疆小河墓地有一座墓葬[2]，被单独安置在公共墓地以外，是一座围成套间的房屋式墓葬。墓主人是一位女性祭司或酋长。在她的墓室内随葬一件白石制成的权杖，权杖的銎孔中还残

1　王彦俊：《甘肃西和县宁家庄发现彩陶权杖头》，《考古》1995 年第 2 期。
2　刘学堂：《四坝文化与青铜之路》，《百色学院学报》2015 年第 1 期。

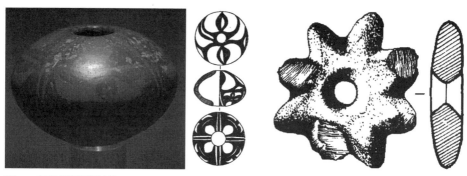

图一　宁家庄彩陶权杖头　　　　　　　　图二　皇娘娘台石棍棒头

有木柄。

一般认为权杖发源于环状石器，环状石器呈盘状，中间钻有一圆孔，安装在棍棒的头部。头部安装有环状石器的棍棒，延长了人的胳臂，增大了打击范围和打击力度，在狩猎活动中是高效的工具，在部族冲突中是精良的武器，持有环状石器与棍棒组合工具或武器者，在狩猎活动和部族冲突中，往往屡建奇功，也赢得了在氏族或部落中的重要地位，当其手持或高举头部安有环状石器的棍棒时，就有了威严与权势。有人以为，环状石器是狩猎工具，因此产生于旧石器时代的晚期。其实从石器的制作技术分析，在打磨成盘状的石器上再钻一孔，不会是以狩猎活动为主要生计方式的旧石器时代的事情，也不会是新石器时代较早的事情。从中国的考古发现看，环状石器最早出现在甘肃武威皇娘娘台遗址[1]，环状石器的外缘有八个齿状乳突，中间有一个对钻的圆孔，整体做齿轮状（图二）。皇娘娘台遗址属于齐家文化，年代相当于龙山时代晚期至夏代，要较仰韶时代晚近2000年。环状石器在东北地区有较多发现，但也都晚到了青铜时代。因此，权杖起源于棍棒目前还是理论上的推测，考古学上的实证还需要新的发现。

进入历史时期之后，棍棒头开始出现青铜材质的，并且有比较多的发现。陕西扶风、宝鸡等地的西周墓有出土实物，内蒙古鄂尔多斯博物馆也藏有多件东周

1　甘肃省博物馆：《甘肃武威皇娘娘台遗址发掘报告》，《考古学报》1960年第2期。

时期的青铜棍棒头。这些青铜棍棒头在外缘有多个瘤状乳突,其形状与皇娘娘台所出的石质棍棒头相同,也是呈齿轮状的。青铜棍棒头的武器在周代被称作"殳",是一种有棱无刃的兵器,与弓矢、矛、戈、戟同列为"五兵"。其实,在周代殳除作为兵器外,也还兼有礼仪性质。《淮南子·齐俗篇》有这样的记载:"昔武王执戈秉钺以伐纣胜殷,搢笏抶殳以临朝。"意思是说:昔日,周武王执戈秉钺,用以讨伐殷纣王胜了殷人;持笏拄殳,用以上朝理政。

宁家庄彩陶权杖头是球体内部中空的陶器,绝对不可以作为使用的工具或武器,其礼仪的性质是显而易见的。礼仪性质的权杖在汉代又叫作"鸠杖"或"王杖"。鸠杖是指杖首的样子做成鸠鸟状,王杖是指"权杖"是以国王的名义颁发给持杖人的。1959 年甘肃武威磨咀子一座东汉墓出土两件木质鸠杖[1],其中一件完整,为长 1.94 米的木杆,杆径 4 厘米,杆端镶一木鸠(图三),鸠杖上缠有木简 10 枚,简记王杖诏令——"王杖十简"。《后汉书·礼仪志》记载:"年始七十者,授之以王杖,铺之糜粥。八十九十,礼有加赐。王杖,长九尺,端以鸠鸟为饰。鸠者,不噎之鸟也,欲老人不噎。"这里讲杖首之所以做成鸠鸟的样子,是因为祈福老人健康。在古代文献中还有一种关于杖首做成鸠鸟样子的记载,《风俗通义》记载:"俗说:高祖与项羽战,败于京、索间,遁丛薄中,羽追求之,时鸠正鸣其上,追者以为必无人,遂得脱。及即位,异此鸟,故作鸠杖以赐老人也。"这里讲的是以鸠作杖头饰物是因其救过汉朝开国皇帝刘邦的命,鸠鸟是汉朝的吉祥鸟。以鸠鸟作为杖首,还见于商周时期的卡约文化,青海湟中大华中庄 87 号墓葬中出有一件青铜鸠首牛犬权杖头[2],整体作鸠首状,长喙的啄端立一吠犬,鸠冠立一哺乳母牛及小牛(图四)。宁家庄彩陶权杖头的彩陶图案中,也绘有背向而飞的四只鸟。这其间难道有什么难以说清的内在联系吗?

作为锤击的工具或兵器,古典小说《水浒传》中霹雳火秦明使用的兵器——

1　甘肃省博物馆:《甘肃武威磨嘴子汉墓发掘》,《考古》1960 年第 9 期。
2　青海省湟源县博物馆、青海省文物考古队、青海省社会科学院历史研究室:《青海湟源县大华中庄卡约文化墓地发掘简报》,《考古与文物》1985 年第 5 期。

图三　磨咀子木鸠杖

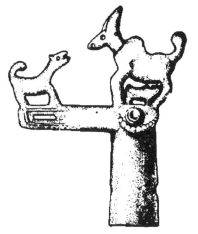

图四　大华中庄青铜鸠首牛犬权杖头

狼牙棒是殳的后继形式,《说岳全传》中岳云使用的兵器——擂鼓瓮金锤则是殳的衍生形式。在宋金时期,作为权杖和殳的演变形式——骨朵有着大量的发现。骨朵不但见于传世的文献记载,还在宋墓和辽墓壁画中有所表现,实物更见于这一时期的考古发现中。有人认为,骨朵兼具三种功能,即仪卫、武器和刑具。

权杖在漫长的历史长河中,从石制的环状狩猎工具发展而来,再发展成青铜制成的兵器兼礼器的殳,再发展成为青铜和木质的鸠杖,最后发展成为金银铜铁等多种材质的骨朵,存在着两条轨迹,一条是实用器工具和武器的轨迹,一条是礼仪用具礼器的轨迹,这是两条既平行又交叉的轨迹。

零口少女

"自古红颜多薄命"，这或许并不仅仅是历代文人词曲间一句哀婉的感叹。它可能来自某种神秘仪式演绎着的远古风俗，或是尘封的岁月里一场即将败露的阴谋。她是陕西临潼零口村 M21 中被埋葬的少女[1]，惨死在花朵般美好的年纪里。她没有如同古今中外早夭的美人们那些香艳动人的故事。她想用骨骸告诉我们……

图一　M21 俯视图

零口村遗址的新石器时代遗存纵贯整个仰韶时代，其中最主要的遗存属于半坡文化及更早的"零口村文化"（按报告的命名）。M21 内未随葬可据以判断文化性质的标型器，且按照报告的描述"发现于 T13 ⑧层表"也并不足以判断该墓的相对年代。但根据墓葬形制及墓内出土的大量骨器来看，其属于仰韶时代早期大致不误。

　　M21 为土坑竖穴单人墓，长 160 厘米，宽 60 厘米，深 40 厘米。墓主为一 15 ～ 17 岁的女性，仰身直肢一次葬（图一）。骨骼保存较完整,明显可见严重损伤,且遗留有致伤凶器。骨架上可见明显的损伤至少有 35 处,报告给出了详细的鉴定[2],本文仅举几例:第 1 处,在颅骨冠状缝与颞线相交处,骨叉穿过颅壁,插入颅内;

1　张在明、刘彦博：《中国历史中酷刑的滥觞——"零口姑娘"祭》,《文博》2007 年第 5 期。

2　陕西省考古研究所：《临潼零口村》,三秦出版社,2004 年。

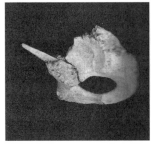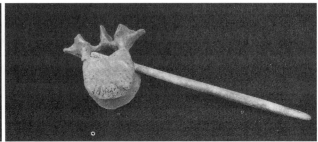

图二　左耻骨外侧第二腰椎

第 3 处，在第 5 胸椎体右侧上、下肋凹前——第 5、6 胸椎椎孔内，骨笄穿透椎体后右下部；第 18 处，骨盆内左闭孔沟上部——左侧耻骨上支外端髂耻隆起部，骨叉造成骨裂隙，坐耻缝稍裂开（图二）。

这些损伤中，由骨笄、骨叉、骨镞等骨器造成者，大体可分为孔状伤、贯穿伤、槽形伤、沟形伤四类，以椎骨上所见最多。骨盆内有三处可见骨器由会阴部刺入者，未造成骨骼损伤。骨器损伤的朝向有前右方、前左方、后右方、后左方等各类朝向。这些致伤骨器多由动物坚硬的密质骨制成，小巧精致，刃部尖锐，极易对人体造成损伤，加之其形状、大小、朝向、位置都不相同，基本可以排除墓主自杀或单一个体行凶的可能。另外，致伤物不详的损伤有六处，多发生于上下肢的关节处，可能是使用多种利器通过复杂的伤害行为所造成，如左手骨几乎不存，左、右臂的桡骨、尺骨外移、错位，耻骨和左髂骨向左上方移位，左腿胫骨断裂，其上段下端内移，下段外移……并且，死者受损的骨骼均未见愈合迹象，表明其受伤后很快就死亡了。由此推知，M21 墓主很有可能为遭受多人暴力致死。

考古学所见人类的非正常死亡现象已有大量个案，并且这种在骨骸上遗留凶器的现象也并非孤例。如云南元谋大墩子新石器时代墓地中 [1]，M3、M4、M7 等多座墓葬可见多枚石镞遗留于骨架的胸、腹部位；民乐东灰山四坝文化墓地中的

1　云南省博物馆：《元谋大墩子新石器时代遗址》，《考古学报》1977 年第 1 期。

M157[1]，可见一把铜削斜插于两节人的脊椎骨之间。但就惨烈程度而言，上述情形却远不如零口少女这般令人触目惊心。由于施暴的过程难以被完全还原，其残忍恐怖的情形很有可能超过了可以根据遗物推断的范畴。

然而，这场 7000 年前的暴力残杀究竟是何种场面，则还有如下问题需要求证。

第一，施暴最初始于何种行为，有没有经历酷刑般的折磨？施暴过程中少女可以自由活动还是已经被捆绑束缚？

第二，直接致死的损伤是 35 处损伤中的哪一处？

第三，大量损伤是死者生前造成的还是由于被戮尸才造成的？或者有没有部分是生前造成的，部分是被戮尸造成的？

第四，至少三件由会阴部向骨盆刺入的骨器，应该是近身刺入的，那么其他残留在骨骸上的骨器，是远距离射杀，还是近身戳刺？

第五，令少女死亡是施暴者的直接目的，抑或令少女死前承受巨大的痛楚才是主要目的？

这些问题的答案将直接或间接的关系到如何解释导致零口少女悲惨命运的原因。因为，无论解释为用于宗教祭祀，作为战俘遭虐杀，被视为身体残缺的不祥妖孽，违背氏族道德被惩罚等，均不足以体现零口少女出土情境的特殊性，她的死亡很可能基于某种超乎我们想象的特殊原因。

1　甘肃省文物考古研究所、吉林大学北方考古教研室：《民乐东灰山考古——四坝文化墓地的揭示与研究》，科学出版社，1998 年。

涧沟头盖骨

1957 年，在河北邯郸涧沟遗址出土了 6 具留有斧砍刀剥痕迹的人头盖骨 [1]，从中我们嗅到了史前时期的血腥。

这 6 具头盖骨出自两个圆形半地穴式窝棚内，其中 1、2、3 号出在同一窝棚内，4、5、6 号出在同一窝棚内。1 号为青年女性，用钝斧从眉弓经颞骨到枕后砍下，在枕尖下偏左方有横向斧痕 8 道，是砍头时斧刃偏离所致。在头盖骨正中，从额头经头顶至枕部有一条钝刀割剥头皮的痕迹，由于刀锋不利，割痕有来回错动的痕迹（图一）。2 号为青年女性，枕骨上有二十余道砍头的斧痕，从右上向左下劈砍，由于是钝斧所为，斧痕长短深浅不一。从顶骨中央向前后剥割头皮的刀痕有十余条。3 号仅剩头骨左侧一块，年龄性别不详，上方有一道斧痕，左方有 6 道斧痕，右方有割头皮痕迹十余条。4 号仅余顶骨及枕骨，年龄性别不详，顶骨近额处有斧痕 4 道，为将死者踩在地上从右后方砍下。5 号为男性，额部偏右有两道斧痕。6 号为成年男性，额部有一道砍头斧痕。

著名考古学家严文明对这 6 件头骨做出归纳 [2]：第一，他们是被人推倒在地后，甚至脚踩着，挣扎着砍下头颅的。第二，砍头和剥皮用的钝斧、钝刀应是石斧和石刀。第三，两个窝棚各放置 2 个完整头骨和 1 个不完整头骨，一个窝棚房只有女性，一个窝棚房只有男性。第四，死者均为青年或中年。第五，女性头盖骨的剥皮刀痕明显，男性头盖骨上则没有剥皮的刀痕，表明女性剥头皮，男性不剥头皮，也许男性是砍下头盖后，揪着头皮整个剥下，所以没有留下割痕。他认为涧沟这

1　北京大学、河北省文化局邯郸考古发掘队：《1957 年邯郸发掘简报》，《考古》1959 年第 10 期。
2　严文明：《涧沟的头盖杯和剥头皮风俗》，《考古与文物》1982 年第 2 期。

  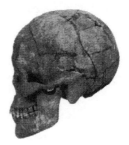

图一　涧沟一号头盖骨（正中有一道明　　　　　图二　大司马 2 号人头骨
显的刀痕）

6 具头盖骨是作为饮器的头盖杯。

　　涧沟遗址是一处比较特殊的遗址，在该遗址除窝棚内的留有砍剥痕迹的人头骨外，还见有两种丛葬坑。一种是圆坑，内有大小男女人骨架 10 具，有的相互枕压，但头均靠近坑壁。一种是水井，内有 5 层人骨架，其中有男有女，有老有少，或痛苦挣扎，或身首分离。这些人是被杀，或活埋，或溺水而死的。由此推测，涧沟遗址很可能是一处杀戮祭祀的遗址。

　　剥头皮和用人头骨做头盖杯的实例还见于夏商时期。1990 年，河南武陟县大司马遗址的夏代二里头文化灰坑中[1]，埋有 4 具人骨，骨架扭曲，是被打死后扔在灰坑中的。其中 1 号人骨为青年男性，头骨从前额后部通过顶结节下至枕骨上项线有一周不规则割痕。右顶骨前部有钝器两次击打形成的外骨板凹陷性骨折。2 号人骨为中年男性，额顶附近以及左右顶骨、枕骨有不规则割痕，割痕断断续续呈虚线形（图二）。两例头骨上的切割现象，体质人类学家潘其风判定为"剥头皮痕迹"。1973 年，在早商郑州商城一壕沟内堆积近百个带有锯痕的人头盖骨[2]，一般是从眉弓和耳际的上端横截锯开，锯口不平处还用磨石磨平滑，绝大部分为青年。

　　剥人头皮和用人头盖骨做饮器——头盖杯，是许多民族的古老风俗。据日本

1　杨贵金、张立东、毌建庄：《河南武陟大司马遗址调查简报》，《考古》1994 年第 4 期。
2　河南省博物馆：《郑州商城遗址内商代夯土台基和奴隶头骨》，《文物》1974 年第 9 期。

学者的研究 [1]，剥头皮的民族有伊朗系的斯基泰、阿兰族，乌古尔系的回纥、奥斯恰科族，阿尔泰系的旁扎尔科、鲜卑、通古斯族，印第安系的北美、中美、南美诸族。用头盖杯的民族有伊朗系的斯基泰族，阿尔泰系的佩彻尼格、匈奴、柔然族，藏系的党项羌、藏族、藏缅系的乌浒、古宗族，可能用头盖杯的有阿尔泰系的乃蛮族，藏系的伊散图族。公元前 6 ～ 4 世纪称雄于中亚和南俄草原的游牧斯基泰人是最著名的剥头皮用头盖杯的民族。古希腊著名历史学家希罗多德在其名著《历史》中，详细记述了斯基泰人的剥头皮和使用头盖杯的习俗：他把战争中杀死的所有人的首级带到他的国王那里去，因为如果他把首级带去，他便可以分到一份虏获物，否则就不能得到。他沿着两个耳朵在头上割一个圈，然后揪着头皮把头盖摇出来。然后再用牛肋骨把头肉刮掉并用手把头皮揉软，用它当作手巾来保存，把它吊在自己所骑的马的马勒上以为夸示；凡是有最多这种头皮制成的手巾的人，便被认为是最勇武的人物。许多斯基泰人把这些头皮像牧羊人的皮衣那样地缝合在一起，当作外衣穿。至于首级本身他们并不是完全这样处理，而只是对他们最痛恨的敌人才是这样的。每个人都把首级眉毛以下的各部锯去并把剩下的部分弄干净。如果这个人是个穷人，那么他只是把外部包上生牛皮来使用；但如果他是个富人，则外面包上牛皮之后，里面还要镶上金，再把它当作杯子来使用。有人也用他自己的族人的头来做这样的杯子，但这必须是与他不合的族人并且是他在国王面前打死的族人。

　　中国古代文献中也有两条记载北方少数民族剥头皮和使用头盖杯习俗的。一是匈奴族，《史记·大宛列传》载："及冒顿立，攻破月氏。至匈奴老上单于，杀月氏王，以其头为饮器。"一是鲜卑族，《后汉书·南匈奴传》载："鲜卑人左地击北匈奴，大破之，斩优留单于，取其匈奴皮而还。"在中国古代文献中还有一则记载东周时期的赵国也有此风俗的，《战国策·赵策》载："及三晋分知氏，赵襄子最怨知伯，而将（漆）其头以为饮器。"赵国地近戎狄，其以头盖杯为饮器的风俗是习自北方游牧民族，还是承自中原系统的涧沟—大司马—郑州商城？尚

1　［日］江上波夫：《欧亚大陆的剥头皮风习》，《アシア文化史研究·论考篇》，1967 年。

难下定论。

涧沟遗址所出的 6 具头盖骨属于龙山时代的晚期，距今大约 4000 年前，这一时期是古史传说时代的尧舜禹部族大联盟阶段，社会发展阶段相当于经典作家论述的"军事民主制"阶段，以掠夺邻族财富为目的的战争是这一时期古国的头等大事。涧沟遗址所出的 6 具头盖骨当是来自邻族的战俘，头盖骨上的道道斧砍刀剥痕迹，活生生地再现了这一时期部族战争的血腥和残暴。

柳湾箭袋

　　说到青海乐都柳湾墓地的考古发现，人们首先讲到的是这里出土的大量彩色陶器，讲到这里一座墓葬就有数十件彩陶随葬，讲到这里出土的彩陶精品——雕塑双性人彩陶壶。但是，千万不能忘记这里还出有中国最早的箭袋——矢箙。

　　据《青海柳湾》考古报告[1]，该墓地半山类型的墓葬共出土5件矢箙，皆由桦树皮制成，呈圆筒状，内装骨镞，多出于人骨架的腰部或手臂旁边。保存最好的是478：7，矢箙内部尚留有残断骨镞，长38厘米，宽10.2厘米。器表饰有几何形花纹与锥刺点纹。图案分四组，由三角形纹与平行点纹相间组成（图一）。另外421：7，两端已残，素面无纹饰，装满骨镞，骨镞的一端还露在外，前端比后端略宽。矢箙长43.5厘米，宽8.5～10.2厘米。

　　继青海柳湾箭袋的发现之后，又一重要的箭袋发现于新疆吐鲁番洋海墓地[2]。洋海箭袋编号为ⅠM90：17，是由鞣制的羊皮缝合成一个大袋，长68.8厘米，宽28.4厘米，大袋外附一个小袋，边上扎木撑板并在其上安装牛皮带（图二）。从其边缘备有牛皮带推测，应为随身携带的箭袋。

　　据经典作家的论述，人类发明弓箭是蒙昧时代的事情。在中国考古学的发现中，1963年山西朔县峙峪村旧石器时代晚期遗存中发现一枚石箭头。进入新石器时代箭头的发现遍布各地，主要是骨箭头和石箭头，进入青铜时代后则有了杀伤力更强的青铜材质箭头。然而，与箭头配套的箭杆、箭羽以及盛放箭的箭袋或矢箙、

1　青海省文物管理处考古队、中国社会科学院考古研究所：《青海柳湾——乐都柳湾原始社会墓地》，文物出版社，1984年。

2　新疆吐鲁番学研究院、新疆文物考古研究所：《新疆鄯善洋海墓地发掘报告》，《考古学报》2011年第1期。

箭囊，因其材质易朽而鲜有发现。因此，距今约 4500 年的柳湾箭袋以及距今约 3000 年的洋海箭袋的发现就显得弥足珍贵。

中原地区先秦时期盛放箭矢的器具称为"箙"，《说文》释曰："箙，弩矢服也。从竹，服声。"可见箭箙的材质是竹木类。该字最早出现于商周金文，其形态为：一排箭以镞端向下的形态放置于一长架上。可见当时的箭箙还是固定在武库中的架子上。那么，箭箙从什么时

图一　柳湾箭袋　　　图二　洋海箭袋

候开始出现在武士或猎人的身上，随身佩戴，驰骋于疆场或出没于山野？

从考古发现和文献记载看，当不晚于东周时期。湖北江陵望山沙冢一号楚墓内出土有凤豹纹木制矢箙，湖南长沙浏城桥楚墓出土竹制矢箙，长沙左家公山楚墓出土木制矢箙。及至秦代，秦始皇陵一号兵马俑坑 G9 过洞中亦有 3 处"笼箙"遗存。在战国秦汉时期，箙又名簚，或作韇。《史记·信陵君列传》有："平原君负韇。"《汉书·韩延寿传》有："抱弩负簚。""韇"在居延汉简中简化为"兰"，"兰冠"一词，陈直先生以为是"兰器之盖"，当为箭箙或箭筒的盖子。

箭箙的使用在唐代已很普及，如章怀太子墓《仪卫图》、长乐公主墓《战袍仪卫图》与《甲胄仪卫图》、阿史那忠墓《抱弓弢箭箙男装女侍图》、贞孝公主墓《武士像》，以及高昌赫色勒摩耶洞《分舍利图》、片治肯特遗址《武士像》等都有箭箙的使用。

"箭袋"的称呼在明代则更为普及，明末冯梦龙纂辑《喻世明言》描写顾全武的一身行头时便颇为娴熟地使用了这个词："（顾全武）腰拴搭膊，脚套皮靴。挂一副弓箭袋，拿一柄泼风刀。"

中国古代制作箭袋的材料是多样的。木、竹材质者，如柳湾所出者和两湖地

区楚墓所出者，再如 1972 年新疆阿斯塔那 188 号墓出土唐代彩绘木箭袋。鱼、兽皮材质者，如洋海羊皮箭袋，《诗·小雅·采芑》有"簟茀鱼服"句，此处的鱼服便是用鲛鱼皮所制箭袋。

箭袋的佩戴方式也存在不同的方式。在车战的时代，箭袋绑缚在车上，《国语》韦昭注："右属手于房以取矢。"可见弓箭袋系着于车舆两侧的革或竹席之上。在骑兵的时代，其佩戴方式有背负于背后和悬挂于腰间而垂于腿侧两种形式，背负者如《史记·信陵君列传》："平原君负韣。"悬挂者如章怀太子墓《仪卫图》所绘。

后 记

　　我年内有四部书稿在出版社编辑，这四部书稿的体裁形式各不同，科学出版社的《凤林城》是考古报告，科学出版社的《中国考古学理论与方法十讲》是学术专著，东北师范大学出版社的《一个考古人的旧事新忆》是生活随笔，故宫出版社的这部《农耕星火》则是学术随笔。

　　2015 年，《广州日报》编辑梁侨邀我为该报的《博雅典藏周》撰稿。自2015 ～ 2017 年，我以《史前遗珍》为栏名，在该报上共发表 54 篇文稿。此后，又写作 27 篇，集结后的文稿共计 81 篇，易名为《农耕星火》。

　　《史前遗珍》易名为《农耕星火》出于三种考虑。

　　一是文稿的写作内容与《史前遗珍》并不完全相符。"史前遗珍"容易被理解成史前时期遗留下来的珍贵文物，我为《广州日报》撰稿之初，就定下这样的写作主旨：把考古学文化作为写作对象，不仅写半坡人面鱼纹盆、凌家滩玉龟和贾湖骨笛这样的精美遗物，也要写磁山灰坑、岔沟窑洞和洪山庙大墓这样的重要遗迹，还要写兴隆洼村落、石峁山城和禹会村祭坛这样的典型遗址。这样的写作内容，实际上就是考古学文化的全部内容。夏鼐在《关于考古学上文化的定名问题》中是这样转述戈登·柴尔德考古学文化定义的："在我们的考古工作中，发现某几种特定类型的陶器和某类型的石斧和石刀以及某类型的骨器和装饰品，经常地在某一类型的墓葬（或某一类型的住宅遗址）中共同出土。"夏鼐和柴尔德甚至还把这些考古学遗迹的共同体与有着共同传统的社会和历史上的某个族相联系。在对考古学文化研究的认识上，存在两种错误认识，一是认为考古学文化的研究是古物的研究，这一认识忽略了属于同一考古学文化的遗物、遗迹和遗址不是孤立存在的，而是存在着有机联系的；二是将考古学文化的研究视作物质文化史的研究，这一认识没有意识到考古学文化的研究是透物见人的社会研究。业师张忠培先生认为，考古学的研究对象就是考古学文化。自从 20 世纪 50 年代末期开始，中国考古学就明确将考古学文化作为研究对象，从那时起，考古学就走出了中国古物学的传统，也区别于苏联的物质文化史。

二是文稿的写作体裁与《史前遗珍》并不完全相符。为使刊出的文稿具有可读性，为《广州日报》撰稿之初，还定下这样的写作主旨：不能将文稿写成文物辞典式的文物词条，不能停留在介绍遗物、遗迹和遗址的客观属性上，不能就物论物而是要透物见人，要讲述考古发现背后的人物和故事，要对考古发现引发的学术问题作出回答，对考古发现带来的学术意义作出阐释。李济曾写作一篇《大龟四版的故事》，该文围绕 1929 年小屯村北的一个长方坑内发现的四块刻满占卜文字的龟腹甲，从介绍这四块甲骨的发现讲起，归纳出"大龟四版"发现的三点学术意义；讲到殷墟发掘之初的艰辛，以及那时士大夫阶层将地下古物当作古董看待的观念；讲到对于殷墟甲骨发掘、整理和研究，以及甲骨学研究上的大家董作宾从这四块龟甲起步的甲骨学术研究；还客观地介绍了甲骨学两大家董作宾和郭沫若围绕大龟四版所发的认识和议论。李济以叙议结合的写作方式和朴素通畅的语言风格为人们讲述了一项重要的考古发现，故事性和学术性贯穿全文。该文原载于台北传记文学出版社 1985 年版《感旧录》，2008 年为李光谟等编入《李济学术随笔》（上海人民出版社），这是一则经典的考古学随笔。准此，我的这部书稿应视作一部考古学术随笔集。

三是《史前遗珍》不很像学术专著的书名，而《农耕星火》之名含有较浓的学术韵味，更像是一部学术著述。"农耕星火"取意于本书导言所引师祖苏秉琦对中国文明起源的认识，他讲的上万年的文明起步，是说中国文明是在农耕生计的基础上生成的；他讲的终成燎原之势的如满天星斗的文明火花，则是本书稿聚拢的史前遗珍。2007 年，我曾以《盘活史前考古遗存的精华》为题，为卜工大作《文明起源的中国模式》作书评。文中讲道：苏秉琦认为，"考古学要特别关注特殊现象，是因为特殊现象往往是考古遗存的精华，考古遗存的精华往往最能代表和反映古代居民物质生产和精神生产的高度"。《文明起源的中国模式》一书通过对史前时期精华考古遗存的社会学的研究，发现了文明起源的中国模式，以区系类型理论为指导谋篇布局，完成文明起源中国模式的阐释。本书的写作对象也是史前时期精华考古遗存，同样是对其社会学的研究，看到了中华文明由星星之火到成燎原之火，以满天星斗学说为指导一事一议，展现中国文明起源的原始积累。

发表在《广州日报》上的 54 篇稿件，因栏目性质要求，编辑梁侨都在标题上增加了点明学术意义的文字，如河姆渡水井为《河姆渡水井：定居农业的必备设施》，寨根火种罐为《古人的火种罐：不必次次钻木取火》，高庙祭祀场为《高庙祭祀场：虔诚博取神灵欢心》等；发表在《大众考古》上的 3 篇稿件，因刊物性质要求，孙海燕也适当地改动了标题，如昂昂溪鱼镖为《嫩江流域史前先民的生计模式——从昂昂溪骨制渔猎工具说起》，禹会村祭祀台基为《禹会村祭坛是否为涂山会盟之地》，磁山石磨盘、煤山擂钵、青台地臼为《史前时期的三种粮食加工工具》。

感谢为文稿写作提供帮助的朱雪菲、陈书豪、刘骙、王欢、徐新宇，为文稿前期发表提供帮助的梁侨、孙海燕，为文稿结集出版提供帮助的宋小军、梅婷。特别感谢为书稿题写书名的陈雍。

拙作之前，故宫出版社已出版陈雍的考古随笔大作——《说说考古》，但愿续貂之作不至大煞先生的风景，不至大倒读者的胃口。

2018 年 8 月记于哈尔滨